ANDREA WEIDLICH

ES GEHT MIR GUT UND ANDERE LÜGEN

ANDREA WEIDLICH

ES GEHT MIR GUT UND ANDERE LÜGEN

WIE DU AUS DEINEM SCHATTEN TRITTST
UND HERAUSFINDEST, WAS DU WIRKLICH WILLST

mvgverlag

Bibliografische Information der Deutschen Nationalbibliothek
Die Deutsche Nationalbibliothek verzeichnet diese Publikation in der Deutschen Nationalbibliografie. Detaillierte bibliografische Daten sind im Internet über https://dnb.de abrufbar.

Für Fragen und Anregungen
info@m-vg.de

Originalausgabe
2. Auflage 2024

Türkenstraße 89
80799 München
Tel.: 089 651285-0

Redaktion: Anja Hilgarth
Umschlaggestaltung: Marc-Torben Fischer, Andrea Weidlich
Umschlagabbildung: Onuma/Adobe Stock
Layout und Satz: inpunkt[w]o, Wilnsdorf (www.inpunktwo.de)
Druck: CPI
Printed in the EU

ISBN Print 978-3-7474-0657-1
ISBN E-Book (PDF) 978-3-98922-066-9
ISBN E-Book (EPUB, Mobi) 978-3-98922-067-6

Wir produzieren nachhaltig
www.m-vg.de

Weitere Informationen zum Verlag finden Sie unter

www.mvg-verlag.de

Beachten Sie auch unsere weiteren Verlage unter www.m-vg.de

INHALT

Stell deine Realität infrage
und du wirst sie verändern.

Manchmal
findest du genau das,
wonach du schon *immer*
gesucht hast.
Und manchmal findest
du noch etwas Größeres.
Dich selbst.

Es geht mir gut – sagst du dir.
Wirklich gut – erzählst du anderen.
Selbstverständlich gut – hallt es dumpf in dir nach.
Aber manchmal, wenn du ehrlich bist, sieht die Wahrheit doch anders aus.
Denn hin und wieder spürst du es: Tief unten am Grund,
da schlummert deine Seele, die immer wieder Wellen schlägt.
Was willst du? – ruft sie dir zu. *Wovon träumst du?* – will sie wissen.
Und wenn es ganz still und dunkel ist, da hörst du es:
Alles ruft nach dir.
Doch dann, ganz rasch, besinnst du dich wieder,
weil Träume *nur etwas für Schwache sind* – das sagst du dir,
weil sie sich ohnehin nicht erfüllen – da bist du dir sicher.
Dann gehst du zurück in dein Hamsterrad,
verschließt die Tür, hältst dir das Herz zu,
streichst dir den Kummer von der Seele,
wischst dir die Zuversicht aus der Stirn
und läufst.
Weit weg von dir, weit weg vor der Welt.
Den Blick gesenkt,
die Sehnsucht unterm Arm,
das Verlangen unterdrückt.
In diesem Rad, dem ewigen Rad.
Es ist dunkel im Hamsterrad.
Da hängt ein Tuch über dem Käfig; es schwebt über dir,
wirft einen dunklen Schatten – er krallt sich fest an deine Seele.
Wann bleibst du stehen? – fragt er. Doch du läufst weg vor ihm.
Wann machst du die Tür auf *und verlässt den Käfig?*
Aber du läufst.
Immer weiter läufst du … bis du … fällst.
Doch das Gute am Fallen ist: Du läufst jetzt nicht mehr.
Und dann, wenn dein aufgeschürftes Herz sich erholt hat,
stehst du auf, verlässt den Käfig und ziehst weiter,
atmest Mut ein und alle Zweifel in dir aus.
Mit Freiheit in den Lungen,
der Klarheit im Gepäck,
da entdeckst du es:
Ein ganzes Meer vor dir.
Ein ganzes in dir.

EINES TAGES IST KEIN WOCHENTAG

Wir finden in der Welt, wonach wir suchen. Leider suchen wir oft an den abwegigsten Orten nach den absurdesten Dingen, die uns vor allem eines machen: nicht sonderlich glücklich. Aber zumindest kommt uns das vertraut vor. Und manchmal wissen wir nicht einmal, wonach wir suchen sollen, geschweige denn, was wir eigentlich wollen. Wir wissen nur, dass unser Leben wahrscheinlich eher der Montag unter den Leben ist, wenn wir es mit anderen vergleichen – und fühlen uns einsam. Hin und wieder beschweren wir uns dann vielleicht darüber oder zucken mit den Schultern, aber so richtig wundert es uns nicht. Manchmal ist es eben ziemlich schwer, dieses Leben. Da kann man nichts machen. Und auch wenn uns das Pech immer wieder förmlich am Schuh zu kleben scheint, gehen wir trotzdem weiter. Wir steigen jeden Tag in unser Hamsterrad, in dem wir zwar laufen, aber nicht weiterkommen, selbst wenn wir uns noch so sehr anstrengen. Auch die Aussicht ist nicht sonderlich erfreulich – doch eher ein wenig öd –, aber zumindest ist sie uns bekannt. Und weil wir schon ein Leben lang daran gewöhnt sind, nach immer denselben Dingen Ausschau zu halten, starren wir von unserem kleinen Hamsterrad immer auf denselben kleinen Fleck in unserem kleinen Leben und nichts verändert sich groß. Wir wiederholen, was wir bereits kennen, und wundern uns, warum uns immer wieder dasselbe passiert. Darauf gibt es natürlich eine einfache Antwort: Schuld sind immer die anderen oder das Leben selbst. Wir können schließlich nichts dafür. Es passiert, was passiert, und darauf haben wir keinen Einfluss. Aber ist das wirklich so? Sind wir vollkommen unbeteiligt daran, was wir im Leben erleben, oder würde die eine oder andere *bewusste* Entscheidung vielleicht doch etwas verändern? Und hier fängt es an, kompliziert zu werden. Womöglich ist uns gar nicht bewusst, dass wir jeden Tag in dasselbe Hamsterrad steigen, um dasselbe zu tun und immer mehr vom Selben zu erleben, das uns vielleicht gar nicht wirklich gefällt. Und auch wenn wir uns insgeheim zwar Veränderung wünschen, haben wir doch Angst davor, etwas anderes zu tun und am Ende womöglich zu scheitern – oder gar etwas zu erleben, das so schmerzhaft sein könnte wie das, was wir um jeden Preis vermeiden wollen. Was das genau ist, wissen wir zwar nicht, aber wir wissen zumindest eines: Es ist mit Sicherheit besser, auf der Stelle zu treten und das Unglück zu erwarten, das wir bereits kennen, als irgendeinem neumodischen Traum von einem schönen Leben hinterherzulaufen. Nur manchmal, da fragen wir uns, ob diese Stimme, die tief im Inneren nach uns ruft, vielleicht etwas anderes sagen möchte als: *Es geht mir gut.*

Doch dann schütteln wir gleich den Kopf. *Darf* es uns denn überhaupt schlecht gehen? Sollten wir nicht zufrieden sein mit unserem Leben – oder überhaupt am Leben zu sein? Schließlich bieten uns die Gitterstäbe des Käfigs um das Hamsterrad ganz schön viel Sicherheit. Wer darf sich da schon beklagen? Für Überraschungen sind wir schließlich ohnehin nicht gemacht. Sonst könnte sich am Ende noch ein wilder Löwe durch das Gitter quetschen und wir wären mausetot. Auch wenn das natürlich überhaupt keinen Sinn ergibt, weil so ein großer Löwe schwer durch die engen Stäbe des selbstgebastelten Käfigs steigt, atmen wir dann trotzdem erleichtert auf, dass wir das Schlimmste noch verhindern konnten. Mit der richtigen Portion Selbstbetrug schaffen wir es, uns auch den wildesten Unsinn als kluge Idee zu verkaufen, um unser Leben danach genauso wenig oder zumindest immer ein kleines bisschen *zu wenig* zu mögen. Immerhin haben wir stets die Antwort auf die Frage der anderen parat, und die lautet: »Es geht mir gut.«

Natürlich geht es mir gut.

Es darf mir nicht schlecht gehen.

Wo kämen wir denn da hin?

Bestimmt nicht weiter. Und darum geht es doch im Leben, oder etwa nicht?

Vielleicht nicht. Zumindest nicht, wenn wir unbewusst in die falsche Richtung laufen. Statt ein Leben mit schlecht programmiertem Autopiloten zu führen, sollten wir lieber die Reise nach innen wagen. Das kann zwar mitunter etwas dunkel werden, ermöglicht uns aber, am Ende bewusst aus unserem eigenen Schatten zu treten und uns eine andere Aussicht zu gönnen. Und statt jetzt zu denken: *Mach ich, nur nicht heute* – erinnern wir uns daran, dass wir uns das vielleicht schon ein Leben lang gesagt haben. Denn haben wir nicht alle immer wieder auf ein besseres Leben gewartet und trotzdem immer dasselbe gemacht? Sehen wir zu, dass wir nicht zu lange auf den richtigen Zeitpunkt warten. Denn das Leben ist kurz und es wäre schade, wenn wir ein Leben lang gewartet, aber nie damit begonnen hätten. *Eines Tages* ist kein Wochentag. Lassen wir *eines Tages* heute sein.

Es ist nicht wichtig,
wie wir beginnen.
Es ist nicht wichtig,
wo wir beginnen.
Es ist nur wichtig,
dass wir *beginnen.*

TÜR ZU

Ich schlug die Tür hinter mir zu. Wie in Zeitlupe fiel sie ins Schloss. Viel zu langsam für diesen schnellen Moment – und doch: endgültig. Es war, als würde ich die Tür zu meinem bisherigen Leben schließen. »*... zu dem Entschluss gekommen ... es ist besser, wenn sich unsere Wege hier trennen.*« Jedes Wort – wie ein Schlag in meine Seele. Plötzlich war sie hinter der Tür ... und ich stand auf der anderen Seite. Ich konnte es nicht glauben. Das alles war skrupellos ... eiskalt ... herzlos. Ein Abklatsch von mir. Früher. *Ich* war es doch, der anderen gesagt hatte, wann es vorbei war. *Ich* war das, versteht ihr? Ich!

Und dann verlor ich ihn. Den Halt. Und damit auch den Menschen, der all das einmal war. Lebendig? Der kalte Schweiß trat mir wie eine frostige Drohung auf die Stirn. Ich zitterte vor Kälte, obwohl mir die Hitze von den Füßen brennend durch den Bauch weiter in die Brust und von da bis ganz nach oben in den Kopf stieg. Vor meinen Augen: alles verschwommen. Ich konnte nichts sehen ... nicht atmen. Ich griff mir an die Kehle. Ich bekam keine Luft mehr! Nichts. Kein bisschen verdammter Sauerstoff gelangte in meinen Körper. Mein Herz stolperte. Es raste so schnell, als würde es durch meine Brust brechen wollen. *Niemand, wirklich niemand kann so etwas überleben,* dachte ich noch und rang nach Luft. Panik. Es musste doch irgendwo ein wenig Luft sein, die sich dazu bereiterklärte, mich hier zu retten! Und plötzlich überschlug sich mein Atem ... so schnell ... immer schneller ... mein ganzes Leben raste wie ein kaputter Sportwagen an mir vorbei. Als würde ich auf das Gaspedal treten ... immer weiter durchtreten ... schnell, noch schneller ... der Motor heulte auf – mein Motor, er drohte jeden Moment zu explodieren! Ich raste auf die Leitplanke zu ... ich verlor die Kontrolle ... dahinter der Abgrund. In mir – ein einziger Abgrund.

Alles schwarz.

Ich fiel.

Immer tiefer. In mir.

Keine Luft mehr.

Ich ... sterbe.

Ich erinnere mich noch vage, dass ich zuschlagen wollte, um herauszufinden, ob ich noch am Leben war. Nichts konnte schlimmer sein als diese Angst. Ich sah auf meine Hand, die sich bereits zur Faust verkrallt hatte. Doch sie war willenlos. Sie tat nicht, was ich wollte. Gegen die Wand schlagen, das wollte ich ... um wieder etwas zu spüren. Das wollte ich. Schreien ... irgendetwas.

Aber ich war gefangen. Gefangen in meinem Körper.

So ist es also, dachte ich. *So ist es zu sterben.* Und plötzlich waren es nicht mehr ihre Worte – ich selbst schlug auf meine Seele ein. *Das kann doch nicht alles gewesen sein? Das. Mein Leben! Das kann es nicht gewesen sein. Nicht so.*

Wenn du das Gefühl hast zu fallen, dann weil die Wahrheit sich in der Tiefe verbirgt.

Das *Einzige,*
wovor du
nicht davonlaufen
kannst,
bist *du*
selbst.

TURBULENZEN IM GEPÄCK

Ding!, ertönte es für meinen Geschmack immer ein klein wenig zu dramatisch aus den Kabinenlautsprechern über uns, und die Zeichen der Sitzgurte leuchteten rot auf. »Hier spricht Ihr Kapitän«, meldete sich im nächsten Moment eine ruhige Stimme aus dem Cockpit. Ich fragte mich, ob sich schon jemals ein Kapitän mit *aufgeregter* Stimme gemeldet hatte –, aber in den Fällen, in denen es vermutlich allen Grund zur Aufregung gegeben hätte, würden wir es wohl im Nachhinein nicht mehr erfahren. Ich schob meinen kleinen Anflug von Flugangst innerlich zur Seite und atmete einmal tief durch, bevor ich das tat, was das Zeichen mir auftrug, und meinen Gurt mit einem Klacken verschloss.

»Wir befinden uns nun im Anflug auf Neapel-Capodichino. Da wir mit starkem Ostwind rechnen und eine Gewitterzone durchqueren, kann es immer wieder zu Turbulenzen kommen. Wir bitten Sie daher, Ihre Plätze einzunehmen, Ihre Sitzgurte anzulegen und während des restlichen Fluges angeschnallt zu bleiben, damit für Ihre Sicherheit gesorgt ist. Wir planen trotz der möglicherweise etwas stärkeren Turbulenzen planmäßig um 14:20 Uhr in Neapel zu landen. Ich wünsche Ihnen weiterhin einen guten Flug und einen schönen Aufenthalt.«

»Turbulenzen?!«, wiederholte Charly mit weit aufgerissenen Augen und starrte mir ein Loch in meine Seite – womit sie nicht unbedingt zu meiner Beruhigung beitrug.

»Alles gut, es gibt keinen Grund zur Beunruhigung. Du hast den Piloten gehört«, stammelte ich angespannt.

»Natürlich sagt er das! Was soll er denn auch sonst sagen?! Werte Fluggäste, bereiten Sie sich jetzt schon einmal darauf vor, dass wir in Kürze alle sterben werden …?!« Charly hielt sich an den Armlehnen fest und drehte ihren Oberkörper ruckartig in meine Richtung. Ihre rehbraunen Augen funkelten dabei vorwurfsvoll. Fast hätte man annehmen können, sie suchte eine Schuldige – und da ich nun mal neben ihr saß, schien das gerade ich zu sein.

Kurz darauf erhob sich Adrian zu Charlys Rechten, der sich zuvor den gesamten Flug über keinen einzigen Millimeter von seinem Sitzplatz wegbewegt hatte, aber selbstverständlich genau in dem Moment aufstand, in dem man ihm gesagt hatte, er solle sich hinsetzen. Er schob sich rüpelhaft an uns beiden vorbei und fuchtelte im Gang wild mit seinen Armen in der Luft. Was Schuldige anbelangte, war einfach immer Verlass auf Charlys besten Freund.

»Adrian, bitte!«, verlagerte Charly nun ihre Aufregung in seine Richtung und verdrehte die Augen. »Musst du immer genau das Gegenteil von dem machen, was man dir sagt?!«

»Wieso? Störe ich dich etwa beim Sterben?«, fragte er, ohne sie eines Blickes zu würdigen, und öffnete das Gepäckfach direkt über ihm.

»Witzig, Adrian … wirklich witzig …«

Aus dem Augenwinkel sah ich bereits eine mindestens genauso aufgeregte Stewardess energischen Schrittes auf Adrian zustapfen und ich war gespannt auf das Theater, das sich hier gleich vor unseren Augen abspielen würde. Gleichzeitig war ich aber auch dankbar für die Ablenkung, die ich gerade gut gebrauchen konnte.

Adrian liebte es, für zusätzliche Aufregung zu sorgen, bei der man die vorhergehende für eine Weile vergaß.

»Ich muss Sie bitten, jetzt Platz zu nehmen«, ermahnte ihn die Stewardess, die jetzt direkt vor ihm stand, eindringlich. »Haben Sie denn die Durchsage nicht gehört?« Adrian ignorierte sie und kramte seelenruhig weiter im Gepäckfach. Die Stewardess kannte Adrians langen Atem nicht, wenn es darum ging, seinen Willen durchzusetzen.

»Ich muss Sie jetzt wirklich auffordern ...«

»Bitte ... wozu denn?«, unterbrach sie Adrian mit einem Mal, zog sein Gesicht aus dem Gepäckfach und streckte seine Nasenspitze ein wenig zu nahe in ihr Gesicht.

»... sich hinzusetzen ...«, stammelte die Stewardess, sichtlich eingeschüchtert, und ich konnte nicht deuten, ob Adrian sie bereits mit seinem bestechenden Surfergrinsen um den Finger gewickelt hatte und sie längst davon träumte, ihm noch ein ganzes Stück näher zu kommen, als er es ohnehin schon war – oder ob er es mit seiner autoritären Art wieder einmal geschafft hatte, sämtliche anderen Autoritäten zu untergraben.

»Sie werden doch einem unschuldigen Mann nicht verbieten, sich seine Medikamente zu holen?«, lächelte Adrian sie unschuldig an und zog seine Reisetasche mit einem Ruck hervor. Die Stewardess lächelte verlegen zurück, nickte und schloss wortlos das Gepäckfach für ihn, als wollte sie sich damit entschuldigen. Ich hätte kotzen können, wie Adrian es wirklich jedes Mal mit seinem Charme schaffte, starke Frauen in willige Geschöpfe zu verwandeln und sie am Ende alle für sich zu gewinnen.

»Gute Besserung ...«, höhnte Charly in seine Richtung, während er sich wieder zurück auf seinen Sitzplatz bewegte und uns dabei nicht nur seinen Brustkorb und die lederne Reisetasche, sondern auch sein selbstgefälliges Grinsen in unsere Visagen presste.

»Soso ... Medikamente ...«, meldete sich der Trauzeuge von Cleos zukünftigem Ehemann aus der Reihe neben uns. Tom kannte sich als »renommierter Arzt und international erfolgreicher Chirurg«, wie Adrian ihn uns am Check-in-Schalter in Wien vorgestellt hatte, anscheinend nicht nur gut mit Medikamenten aus, sondern auch mit Adrians Tricks. Er kam mir außerdem bekannt vor, aber ich konnte nicht zuordnen woher, und er hatte große Ähnlichkeit mit Paul, was – wie wir alle wussten – kein Nachteil war.

Vielleicht würde ich es noch an diesem Wochenende erfahren – schließlich befanden wir uns gerade auf der Anreise zur Hochzeit seines besten Freundes und hatten noch ein paar Tage vor uns.

»Ja, weil das krank ist«, sagte Charly und meinte Adrian damit. Sie klopfte sich dabei mit dem Zeigefinger gegen die Stirn.

Nur wenige Sekunden später stürzte das Flugzeug einige Meter in die Tiefe. Ich erschrak so heftig, dass ich einen Schrei ausstieß, während Charlys Fingernägel sich in meinem Unterarm eingruben und sie zu hyperventilieren begann. Es war plötzlich sehr laut im Flugzeug. Ich war nicht die Einzige, die geschrien hatte, und nun machte sich ein lautes Raunen im Flugzeug breit. Eine Frau faltete die Hände und fing an zu beten. Kurz darauf gingen alle Lichter aus.

»Was zum Teufel ...!«, rief Charly und starrte zum Fenster.

»Was seid ihr denn so hysterisch«, sagte Adrian ganz ruhig. »Da sagt man euch noch, dass es Turbulenzen geben wird, und ihr seid völlig überrascht, wenn sie dann eintreten.« Er zog dabei ganz langsam eine perlmuttfarbene Karte aus seiner Tasche. »*Cleo und Leo*«, las er vor und schüttelte den Kopf. »*Wir freuen uns, euch mitzuteilen, dass wir uns am Samstag, dem 14. September, auf Capri das Ja-Wort geben werden.*« Adrian ließ sich vom Trubel im Flugzeug nicht aus der Ruhe bringen. Er sah uns eindringlich an. »Das, meine Lieben, das sollte euch wirklich beunruhigen.«

Es sind
nicht die
Ereignisse,
die wir fürchten,
sondern unsere
Vorstellung
davon.

WAS HELFEN ALL DIE LÜGEN?

Was helfen all die Lügen, wenn ihr eure Wahrheit nicht leben könnt?«, fragte Paul zwei Tage nach der Hochzeit, als wir in der idyllischen Taverne saßen und über die Klippen direkt aufs Meer hinausblickten, während sich die Abendsonne darin spiegelte und langsam in der Tiefe versank, als läge die Antwort direkt vor unseren Augen. Und das tat sie vermutlich auch. Aber war es wirklich so einfach? Machten wir uns nicht alle immer wieder etwas vor und redeten uns die Dinge schön – auch wenn sie längst an Glanz verloren hatten? Es war nun mal nicht einfach, sein altes Leben hinter sich zu lassen, um in ein neues einzutauchen, in dem wir unser Strahlen wiederfinden wollten, wenn es dunkel geworden war.

Aber vielleicht war das, was wir uns schon so lange schöngeredet hatten, längst ein Teil von uns geworden, und mit jeder Lüge, die wir uns und anderen wie altes Brot auftischten und als knusprige Wahrheit verkauften, verloren wir auch einen Teil von uns selbst. Vielleicht lagen all diese Lügen nun steinhart und schwer verdaulich vor uns auf dem Tisch.

Meine Gedanken wanderten vom alten Brot hinaus aufs offene Meer. Womöglich schlummerten all unsere verlorenen Teile in unseren dunkelsten Tiefen wie leblose Körper in gekenterten Schiffen am Meeresgrund, wo wir sie irgendwann tief in uns begraben und versenkt hatten. Von dort aus ließen sie uns aber nicht in Ruhe, sondern riefen nach uns und verschafften uns immer wieder dieses leise, aber doch stets etwas mulmige Gefühl, dass hier irgendetwas nicht stimmte. Mit uns, unserem Leben und dem Druck, den wir immer wieder verspürten. Als wollte sich etwas in uns von ganz tief unten den Weg nach oben erkämpfen, bis es immer lauter wurde, um zu einem ungeahnten Zeitpunkt mit heftiger Wucht an der Oberfläche hervorzubrechen.

Was war diese innere Wahrheit, von der Paul sprach – und wie konnten wir sie finden? Manchmal schien es so viel leichter, die Tatsachen ein wenig zu verdrehen, vielleicht auch vor uns selbst zu verstecken – und so zu tun, als wäre alles gut. So gut es eben gerade sein konnte, damit alles beim Alten blieb, weil Veränderung nun mal sehr anstrengend ist. Belogen wir uns dabei aber vielleicht jeden Tag ein Stückchen selbst und würden wir irgendwann feststellen müssen, dass mit jeder selbst verabreichten Lüge alles immer schwerer in uns geworden war? Vielleicht waren es nicht nur die anderen, die uns mit dem Gewicht ihrer Erwartung herunterzogen, sondern manchmal auch wir selbst, weil wir jemand sein wollten, der wir gar nicht waren, um nicht mehr jemand zu sein, den wir nicht mochten. Aber war das Ergebnis nicht dasselbe? Vielleicht hatten wir mit der Zeit gelernt, jemand zu sein, dessen Leben einfach besser zu den anderen passte. Auch dann, wenn es gar nicht zu uns passte.

Wahrscheinlich wurde aber das Gewicht von all dem, was wir tief in uns verborgen hielten, und von dem ganzen Schwindel, den es dafür brauchte, irgendwann so schwindelerregend groß, dass wir das Gleichgewicht verloren und damit auch den Halt. Das Dunkle, so meinte Paul später, würde eines Tages so schwer in uns wiegen, dass es irgendwann anfange, uns langsam, aber sicher in die Tiefe zu ziehen. Dass das nichts Schlechtes, sondern – ganz im

Gegenteil – sogar notwendig war, um etwas zu verändern, würden wir noch die Tage darauf auf unserer Reise erfahren. All die Fragen, die uns unser Innerstes aus der Dunkelheit zurief, hatten einen Sinn, und auch wenn wir diese Fragen anfangs vielleicht überhören wollten und uns beharrlich die Augen, die Ohren und das Herz zuhielten, ließen sie sich doch irgendwann nicht mehr ignorieren. Wenn die Dunkelheit sich meldet, dann um uns mit aller Macht daran zu hindern, ein Leben weiterzuführen, das uns schon lange nicht mehr erfüllt. Immer dann, wenn etwas uns die Energie aus den letzten Ritzen unseres Seins raubt und wir fühlen, dass wir nicht mehr wir selbst sein können, taucht etwas in der Dunkelheit in uns auf. Wenn wir genau hinhören, dann können wir anfangen, uns die richtigen Fragen zu stellen. Neue Fragen. Und das Leben wird uns neue Antworten bringen.

»Habt ihr euch schon einmal gefragt, warum ihr handelt, wie ihr handelt?«, fragte Paul kurz darauf und gab uns den entscheidenden Hinweis, um Licht ins Dunkel zu bringen. Er blickte allerdings in fragende Gesichter. »Wenn ihr keine Erklärung dafür habt, dann ist es euer Unbewusstes, das euch gerade steuert«, sagte er geheimnisvoll und doch mit einer Klarheit, die vielversprechend klang.

»Das würde dann ja einiges erklären … Die Frage ist nur, wie wissen wir, ob die Dinge kommen, wie sie kommen müssen, oder ob wir uns vielleicht unbewusst selbst dafür entschieden haben«, überlegte Charly.

»Die Frage ist, ob ihr Freude bei dem, was ihr erlebt, empfindet – dann war euch euer Unbewusstes dabei behilflich und ihr könnt es auch gern Schicksal nennen. Wenn ihr euch aber schlecht fühlt, weil sich etwas immer wieder für euch wiederholt, dann macht es durchaus Sinn, sich die Gründe dafür anzusehen.« Paul blickte in die Runde. »Es gibt immer einen Grund für eure Handlungen und das Ergebnis, das daraus entsteht. Er ist euch nur oftmals nicht bewusst, wenn eure inneren Kräfte euch dazu antreiben«, sprach er weiter. »Man könnte auch sagen, das Unbewusste manifestiert sich in der Wiederholung eurer Erfahrungen. Es ist all das, was ihr meint, wenn ihr behauptet, immer vor denselben Problemen zu stehen. In eurem Unbewussten sind all jene Teile verborgen, die ihr schon lange in euch abgelehnt und unterdrückt habt, und von da aus bestimmen sie eure Entscheidungen. Ihr könnt euch oftmals nicht erklären, warum sich alles wiederholt. Die Gründe sind euch nicht bewusst und trotzdem steht ihr immer wieder vor denselben Problemen, denselben Konflikten und gefühlt auch immer vor denselben Menschen, die euch zu immer wieder denselben Erfahrungen bringen. Es ist Zeit, diesen Ablauf zu unterbrechen und die Wahrheit an die Oberfläche zu holen. Das Unbewusste wirkt vielleicht rätselhaft, aber es lässt sich entschlüsseln. Nur wenn ihr euch bewusst macht, was euch steuert, ist es möglich, etwas zu verändern. Und genau das werden wir tun.«

Wir alle sahen Paul fasziniert an. Nur Adrian schien das alles vollkommen unberührt zu lassen. »Verdammt hart, ein Brot zu sein«, sagte er geistesabwesend – als wäre das die einzige Erkenntnis, die er daraus gezogen hatte, und klopfte mit seinem Stück Brot gegen den alten Holztisch.

Was auch immer
du für die
Wahrheit hältst,
sie wird sich zeigen.

SCHICKSAL, HAFEN UND GEHEIMNISSE

Zwei Tage vorher

Ich hatte eigentlich vermutet, dass uns der turbulente Flug durch die Luftlöcher des Gewitters mit Blick auf den bedrohlich wirkenden Vesuv bereits ausreichend in Gefahr gebracht hatte – der Taxifahrer in Neapel belehrte uns allerdings eines Besseren. Nach einer Höllenfahrt, bei der er in wilden Überholmanövern auf der Autostrada beinahe zwei Lkws gerammt hatte und danach in nahezu derselben Geschwindigkeit durch die engen, vom Regen dampfenden Gassen Neapels gebrettert war, stiegen Charly und ich kreidebleich aus dem Taxi. Adrian lachte uns wie immer aus, und Tom schien die Ruhe in Person zu sein.

Da standen wir nun mit unseren Koffern und sahen auf den riesigen Hafen, der sich wenig idyllisch, sondern eher wie eine riesige Betoninsel vor uns erstreckte. Neben der mächtigen Fähre, die direkt vor uns lag, wirkten alle anderen Schiffe wie kleine Spielzeugboote. Mittlerweile hatte sich der Himmel gelichtet, der Regen war langsam abgeklungen und der Geruch der dampfenden Stadt hatte sich nun mit der salzigen Meeresluft und dem ölig-fischigen Dunst des Hafens vermischt. Auch wenn es vielleicht nicht das betörendste Aroma war, brachte es doch ein gewisses Urlaubsgefühl mit sich.

»Wie diese Häfen immer stinken, das ist ja kaum auszuhalten«, beschrieb Adrian es ein wenig plumper.

»Was habe ich deine positive Art vermisst!«, rief Rebecca, die Adrian lachend von hinten auf die Schulter klopfte. Sie war direkt von Berlin angereist, und wie ausgemacht, trafen wir uns alle vor der Fähre, die uns weiter nach Capri bringen würde. Neben Rebecca stand Paul, der dieses Mal aus London gekommen war. Ich musste schmunzeln, dass wir es wieder einmal geschafft hatten, ihn für unseren Kurztrip zu gewinnen. Wer hatte schließlich die Gelegenheit, einen Therapeuten auf seiner Hochzeit dabei zu haben? Cleo hatte anscheinend für alle Eventualitäten vorgesorgt. Ob sie Angst hatte, dass ihr Zukünftiger Nein sagen würde?

Als Charly im Laufe der Hochzeitsvorbereitungen erfahren hatte, dass Paul Goldbach ebenfalls auf der Hochzeitsliste stand, hatte sie das sofort zum Anlass genommen, uns allen eine Mail zu senden.

Ihr Lieben,

wie ihr erfahren habt, wird Cleo im September auf Capri heiraten (nochmal herzlichen Glückwunsch an dieser Stelle, liebe Cleo!). Da alle hier im Verteiler auf der Hochzeit sein werden (ja, auch Paul!) und ich gehört habe, dass das traute Paar seine Hochzeitsreise erst ein paar Wochen später antreten wird … Na? Muss ich noch mehr sagen? … Spürt ihr es auch?! Da will uns das Schicksal doch etwas sagen! Also, falls ihr nicht wisst, was das sein soll, verrate ich es euch gerne: Da wir dann schon alle auf der Insel sein werden, wäre es nicht nur naheliegend, sondern auch wunderschön, noch zwei gemeinsame Tage anzuhängen, um in alter Tradition ein paar Dinge zu besprechen, die vielleicht … sagen wir mal so … nicht ganz so schön sind. So würde ich das am ehesten umschreiben. Schließlich ist einiges passiert … und ohne Namen zu nennen, könnte das für einige aus der Gruppe wirklich wichtig sein. Vielleicht gibt es da ein paar Geheimnisse, die keine bleiben sollten, weil das ganz ungesund ist. Das behaupte ich jetzt einfach mal – und Paul stimmt mir da sicher zu. Aus zuverlässiger Quelle weiß ich übrigens, dass es sogar mehrere Geheimnisse gibt. Weil – haben wir denn nicht alle welche? Doch dazu dann mehr auf Capri! Also packt einen Bikini und eine Badehose mehr ein und lasst uns den Geheimnissen auf den Grund gehen. Im wahrsten Sinne des Wortes. Das bietet sich auf der Insel doch förmlich an! Im Hotel habe ich bereits nachgefragt – das geht klar, und die Flüge sind unter der Woche ohnehin immer günstiger. Also sagt Ja! Das ist schließlich auch das Motto dieser Reise!

Eure keine Absage akzeptierende Charly

P.S. Ich komme übrigens allein – ohne Philipp. Boom. Erstes Geheimnis gelüftet.

»Ich kann nicht glauben, dass Cleo schon wieder heiratet!«, sagte Rebecca und grinste. »Was alles in so einem Jahr passieren kann!« Sie nickte in Charlys Richtung, die verstohlen zur Seite blickte.

»Ja ... Die Frage ist nur, warum muss sie gleich einen meiner besten Freunde heiraten?!«, regte sich Adrian auf. »Mir bleibt auch wirklich gar nichts erspart. Genau genommen haben sie sich sogar über *mich* kennengelernt!« Der Unmut darüber war aus jeder einzelnen seiner Stirnfalten abzulesen. »Aber eigentlich ist das alles *deine* Schuld«, blaffte er Charly an, die sich gerade eine Haarsträhne aus dem Gesicht schob. »Du musstest Cleo ja überall hin mitschleppen!«

»Natürlich ... Alles meine Schuld«, äffte Charly ihn nach.

»Und wisst ihr, was ich noch denke?!«, kam Adrian weiter in Wallung.

»Du wirst es uns bestimmt gleich verraten ...«

»Ich bin sicher, sie hält es auch noch für Schicksal, dass er Leo heißt! Ich meine, wir kennen doch alle Cleo ... Das ist wahrscheinlich überhaupt erst der Grund, warum sie ihn heiratet! Weil sie es für ach-so-romantisch hält! Dabei ... bitte ... lasst euch das für einen Moment auf der Zunge zergehen: *Leo und Cleo!* Das ist so unfassbar schlecht, dass man es sich fast nicht ausdenken kann!«

»Nur deshalb, Adrian ... bestimmt heiraten sie nur deshalb!«, wiederholte Charly noch einmal ganz langsam, und der Sarkasmus klang in ihrer Stimme nach.

»Na ja, so unrecht hat Adrian aber auch nicht damit«, mischte sich nun auch Rebecca ein. »Cleo ist jetzt, wie wir alle wissen, nicht gerade die Überlegteste, was Beziehungen anbelangt. Oder haltet ihr es nicht auch für ein wenig überstürzt, dass die beiden schon nach einem halben Jahr heiraten? Kennt man sich da denn überhaupt schon?« Sie stockte. »Oder hat es vielleicht einen anderen Grund, warum sie so schnell heiraten?!«

»Nein«, sagte Charly forsch und winkte ab. »Jetzt freut euch doch einfach mal für die zwei! Wenn es passt, dann passt es eben!«

»Ob sie sich das beim letzten Mal auch gesagt hat?«, stichelte Adrian weiter. »Die Tinte auf den Scheidungspapieren ist ja noch nicht einmal trocken. Es wirkt fast so, als hätte sie es eilig, von einem Ehehafen in den nächsten zu segeln! Da kommt man ja kaum noch hinterher.«

In dem Moment ertönte das Hornsignal der Fähre. »Sagt ja niemand, dass du ihr hinterhersegeln musst«, rief Charly und übertönte das Horn.

»Und doch sind wir alle hier ...«, erwiderte Adrian und zog seine rechte Augenbraue weit nach oben, während wir alle unsere Koffer schnappten und uns Richtung Fähre bewegten. Ich fragte mich, was genau dahintersteckte, dass Adrian sich immer wieder über Cleo aufregte, und warum er sie ihr Leben nicht einfach nach ihren eigenen Vorstellungen leben ließ. Lenkte er etwa gerade von seinem eigenen ab?

»Mir ist jetzt schon kotzübel«, sagte Charly, als wir an Deck angekommen waren. Sie setzte sich sofort auf den ersten Sitzplatz und hielt sich am Griff ihres Koffers fest.

»Oh je, wirst du etwa seekrank?«, fragte ich vorsichtig und setzte mich gleich neben sie.

Charly schüttelte den Kopf. »Nein, aber ich weiß nicht ... so große Schiffe und das offene Meer ... das ist mir alles nicht geheuer.« Sie schloss die Augen, als müsste sie dann nicht mehr sein, wo sie gerade war.

»Es sind nur fünfundvierzig Minuten bis Capri«, erklärte Paul mit beruhigender Stimme. »Sag Bescheid, wenn wir etwas für dich tun können. Ich bin sicher, es gibt auch eine Reiseapotheke an Bord.«

Charly nickte. »Es geht mir gut«, behauptete sie in angestrengtem Tonfall und sagte für die Dauer der gesamten Fahrt kein Wort mehr, was – so wie wir Charly kannten – doch äußerst ungewöhnlich für sie war.

In der Zwischenzeit war die Sonne langsam durch die Wolken gebrochen und das Meer erstreckte sich spiegelglatt vor uns. Charly konnte es mit verschlossenen Augen zwar nicht sehen, aber sie hatte Glück: Es war eine der ruhigsten Fahrten, die ich bisher erlebt hatte. Und dennoch schien sie sich ganz und gar nicht wohlzufühlen.

Adrian wiederum sah die ganze Zeit nervös auf sein Handy, und obwohl Tom einige Male versuchte, ihn in unser Gespräch mit einzubeziehen, war nicht klar, wo er sich gedanklich gerade befand – aber ganz bestimmt nicht mit uns auf der Fähre.

Kaum etwas
ist so *sichtbar*
wie das,
was wir
verbergen
wollen.

EINEN WAS, BITTE?!

Wie schön, dass ihr alle da seid!«, rief Cleo uns schon von Weitem zu und kam uns in einem luftigen weißen Rüschenkleid entgegengelaufen. Sie trug ihre Haare in einem zur Seite geflochtenen Fischgrätenzopf, der am Ende mit einer weißen Schleife gebunden war, und sah bezaubernd aus. Sie lächelte, aber ihr Lächeln wirkte angespannt. Neben ihr stand etwas verhalten eine junge Frau mit blondem Pagenkopf in gelbem oversized T-Shirt, hellen Jeansshorts und roten Turnschuhen.

»Das ist meine kleine Schwester Luise!«, sagte Cleo stolz und zog sie liebevoll an sich.

»Ich bin nur drei Jahre jünger als du!«, protestierte Luise leise.

»Sag ich ja: meine Kleine!«, wiederholte Cleo und Luises Wangen liefen rot an. Das alles war ihr ganz offensichtlich unangenehm. Man konnte ihr ansehen, dass sie sich am liebsten in Luft aufgelöst hätte.

»Heiratest du etwa schon heute?«, fragte Charly, als ihr Blick auf Cleos weißes Kleid fiel. Es waren Charlys erste Worte seit Längerem. Der turbulente Flug, die verrückte Taxifahrt durch Neapel und die Fahrt mit der Fähre hatten ihr anscheinend viel abverlangt. Auch die darauffolgende Fahrt auf den engen Straßen, die sich, eingerahmt von steilen Felswänden auf der einen Seite und ebenso steil ins Meer abfallenden Klippen auf der anderen, in Haarnadelkurven durch die Berge schlängelten, hatte wohl ihr Übriges getan. Langsam, aber sicher schien sich Charly jedoch von alldem zu erholen.

»Man kann einfach nicht oft genug heiraten!«, höhnte Adrian in Cleos Richtung und Charly strafte ihn augenblicklich mit einem bösen Blick.

»Was soll ich sagen … Weiß steht mir einfach …«, antwortete Cleo hastig und versuchte Adrians Seitenhieb mit einem Lächeln zu überspielen. »Aber die Hochzeit ist natürlich erst morgen.«

»Du wirst ihn doch nicht ernst nehmen?«, warf Charly hinterher und verdrehte die Augen.

»Was ist denn der Plan für heute Abend?«, fragte ich, um vom Thema abzulenken, und Cleo sah mich dankbar an.

»Ihr könnt jetzt erst einmal in Ruhe eure Zimmer beziehen und euch ein wenig ausruhen. Die anderen kommen erst morgen an, daher dachte ich, dass wir uns um 19:30 Uhr im Restaurant treffen und gemeinsam zu Abend essen. Da können wir *das* hier genießen!« Cleo zeigte mit ausgestrecktem Arm auf den traumhaften Meerblick, der bereits von der offenen Lobby des kleinen Hotels zu erkennen war. Das Hotel lag direkt am Vorsprung einer Klippe, wo sich das Brautpaar am nächsten Tag das Ja-Wort geben würde. Das ganze Ambiente bot alles an Romantik, was man sich nur in seinen kühnsten Hochzeitsträumen ausmalen konnte. Das war allerdings auch nicht verwunderlich. Schließlich handelte es sich um Cleos Hochzeit.

»Einen Bräutigam gibt es auch?«, fragte Adrian. »Oder hat der schon kalte Füße bekommen?«

»Den gibt es auch«, ertönte eine Stimme von hinten. Als wir uns umdrehten, stand Leo mit einem Cocktail in der Hand vor uns. »Die Füße haben Normaltemperatur, würde ich mal behaupten.« Er blickte hinunter zu seinen Flipflops und schien weder aufgeregt noch sonderlich erfreut, sondern eher neutral.

»Dann geht es ja allen gut!«, sagte Adrian fast schon ironisch, und alle nickten. Ein Blick in die Runde verriet jedoch, dass das mehrheitlich gelogen war. »Ach, und *das*, mein Lieber, ist wirklich die beste Idee seit Langem!« Adrian zeigte auf Leos Cocktailglas und zog ihn und Tom Richtung Bar, die direkt neben dem Eingangsbereich lag. Er winkte auch Paul zu ihnen herüber, der sich den Männern gleich anschloss. Cleo auf der anderen Seite wurde schlagartig nervös. Sie wirkte plötzlich vollkommen aufgewühlt – und was zu diesem Zeitpunkt mit einem angespannten Gesichtsausdruck begann, endete später beim Abendessen noch in einem ausgiebigen Heulkrampf. Allerdings wollte Cleo um nichts in der Welt damit herausrücken, was hinter ihrer Traurigkeit steckte oder warum es ihr nicht gut ging. Die bevorstehende Hochzeit konnte wohl kaum der Grund gewesen sein – wir alle wussten, wie sehr sie sich schon seit Wochen darauf gefreut hatte. Vermutlich lag es eher daran, dass ihr zukünftiger Ehemann nur wenige Stunden vor der Hochzeit mit beiden Trauzeugen angetrunken zum Abendessen erschienen war und richtig schlechte Stimmung mitgebracht hatte. Vielleicht war Cleo aber auch von dem ganzen Stress der letzten Wochen und ihrem bevorstehenden großen Tag überwältigt. All das war durchaus nachvollziehbar. Ich fand es dennoch beunruhigend, dass sie trotz mehrmaligen Nachfragens mit niemandem darüber sprechen wollte. Sie wollte weder Charly, Rebecca noch mir verraten, was sie bedrückte, und nicht einmal Paul, der als einziger der vier Männer nüchtern beim Abendessen aufgetaucht war, konnte etwas aus ihr herauskitzeln – und das, obwohl er mit seiner beruhigenden Art normalerweise der Meister des guten Zuspruchs war. Was mich aber am allermeisten beunruhigte, war, dass Cleos Schwester erst gar nicht nachfragte und es somit den Anschein erweckte, als wüsste sie, worum es ging.

Als wir am nächsten Tag auf der gedeckten Terrasse mit traumhaftem Meerblick unseren Kaffee tranken und auf unser Frühstück warteten, gab es weit und breit keine Spur von Leo, Tom oder Adrian, und auch Cleo und Luise waren nirgends aufzufinden. Wir beschlossen daher, sie nach dem Frühstück zu suchen. Auch Paul wollte wissen, ob es Cleo gut ging und ob wir noch etwas für sie tun konnten. Bis zur Hochzeit um 14 Uhr war allerdings noch jede Menge Zeit. Vielleicht wollte die Braut auch einfach gerade nur ihre Ruhe und zumindest schien ihre Schwester bei ihr zu sein. Als mein Blick über die Terrasse schweifte, vermutete ich, dass bereits einige der anderen Hochzeitsgäste an den Tischen neben uns saßen. Cleo hatte beschlossen, die Hochzeit in engstem Kreis zu organisieren, da sie nicht von allen verlangen wollte, für ihre Feier auf die Insel zu reisen. Wir kannten allerdings niemanden von ihnen und wussten daher auch nicht, wer von ihnen bereits da war.

Im nächsten Moment bog Tom schweren Schrittes um die Ecke. Er trug eine schwarze Sonnenbrille, ein hellblaues Leinenhemd, eine weiße Hose und Espadrilles. So gut er darin aussah, so wenig lächelte er dabei.

»Schau an, schau an ... da ist einer von den Toten auferstanden!«, rief ihm Charly schon aus der Ferne zu. Tom verzog jedoch keine Miene, sondern setzte sich geradezu in Zeitlupe auf einen der freien Stühle neben uns.

»Geht's dir gut?«, fragte ich lachend und Tom nickte, sagte aber kein Wort.

»Vielleicht magst du uns verraten, wohin die anderen verschwunden sind?«, fragte Charly etwas strenger und zog die Augenbrauen hoch. »Es hätte ja eigentlich schon gereicht, in welchem Zustand ihr gestern beim Abendessen erschienen seid ... aber, dass die beiden jetzt gar nicht aufkreuzen, ist wirklich unglaublich! Wo sind sie, bitte?!«

Ich konnte Toms Augen durch die dunklen Gläser seiner Sonnenbrille kaum erkennen, daher wusste ich nicht, wie ich seine versteinerte Miene deuten sollte oder was sonst noch in ihm vorging. Anscheinend wollte er es aber auch nicht mit uns teilen, denn er schwieg immer noch.

»Tom?!«, fragte Charly noch einmal mit Nachdruck.

Er sagte eine Weile nichts und atmete dann einmal tief ein und langsam wieder aus. »Wie soll ich sagen … Leo und Adrian hatten gestern noch …« Er stockte.

»Jaaaa?«, zischte Charly nun ungehalten und riss ihre Augen weit auf. Ob Tom wusste, dass er bereits zum Verhör auf der Anklagebank saß?

»Sagen wir so … sie hatten einen Streit.«

»Einen *was*, bitte?!«, rief Charly und fuhr von ihrem Sessel hoch. An Toms angespannter Körperhaltung war abzulesen, dass ihm Charly gerade einen Tick zu laut war. Er bewegte sich keinen Millimeter und schien wie eingefroren.

»Einen Streit, Charly … du hast ihn gehört«, wiederholte Rebecca ganz ruhig. »Sind alle am Leben?«, fragte sie gefasst und drehte sich in Toms Richtung.

Er nickte.

»Gut«, antwortete sie knapp und sah dabei wieder zu Charly. »Kein Grund, jetzt hier durchzudrehen. Wir haben noch eine Hochzeit vor uns, das ist nervenaufreibend genug.«

Was aufkommt,
wird auch herauskommen.

LÄCHELN, SHERLOCK

Inmitten unserer Diskussion, die keine war, weil sie Charly ganz allein führte, stand plötzlich eine zierliche Person mit brünetten schulterlangen Haaren vor uns am Tischrand und unterbrach erst einmal die Aufregung. »Charly?«, fragte sie vorsichtig in die Runde. Die sah sie nur fragend an und nickte. »Ich bin Emma, Cleos Trauzeugin. Ich konnte erst heute Morgen anreisen, weil ich die Kinder nicht so lange ... ach, was erzähle ich da, das interessiert doch niemanden ... Jedenfalls schickt mich Cleo. Sie meinte, ich sollte mich einfach zu euch setzen, sie bekommt gerade ihr Make-up gemacht. Ihr wisst schon, mit geschlossenen Augen ist selbst ein Gespräch unter besten Freundinnen schwierig ...« Sie lächelte.

Gott sei Dank. Cleo ging es gut.

»Aber wisst ihr, was mit ihr los ist?«, fragte Emma und widerlegte meine Theorie bereits im nächsten Moment. »Sie war so komisch. Ich kann nicht sagen, wie ... traurig vielleicht? Oder ist das nur die Nervosität?«

»Wir versuchen es gerade herauszufinden«, erklärte Charly im Sherlock-Modus und setzte ein gezwungenes Lächeln auf. »Wie immer sind vermutlich die Herren der Schöpfung für alles verantwortlich. Aber setz dich doch erst einmal zu uns.« Sie deutete auf den freien Stuhl neben Paul, der sich bisher eher still verhalten hatte. »Nichts gegen dich, Paul.« Sie blickte zu ihm und dann wieder zu

Emma. »Du musst wissen, Paul ist Therapeut und schon von Berufs wegen kein typischer Mann, sondern mehr eine Unterstützung.«

Ich musste laut lachen. Paul hörte vorerst nur zu, und auch Tom verhielt sich weiterhin still. Ich war nun ganz sicher, dass wir so schnell wie möglich nach Cleo sehen sollten, um herauszufinden, was tatsächlich geschehen war.

Nach dem Frühstück zeigte uns Emma den Weg zu einem kleinen Zimmer hinter dem Restaurant, in dem Cleo für die bevorstehende Trauung ihr Make-up und ihre Frisur erhielt. Die engagierte italienische Hotelbesitzerin, mit der Cleo für die Hochzeitsvorbereitungen in engem Kontakt stand, hatte eine Visagistin und das extra Zimmer organisiert. Sie hatte Emma gleich bei ihrer Ankunft auf Cleos Wunsch zu ihr gebracht. Und Emma führte uns nun zu Cleo. Paul und Tom überließen es erst einmal uns Frauen, nach der Braut zu sehen, und hatten von Charly den Auftrag, sich um Adrian und den Bräutigam zu kümmern.

Als ich vorsichtig die Türklinke zu Cleos Anprobe-Zimmer hinunterdrückte, waren alle hinter mir mucksmäuschenstill. Wir rechneten mit allem. Einer weinenden Braut. Einer verzweifelten Braut. Einer Braut, die die Nerven verlor.

»Seht euch das an!«, rief Cleo aufgeregt. Und damit hätte wohl niemand gerechnet. Cleo lächelte von einem Ohr zum anderen, blickte in den Spiegel und dann wieder zu uns. »Ich habe die allerschönste Frisur, die ich in meinem ganzen Leben je hatte ... Und seht euch nur diese Wimpern an!«

Ich war verwirrt. Natürlich – sie sah wunderschön aus in ihrem weißen Satinmantel, der die bestickte Aufschrift *Bride to be* trug. Ihre elegante Hochsteckfrisur, der perfekte Lidstrich und die tiefschwarzen, aufgeklebten falschen Wimpern – alles perfekt. Ich konnte nicht sagen, was es war, aber irgendetwas fühlte sich genauso tiefschwarz, falsch und aufgeklebt an.

»Das ist meine *absolute* Traumhochzeit!«, rief Cleo und ihr Lächeln versteinerte. Ihre Mundwinkel schienen rechts und links an den zartrosa schimmernd geschminkten Wangen eingehakt und festgezurrt zu sein, als würden sie sich von da aus nie wieder nach unten bewegen.

»Absolut«, erwiderte Charly monoton und wiederholte damit Cleos Überzeugung, die sich offenbar nicht nur für mich merkwürdig anfühlte. Nach allem, was am Vorabend passiert war, taten wir aber anscheinend alle so, als hätte es weder Cleos Heulkrampf noch den Streit zwischen den Männern gegeben, von dem wir zwar erst beim Frühstück erfahren hatten, aber Cleo mittlerweile davon wissen musste. Es war wie ein stilles Abkommen zwischen uns, dass es *absolut* an der Zeit war, so zu tun, als wäre alles *absolut* in Ordnung.

»Ist alles okay?«, fragte Emma schließlich doch vorsichtig.

»Ich heirate heute«, antwortete Cleo, als wäre das die Antwort auf alle Probleme, von denen wir vermutlich eine ganze Reihe noch nicht kannten. »Natürlich ist alles okay«, sagte sie noch einmal zu uns – aber offenbar auch zu sich selbst, denn ihr Lächeln fror wieder an exakt derselben Stelle ein. Einzig und allein ihre Augen verrieten, dass ihr alles andere als nach Lächeln zumute war.

Ich fragte mich, ob es im Leben vielleicht immer diese eine große Lüge brauchte, wenn wir noch nicht dazu bereit waren, der Wahrheit ins Auge zu blicken, weil sie zu schmerzhaft war.

Als der Bräutigam um 14 Uhr in schwarzem Anzug und mit schwarzer Sonnenbrille ganz vorne an der Klippe unter einem weißen Rosenbogen mit dem italienischen Zeremonienmeister auf die Braut wartete, wussten wir noch nicht, dass er ein veilchenblaues Auge darunter trug.

Und als die Braut mit ihrer Schwester im Arm auf dem weißen Teppich an den Stuhlreihen vorbeischritt, hielten alle ihre Tränen für Freudentränen.

Niemanden
strafen Lügen
mehr als
diejenigen,
die sie
einholen.

DENN SIE WISSEN NICHT, WAS SIE TUN

Ein Tag nach der Hochzeit

Adrian klopfte mit seinem Stück Brot auf den Tisch, hörte dann aber damit auf, als Charly ihn mit einem bösen Blick mahnte. »Wollen wir vielleicht einmal darüber sprechen, warum Leo auf seiner eigenen Hochzeit mit einem blauen Auge erschienen ist?«, fragte sie stattdessen, und Cleos Pupillen weiteten sich. Sie wirkte in sich gekehrt. Für eine frisch vermählte Braut schien sie etwas zu bedrückt, gleichzeitig aber auch irgendwie erleichtert – ihre Stimmung war insgesamt aber eher schwer.

»Wir könnten natürlich auch das Unbewusste dafür verantwortlich machen und es für rätselhaft erklären«, sprach Charly weiter. »Die Frage ist nur, ob wir dann nicht die Wahrheit vertuschen, weil sich dieses blaue Auge gar nicht unbewusst, sondern doch ziemlich bewusst gezeigt hat.« Charly starrte Adrian dabei tief in die Augen. »Leo kann es uns ja leider nicht mehr erklären, nachdem er heute früh abgereist ist.«

»Dafür kann ich wie gesagt nichts!«, protestierte Adrian. »Genauso wenig wie für seine berufliche Reise nach Hongkong, die schon lange geplant war!« Er blickte hilfesuchend in Cleos Richtung. »Darum habt ihr doch entschieden, die Hochzeitsreise erst später zu machen …«

Cleo nickte.

»Eben ...«, stammelte Adrian.

»Tatsache ist aber, dass in letzter Zeit so einiges aus dem Ruder gelaufen ist«, ließ Charly aber nicht locker. »Und ich frage mich, wie lange wir jetzt noch so tun wollen, als wäre alles gut, wenn das doch eigentlich gar nicht so ist ...« Sie blickte weiter zu Cleo. »Bis auf dieses blaue Auge, das sich offenbar niemand erklären kann, war die Hochzeit ja wirklich fantastisch.« Sie lächelte, holte dann aber tief Luft. »Vielleicht sollten wir uns nach diesem Traum in Weiß nun aber auch ein paar dunkleren Themen widmen.« Charly blickte düster in die Runde. »Das war schließlich auch der Grund, warum ich euch gebeten habe, noch zwei Tage anzuhängen. Ich denke, es ist wieder an der Zeit, dass wir beginnen, uns einigen Themen zu stellen.«

»Du hast davon gesprochen, dass es ein paar Geheimnisse gibt«, übernahm nun Paul und sah Charly direkt in ihre Augen. »Möchtest du uns verraten, worum es dabei geht?«

»Nein«, sagte sie knapp. »Noch nicht. Dazu braucht es auch die Offenheit einiger anderer Menschen hier ...« Charly sah dabei anscheinend bewusst niemanden an. »Und vielleicht auch meine eigene ... Ich weiß aber nicht, ob ich dazu schon bereit bin.« Sie blickte ins Leere und danach wieder zu Paul. »Als wir in einer meiner letzten Sitzungen über Schattenarbeit und die Macht des Unbewussten gesprochen haben, hat es etwas tief in mir bewegt.« Ihre Augen glänzten voller Begeisterung. »Ich kann noch nicht genau sagen, was ... aber ich dachte plötzlich: Ha! Das ist es! Das ist der Grund, warum all diese Dinge passieren, von denen wir gar nicht wollen, dass sie passieren, und sie dann eben doch passieren ... manchmal sogar immer wieder ... oder all die anderen Dinge, die wir uns so sehr wünschen und rein gar nichts passiert ... Das ist alles so verdammt unvorhersehbar! Oder ist es eigentlich vorhersehbarer, als wir glauben?« Sie überlegte kurz. »Jedenfalls schwimmen wir doch alle immer wieder in diesem Meer an Ungereimtheiten und haben das Gefühl, in den Wellen zu ersaufen!« Charly legte ihren Kopf schräg zur Seite, als wollte sie unsere Zustimmung einholen. Ihre Beschreibung war gewohnt dramatisch, aber offenbar fühlte es sich so für sie an. Und manchmal eben auch für uns alle – ganz bestimmt auch für all jene in der Runde, die das zu dem Zeitpunkt weder sich selbst noch anderen eingestehen wollten.

»Und dann hat Paul sich bereiterklärt, mit uns in dieses Thema einzutauchen«, sprach Charly weiter. Sie sah von ihm zu den Klippen hinaus aufs Meer. »Also hier sind wir! Auf dieser Insel mit den steinigen Klippen, umgeben von den tiefsten Tiefen des endlosen dunklen Meeres. Wir hätten uns doch wirklich kein besseres Ambiente für das Thema aussuchen können!« Charly wirkte hingerissen. »Vielen Dank noch einmal dafür, Cleo – weil, ohne dich wären wir nicht hier!«

Cleo nickte wieder. Aber weder sie noch Adrian schienen Charlys Begeisterung zu teilen. Und auch die anderen wirkten wenig beeindruckt: Luise saß daneben, als hätte man sie gezwungen, hier zu sein, Tom wirkte alles in allem neutral und Rebecca, Emma und ich hörten erst einmal nur zu und warteten ab, was Paul zu all dem zu sagen hatte. Ich muss zugeben, ich war gespannt auf die Geheimnisse, die wir an diesem Wochenende noch erfahren und welche sich in uns allen auftun würden.

»Gut«, sagte Paul. »Dann lasst uns in das Thema *eintauchen* – wie Charly es bereits so schön beschrieben hat. Ich habe mir wie immer ein paar Dinge überlegt und möchte morgen mit euch aufs Meer hinausfahren. Die Hotelbesitzerin ist so nett und stellt uns dafür ihr Segelboot zur Verfügung. Wir haben sogar Schnorchel- und Tauchausrüstung an Bord und ich habe mich schlau gemacht – es gibt da etwas, das ich euch unbedingt zeigen möchte ... aber dazu dann morgen mehr.«

»Oh Gott, ich hab jetzt schon Angst!«, stieß Emma aus.

»Das ist schade«, sagte Paul, wie immer ganz ruhig. »Dazu gibt es nämlich gar keinen Grund. Schließlich sitzen wir jetzt hier in dieser Taverne, und das scheint mir doch ein sehr sicherer Ort zu sein. Wie ihr wisst, geht es immer um das Hier und Jetzt.«

»Aber kann denn überhaupt jemand von uns segeln?«, fragte Charly skeptisch.

Paul und Tom nicken im Gleichtakt. »Ja«, sagte Paul. »Ich habe vor ein paar Jahren den Segelschein gemacht.« Er blickte zu Tom. »Und anscheinend sind wir sogar zu zweit. Du brauchst dir also keine Sorgen zu machen.«

»Solange das nicht Adrian übernimmt und dann wieder Dinge passieren, die sich niemand erklären kann, ist alles gut. Nicht dass wir am Ende noch verschwinden und immer noch so tun, als wäre alles in Ordnung.«

»Wenn wir verschwinden, dann brauchen wir uns darüber keine Gedanken mehr zu machen«, sagte Adrian trocken.

»Vielleicht fühlt es sich aber manchmal auch nach Verschwinden an, weil wir einen Teil von uns tief in uns vergraben haben und uns dadurch selbst nicht mehr finden können«, erwiderte Paul und sah niemanden dabei an. Ich hatte allerdings eine Ahnung, wen er gemeint haben könnte, obwohl mir im selben Moment klar wurde, dass es wahrscheinlich wie immer mehrere von uns betraf. Emma nickte jedenfalls so stark, dass ich das Gefühl hatte, sie hätte in Pauls Worten eine magische Erklärung für ihr eigenes Verschwinden gefunden – obwohl sie direkt neben uns saß. Ich war schon gespannt, mehr über sie und ihr Geheimnis zu erfahren.

»Ich möchte jetzt noch einmal auf das Unbewusste zurückkommen«, sprach Paul weiter. »Carl Gustav Jung sagte einmal: *Bis wir uns das Unbewusste bewusst machen, wird es unser Leben lenken und wir werden es Schicksal nennen.* Mit Schicksal sind hier aber vor allem jene Dinge gemeint, von denen wir nicht wollen, dass sie geschehen, wir sie aber trotzdem für unvermeidlich halten und denken, wir hätten keinen Einfluss darauf. Wenn sich aber etwas für uns wiederholt und wir uns dieser Situation immer wieder hilflos ausgeliefert fühlen – und daher glauben, keine andere Wahl zu haben –, können wir davon ausgehen, dass uns hier unser Unbewusstes steuert und die dazugehörigen Schatten sich eingemischt haben.«

»Also wenn uns das Pech am Schuh klebt, ist nicht das Leben schuld, weil es uns den Haufen da hingestellt hat, sondern weil wir uns unbewusst entschieden haben, hineinzutreten?«, fragte Rebecca und alle lachten.

»Häufig, ja«, bestätigte Paul und blieb ernst.

»Und dann hat man sie ... eine Situation«, murmelte Adrian.

»Wir werden uns noch genauer ansehen, warum wir manchmal in gewisse Situationen geraten, für die wir uns vielleicht – ohne es zu wissen – unbewusst entschieden haben. Gerade wenn sich Dinge für uns wiederholen, steckt oft ein Muster dahinter, das wir auflösen können.« Pauls Blick wanderte vom Tisch weiter zu dem beeindruckenden Ausblick, der sich direkt vor uns erstreckte, und unsere Augen wanderten mit. »Seht euch das Meer an«, sprach er weiter. »Stellt euch vor, es wäre eure Innenwelt«, er machte eine eindrucksvolle Pause. »Das Unbewusste ist ein Ort, der sich in den finsteren Tiefen eurer Seele befindet, als läge er da unten am dunklen Meeresboden. Wir denken, was wir dahin versenkt und gut versteckt haben, ist dort auch sicher verborgen. Und dennoch übt es eine enorme Kraft auf uns aus, die uns zu Entscheidungen treibt, die außerhalb unseres Verständnisses liegen und die wir uns oft nicht erklären können. Wir verspüren dann ein gewisses Unbehagen oder eine starke Abneigung, haben plötzlich unheimliche Angst, machen uns aus dem Staub oder tun sonst etwas, das uns wie eine Macht von innen antreibt, die sich aber rational für uns nicht erfassen lässt. In Goethes *Faust* sagt Mephisto: *Der ganze Strudel strebt nach oben; du glaubst zu schieben und wirst geschoben.* Und genau dem werden auf den Grund gehen.«

»Denn sie wissen nicht, was sie tun …«, flüsterte Adrian.

»Oder das. Wann immer sich ein Muster wiederholt, liegt die Vermutung nahe, dass wir auch daran beteiligt sind. Auch wenn wir uns das natürlich nicht gern eingestehen.«

»Und wieder sind wir an allem selbst schuld«, meinte Adrian und schien seine Positivität offensichtlich für das Wochenende zu Hause gelassen zu haben. Oder hatte er sie vielleicht schon lange Zeit vorher verloren und wenn ja, wo war sie ihm abhandengekommen? Lag sie etwa bereits am Meeresgrund?

»Oder es liegt in unserer Macht, es zu verändern«, hielt Paul entgegen. »Ich denke, das wäre der bessere Gedanke. Wenn wir uns unsere Schatten genauer ansehen und bewusst machen, bringen wir sie von tief unten ans Licht. Dann können wir unsere Muster durchbrechen und müssen uns nicht mehr wundern, warum wir immer wieder in dieselbe Misere geraten. Wir können dann aufhören, immer wieder dieselben Konflikte auszutragen und ständig vor denselben Problemen zu stehen.« Er sah uns alle an. »Ein tieferes Eintauchen in das Unbewusste ist ein faszinierendes Abenteuer. Es hilft uns, besser zu verstehen, wer wir wirklich sind.«

Ich musste gestehen, das hörte sich vielversprechend an.

Die *Wahrheit*
befindet sich nicht
an der Oberfläche,
sondern tief *in uns.*

WENN EIN TEIL
VON UNS
verschwindet,
DANN DAMIT
WIR UNS AUF
die Suche
NACH IHM
MACHEN,
WEIL ER UNS
noch etwas
ZU LEHREN HAT.

SCHEIN UND VERSION

Ich möchte jetzt noch einmal auf die Geheimnisse zurückkommen, von denen Charly gesprochen hat und die der Grund dafür waren, warum sie die gemeinsamen zwei Tage nach der Hochzeit vorgeschlagen hat.« Paul machte eine kurze Pause. »Was Geheimnisse anbelangt, so kann ich euch eines verraten: Solange es die Menschheit gibt, so lange gibt es schon Geheimnisse. Das bedeutet auch, dass wir dazu neigen, nicht immer die ganze Wahrheit, sondern verschiedene Versionen von uns zu präsentieren: die Person, die wir gerne sein wollen und der Welt zeigen. Die private Person, die Menschen, die uns sehr nahestehen, erleben. Und außerdem noch eine geheime Version, die kaum jemand kennenlernt, weil wir mit aller Kraft dafür sorgen, dass sie niemand zu sehen oder zu spüren bekommt. Wir alle tragen das eine oder andere – mitunter auch dunkle – Geheimnis in uns, das wir vor anderen verstecken wollen, weil wir denken, dass wir so nicht sein dürften, uns dafür schämen oder sogar dafür verurteilen. Dabei bewegen wir uns im Schatten der Angst vor Ablehnung und aus dem Dunklen ertönt eine Stimme, die uns leise zuflüstert: *Erzähl das nur ja niemandem. Zeig dich nicht so. Sie werden dich verurteilen. Niemand will dich so und wirklich niemand kann dich so lieben!«*

Vielleicht wirkte es nur so, aber Pauls Stimme kam mir etwas tiefer vor als sonst, und wie immer hatte sie auch etwas Geheimnisvolles, fast Magisches an sich.

»Mindestens genau so groß wie die Geheimnisse, die wir in uns tragen«, sprach er weiter, »ist aber auch der insgeheime Wunsch, sie mit jemandem teilen zu können. Mit Menschen, die uns nicht dafür verurteilen, sondern uns endlich die Zustimmung geben, nach der wir uns im tiefsten Inneren sehnen, dass es in Ordnung ist, wie wir sind ..., dass *wir* in Ordnung sind – mit allem, was zu uns gehört –, und dass es keinen Grund mehr gibt, uns schlecht zu fühlen oder uns manchmal sogar für uns zu schämen.« Paul blickte uns einzeln nacheinander an. »Wir alle wollen jemanden, mit dem wir diese geheimen Schatten teilen können, und wünschen uns, endlich gesehen, gehört, angenommen und verstanden zu werden. Dabei geht es aber nicht um die Scheinversion, die wir gern nach außen zeigen, weil wir sie für liebenswert halten, sondern um die echte, authentische Version von uns – mit all den strahlend hellen Seiten, aber auch den dunkelsten Schatten, die uns bewegen und die ebenfalls zu uns gehören. Die Angst vor Scham und Ablehnung hindert uns aber häufig daran, sie zu zeigen, und so trauen wir uns oft nicht, diese echte Version von uns zu leben.«

»Na ja, vielleicht weil wir eben nicht scheiße sein wollen?«, kommentierte Adrian und Charly legte ihren Kopf schief und sah ihn schelmisch von der Seite an. Ich wusste genau, was sie meinte, und fand es interessant, dass diese Aussage ausgerechnet von Adrian kam, dem seine Wirkung nach außen doch meistens am Allerwertesten vorbeiging. Oder war das vielleicht gar nicht so?

»Das wäre nur die eigene Interpretation, denn es würde bedeuten, dass es scheiße wäre, ganz man selbst zu sein«, sprach Paul weiter. »Leider denken das aber ganz viele Menschen. Stellt euch dann aber bitte die Frage: Ist es nicht viel schlimmer, oder sogar verheerend, wenn wir uns selbst und anderen immer etwas vormachen und nie ganz authentisch sind?«

»Kommt darauf an«, grinste Adrian. »Bei manchen Menschen wäre eine geschönte Version schon auch von Vorteil.«

Da war er wieder. Adrian, wie wir ihn kannten.

»Die Frage ist, für wen?«, antwortete Paul. »Denn wirklich haltbar ist so eine Version nie für immer. Wenn wir Teile unserer Psyche unterdrücken, fangen wir nach einer Zeit an, eine Art Doppelleben zu führen und irgendwann heimlich das zu tun, was wir uns bisher nicht getraut haben, anderen zu zeigen. Denn die Verdrängung dieser Anteile führt nicht etwa dazu, dass unsere unterdrückten Gefühle oder Wünsche für immer verschwinden, sondern dass sie in der Schattenwelt enormen Druck erzeugen, der sich langsam, aber sicher an die Oberfläche kämpft und sich dort irgendwann umso stärker entlädt. Wir begegnen dann Menschen, die bisher stets bemüht und freundlich waren und plötzlich wegen einer Kleinigkeit völlig ausrasten, weil sie dem selbst auferlegten Druck nicht mehr standhalten können. Andere stopfen heimlich Unmengen an Junkfood in sich hinein, weil sie sich sonst im Leben zu stark kontrollieren und innerlich ausgehungert sind. Wieder andere präsentieren ihrem Umfeld jahrelang das perfekte Bild, bis sie von einem Tag auf den anderen einfach alles hinwerfen und verschwinden. Manche predigen Ehrlichkeit und Moral, betrügen aber im Verborgenen, und andere horten jahrelang penibel ihr Geld, werfen dann aber plötzlich alles hemmungslos zum Fenster hinaus. Wann immer ihr unbedingt die Kontrolle über etwas behalten wollt, ist die Wahrscheinlichkeit hoch, dass der innere Druck wie eine mächtige Welle auf euch lauert und umso stärker über euch hereinzubrechen droht. Ich empfehle euch daher, immer einen Kanal zum Schattenbereich offenzuhalten, damit der Strudel euch nicht irgendwann in die Tiefe reißt.«

Adrian wirkte plötzlich, als hätte die Welle auch ihn erfasst. Es war ihm anzusehen, dass ihn tief im Inneren etwas bewegte, das er vor uns verheimlichte und von dem er nicht wollte, dass es an die Oberfläche kam. Tom hingegen zeigte kaum eine Regung, als hätte das alles überhaupt nichts mit ihm zu tun. Dafür hatte Emma neben ihm Tränen in den Augen.

»Ich habe das Gefühl, diese Schatten haben eine besondere Anziehungskraft auf mich«, sagte plötzlich Luise mit leiser Stimme. »Ich scheine immer genau solchen Typen zu begegnen, die anfangs ganz normal wirken und dann ihr wahres Gesicht zeigen.«

»Scheint in der Familie zu liegen«, erwiderte Cleo – was doch etwas beunruhigend war, da sie gerade erst geheiratet hatte.

»Aber wäre es denn nicht gut, sein wahres Gesicht zu zeigen, weil wir nur dann auch ehrlich und authentisch sind?«, fragte Rebecca. »Das hast du doch gerade gesagt, oder etwa nicht?« Sie blickte erwartungsvoll in Pauls Richtung.

»Es ist auf jeden Fall für alle gesünder zu wissen, woran ihr seid«, antwortete Paul. »Nur so kann auch eine echte Verbindung entstehen. Deshalb macht es auch gar keinen Sinn, sich am Anfang, mittendrin oder in manchen Fällen auch die ganze Zeit für jemand anderen zu verstellen, nur um geliebt zu werden. Manche Menschen gehen sogar so weit, dass sie anderen ausschließlich ihre Lieblingsversion von sich zeigen, oder eine Version, von der sie denken, dass sie andere für liebenswert erachten, und ertappen sich am Ende, dass sie dann vielleicht für etwas geliebt werden, das sie gar nicht sind – oder eben nicht *nur* sind. Ihr könnt euch ausmalen, wie glücklich es macht, diese Lüge zu leben, mit der ihr nie ganz ihr selbst seid, weil ihr wesentliche Teile von euch selbst verbergt. Solche Geheimnisse werden mit der Zeit zu einer großen Last, die es euch schwer macht, in eure tatsächliche Kraft zu kommen, weil ihr zu beschäftigt damit seid, diese andere Version am Leben zu erhalten, die euch zurückhält und ständig daran zweifeln lässt, ob die Liebe echt ist, die euch andere entgegenbringen. Und nur, weil ihr euch nicht traut, die echte Version von euch zu zeigen.« Er hielt kurz inne. »Das können übrigens auch positive Anteile oder Wünsche sein, die ihr euch nicht gestattet, weil ihr euch kleinhaltet, damit sich andere groß fühlen.« Paul machte wieder eine Pause. »Eine echte Verbindung sieht aber anders aus. Sie entsteht, wenn ihr euch mit allem, was zu euch gehört, zeigt und aufeinander einlasst.«

Luise wirkte nachdenklich und Emma starrte auf den Holztisch, als würde er ihr Geheimnis tragen und bald einzubrechen drohen. Ich fragte mich, was sie so aufwühlte. Von Cleo wusste ich, dass Emma schon viele Jahre verheiratet war und Cleo sie immer um ihr langjähriges Familienglück mit ihrem Mann und den Kindern beneidet hatte.

Paul sah Luise tief in die Augen und lächelte ihr verständnisvoll zu. »Es kommt tatsächlich vor, dass wir uns gerade von den Schatten anderer Menschen angezogen fühlen. Denn obwohl sie im Verborgenen liegen, können wir sie oft spüren – insbesondere dann, wenn sie mit unseren eigenen Schatten in Verbindung stehen. Dann kann es geradezu eine magnetische Anziehung zwischen zwei Menschen geben, weil sie beide noch etwas aufzulösen haben und über den Schatten des anderen zu ihrem eigenen gelangen.«

Adrian starrte Paul an, als hätte er etwas in seinen Worten wiedererkannt und fühlte sich ertappt. »Nichts als Probleme, aber davon jede Menge«, murmelte er.

»Jedenfalls tragen wir alle solche Geheimnisse und Schatten in uns«, erklärte Paul weiter. »Es gibt Teile von uns, die wir nicht nur nicht sonderlich lieben, sondern sie regelrecht verachten und deshalb nicht fühlen wollen. Am liebsten würden wir sie bis in die Ewigkeit aus unserem Bewusstsein verbannen, um so wenig wie möglich mit ihnen in Berührung zu kommen. Wir haben irgendwann gelernt, dass sie nicht willkommen sind, und angefangen, sie selbst abzulehnen. Genauso verhält es sich mit Ereignissen, die wir so nie wieder erleben wollen. Wir verstecken sie irgendwo in den dunkelsten Tiefen unseres Selbst, wo sie uns nie mehr so nahe kommen können – uns aber dennoch als ewiger Schatten begleiten, solange sie uns nicht bewusst sind, und dadurch unseren Weg wesentlich bestimmen. Deshalb schlage ich vor, dass wir uns auf die Suche nach euren Schatten machen.« Er sah in die Runde. »Dazu habe ich mir einige Fragen überlegt, deren Antworten wir in diesen zwei Tagen nach und nach auf den Grund gehen werden. Also fangen wir doch gleich mit der ersten Frage an.« Er bückte sich unter den Tisch und ich ahnte bereits, was darauf folgen würde. Insgeheim war ich neugierig, welche Farbe uns dieses Mal erwarten würde, und wie immer enttäuschte Paul uns nicht. Er legte A5-große türkisfarbene Karten auf den Tisch.

Wir waren bei seiner Augenfarbe angelangt.

»Sag nicht, du hast die Karten extra in der Farbe des Meeres ausgewählt?«, fragte Charly stattdessen.

Oder das.

»Natürlich«, sagte Paul und lächelte, während er die Karten und Kugelschreiber in der Runde austeilte. »Die erste Frage lautet ... Und da kommen wir auch gleich zum Thema.« Er machte eine theatralische Pause. »Welches Geheimnis hast du bisher noch nie jemandem anvertraut?«

Er blickte in entsetzte Gesichter.

»Das ist unfair!«, empörte sich Charly. »Ich habe doch gesagt, dass ich noch nicht bereit dazu bin!«

»Du darfst mich gerne ausreden lassen«, erwiderte Paul und lächelte immer noch.

Charly seufzte und ließ ihre Schultern sinken.

»Ihr werdet das Geheimnis auf eure Karten schreiben und sie mir dann wieder zurückgeben. Danach werde ich die Karten in einer Schale mischen, und wenn ihr das Geheimnis vorlest, wird niemand wissen, von wem es stammt.«

Wenn du
dem Meer
deine *Geheimnisse*
erzählst,
verurteile es
nicht dafür,
wenn es
Wellen schlägt.

WAHRHEITSSALAT

Ich gebe euch ein paar Minuten, damit ihr überlegen könnt, was ihr bisher noch nie oder kaum jemandem verraten habt. Vielleicht habt ihr es noch nicht einmal euch selbst eingestanden, weil es euch zu schmerzhaft erscheint und ihr es deshalb irgendwo tief in euch vergraben und verbannt habt. Nehmt euch gern die Zeit, in euch hineinzuhören.«

Paul stand auf und warf nochmals einen Blick in die Runde. »Falls sich die Angst bei euch meldet oder euch ein Zweifel überkommt, dass es zu gefährlich sein könnte, euer Geheimnis zu teilen, macht euch bewusst, dass all das, was ihr zurückhaltet und verdrängt, einen maßgeblichen Einfluss auf euer Leben hat. Das Unbewusste ist euch – wie der Name schon sagt – zwar nicht bewusst, aber es zeigt sich deutlich in euren Gefühlen und der Wahl eurer Entscheidungen, besonders dann, wenn sich die Gründe für euch nicht erklären lassen. Es könnte sein, dass das, was ihr im Verborgenen haltet, maßgeblich daran beteiligt ist. Wenn ihr jahrelang etwas in euch unterdrückt oder verdrängt, kommt die Seele früher oder später immer zu dem Punkt, an dem sie es nicht mehr aushält und aufschreit. Das äußert sich dann meist auf sehr unangenehme Art und Weise.« Er machte eine eindrucksvolle Pause. »Ihr müsst es also gar nicht erst so weit kommen lassen, und genau deshalb ist es sinnvoll, wenn ihr euch mit eurem Unbewussten konfrontiert.«

Emma starrte auf ihre Karte und hielt ihren Stift so verkrampft, als wäre er ein Dolch, mit dem sie den Schmerz bekämpfen wollte. »Also mir fallen da gleich mehrere Dinge ein«, sagte sie mit zitternder Stimme. »Wenn ihr nur wüsstet …«, fügte sie noch hinzu. Danach blickte sie hoch und ich konnte nicht ausmachen, ob sie nur darauf wartete, sich von ihren Geheimnissen zu befreien, oder Angst davor hatte. »Können wir auch mehrere aufschreiben?«, fragte sie zögerlich.

»Natürlich«, antwortete Paul und nickte.

Cleo sah stutzig in Emmas Richtung und schien überrascht und überfordert zugleich.

»Verdammt, aber Geheimnisse sind doch dazu da, dass sie geheim gehalten werden! Das ist doch der ganze Sinn und Zweck von Geheimnissen«, regte sich nun Adrian auf.

»Nichts bleibt für ewig verborgen«, antwortete Paul. »Oder wie Carl Gustav Jung bereits sagte: *Nicht wir haben Geheimnisse, die wirklichen Geheimnisse haben uns.*« Danach verließ er den Tisch und ging durch die senfgelbe Terrassentür ins Innere der Taverne.

»Ich weiß was!«, sagte Tom plötzlich und fing gleich daraufhin an zu schreiben. Er wirkte wie immer entschlossen und souverän und beeindruckte mich damit – vielleicht auch deshalb, weil ich selbst nicht die leiseste Ahnung hatte, welches Geheimnis in mir schlummerte. Vielleicht war ich doch mehr wie ein offenes Buch, das seine Geheimnisse mit so vielen Menschen geteilt hatte, dass keine mehr übrig waren.

»Kannst du bitte aufhören, mich und meine Karte so anzustarren?«, regte sich jetzt Charly auf und warf Adrian einen bösen Blick von der Seite zu. »Oder willst du dir vielleicht mein Geheimnis abschauen?« Sie schüttelte genervt den Kopf. »Glaub mir, das wäre gar nicht möglich. Und außerdem hast du selbst genügend.«

In dem Moment kam Paul mit einer großen durchsichtigen Salatschüssel in seinen Händen zurück – allerdings ganz ohne Salat, denn die Schüssel war leer. »Wichtig ist, dass ihr weder euch noch andere für euer Geheimnis verurteilt«, sagte er und hatte die Konversation offensichtlich gehört. »Denn genau diese Angst, dass euch andere verurteilen könnten oder ihr euch vielleicht selbst am allermeisten dafür verurteilt, ist überhaupt erst der Grund, warum wir Dinge für uns behalten.«

Charly senkte reuig ihren Kopf und fing dann an zu schreiben.

»Es kann auch eine verborgene Seite sein, die ihr kaum jemandem zeigt, weil sie euch nicht geheuer ist oder ihr sie an euch ablehnt«, sagte Paul noch leise, als hätte er gespürt, dass die Aufgabe für einige von uns gar nicht ganz so einfach war. Jedenfalls setzte er mit seiner beruhigenden und wie immer urteilsfreien Art etwas in Gang und nun begannen auch alle anderen zu schreiben. Ich überlegte kurz, ob man bei einem Geheimnis etwas falsch machen konnte, indem man vielleicht etwas an die Oberfläche brachte, was andere gar nicht erfahren *wollten*. Aber ich versuchte, mir nicht länger den Kopf darüber zu zerbrechen.

Als wir fertig waren, forderte Paul uns auf, unsere Karten in der Hälfte zu falten und in die Schüssel zu legen. Danach mischte er sie einige Male mit beiden Händen durch. »Ihr wisst jetzt nicht mehr, von wem das jeweilige Geheimnis stammt, daher könnt ihr einfach eine Karte ziehen und sie vorlesen«, sagte er und nickte uns auffordernd zu, während er uns die Schüssel einzeln unter die Nase hielt.

»Insalata di verità«, mimte Adrian den Italiener und fuchtelte im Italo-Style mit vier gegen den Daumen gehaltenen Fingern in der Luft herum, bevor er eine Karte zog und sie vor sich auf den Tisch legte. »Oder auf Deutsch: Jetzt hamma den Salat!«

Als ich eine Karte zog, spürte ich, wie nervös ich wurde, obwohl es doch eigentlich gar keinen Grund dazu gab. Schließlich würden unsere Geheimnisse verdeckt bleiben. Vorerst zumindest. Es ging mir allerdings gar nicht so sehr um mich. Irgendetwas in mir haderte damit, das Geheimnis eines anderen Menschen preiszugeben. *Was, wenn wir noch gar nicht bereit für die Wahrheit waren? Und würde ich darüber entscheiden, dass es ein anderer Mensch nun sein musste?*

»Denkt daran, ihr müsst nicht verraten, welches Geheimnis zu euch gehört. Aber auch jedes andere wird euch dabei helfen, euch selbst etwas bewusst zu machen«, sagte Paul, als hätte er wieder einmal meine Gedanken gelesen. Eine Gabe, die mich immer wieder beeindruckte. »Auch die Schatten der anderen lösen etwas in uns aus«, fügte er noch hinzu. Er hatte es geschafft. Meine nervöse Hochspannung verwandelte sich in freudige Aufregung. »Und wenn ihr doch erzählen wollt, welche Karte von euch stammt, könnt ihr das selbstverständlich auch tun. Wir werden dem jeweiligen Geheimnis in jedem Fall auf den Grund gehen und den Schatz an die Oberfläche holen.«

»Den Schatz?«, fragte Rebecca.

»Ja, den Schatz. Jedes Geheimnis, das versucht, sich den Weg an die Oberfläche zu bahnen, enthält auch einen Schatz. Es wird euch verraten, was euch bisher daran gehindert hat, eure ganze Wahrheit zu leben. Und die braucht es für euer Glück.«

»Also mir wäre lieber, manche Wahrheit hätte sich dazu entschieden, ein Geheimnis zu bleiben«, sagte Adrian kryptisch.

»Magst du vielleicht gleich beginnen, Adrian?«, holte ihn Paul ab und Adrian tat wieder einmal so, als wäre ihm alles völlig egal. Er klappte die Karte vor ihm auf und seine Augen begannen über den Text zu wandern. Kurz darauf dehnten sich seine Pupillen so weit aus, dass kaum noch etwas von seiner Iris zu sehen war. Seine Augen wirkten plötzlich tiefschwarz und seine Mundwinkel verformten sich zu einem verbotenen Lächeln. Er wirkte, als gefiele ihm, was da stand.

»Aha«, sagte Adrian nach einer Weile. »Das ist doch interessanter, als ich dachte. Endlich mal kein Gesülze und Schöngerede.« Wir sahen ihn alle fragend an. »Also hier steht«, sagte er schließlich und räusperte sich, bevor er anfing vorzulesen: *»Alle glauben, ich führe das perfekte Leben. Den Traum, den alle leben wollen. Aber die Wahrheit ist: Wenn ich abends ins Bett gehe, träume ich von einem anderen Leben. Denn wenn ich wirklich ehrlich bin, dann hasse ich es. Ich hasse mein Leben ... Das ist nicht das Leben, das ich wollte.«*

Er sah zu uns und dann wieder hinunter auf die Karte. *»Und ich rauche heimlich und habe früher Menschen gemobbt.«*

»Oh«, beschrieb Charly die Gesamtsituation, die sich in unseren bestürzten Gesichtern widerspiegelte. »Hast du dich etwa selbst gezogen, Adrian?« Charly sah ihn mit ihren großen rehbraunen Augen an. »Aber warum denkst du immer, dass alle von deinem Leben träumen? Etwa weil du Geld hast?« Ihr Blick wurde streng. »Weißt du, Adrian, nicht allen geht es um Kohle im Leben! Auch wenn das alles gerade nicht einfach für dich ist ... Das solltest du wirklich mal begreifen ...«

»Bist du fertig, Carlotta?«, fragte Adrian und zog seine Augenbraue so hoch hinauf, dass sie drohte, ihm gleich aus dem Gesicht zu hüpfen.

»Vorerst ... Ja ... Warum?«

»Weil das nicht meine Karte ist.«

»Ist sie nicht?!« Charly sah verdutzt in die Runde. Aber niemand sagte ein Wort. Die Frage blieb also vorerst offen, wer sein Leben so sehr hasste und von einem ganz anderen träumte.

»Ja, warum sollte ich auch heimlich rauchen?«, sagte Adrian noch.

FALSCHES LEBEN BEWUNDERT

Die meisten Menschen vergessen, wie anstrengend und belastend es ist, ihre geheimen Gedanken und Gefühle zu verbergen, und wie befreiend es sein kann, sie endlich rauszulassen. Sobald ein Geheimnis an die Oberfläche gelangt, müssen wir es nicht mehr mit aller Kraft nach unten drücken und das Versteckspiel hat ein Ende«, erklärte Paul und unterbrach damit die erdrückende Stille. »Was ich sagen möchte, ist: Es war sehr mutig, sich das einzugestehen und aufzuschreiben. Sehr viel mutiger, als eine Scheinversion von sich weiterzuleben, mit der es sich manche Menschen vielleicht schon ein halbes Leben lang eingerichtet haben und trotzdem im Stillen leiden und etwas in sich zurückhalten, nur um sich nicht der eigenen Dunkelheit stellen zu müssen, weil sie Angst vor dem Schmerz oder der Veränderung haben. Der Preis dafür ist allerdings sehr hoch.«

»Was genau ist denn der Preis? Ein Scheißleben?!«, schoss Emma plötzlich heraus. »Denn genau das ist es doch!« Sie griff nach dem Glas Wasser vor ihr und kippte es in nur einem Zug hinunter, als wäre es Hochprozentiges. »Und von mutig bin ich so weit entfernt wie dieses kleine Boot da draußen am Horizont von der Klippe, auf der wir hier hocken.« Sie sah zum Meer hinaus und dann wieder zurück in die Runde. »Wirklich sehr, sehr weit entfernt. Das Boot ist eigentlich von hier aus kaum sichtbar ... als würde es gar nicht existieren. Aber da habt ihr dann zumindest eine grobe Vorstellung von der Realität – denn ungefähr genauso weit bin ich von meiner glücklichen oder ehrlichen oder wie auch immer ihr sie nennen wollt ... eben dieser echten Version von mir selbst entfernt.« Sie schwenkte den Kopf wieder in Pauls Richtung: »Ich bin leider wirklich das Gegenteil von mutig. Um ehrlich zu sein, bin ich so unglaublich feige, dass ich jeden Tag aufstehe und so tue, als würde ich dieses Leben mögen. Das mache ich zumindest allen vor – und am allermeisten wahrscheinlich mir selbst. Dabei ... ihr habt es bereits gehört ... an den meisten Tagen hasse ich es sogar.«

»So viel zur verdeckten Besprechung unserer Geheimnisse und dass niemand erfährt, wer hier was aufgeschrieben hat«, sagte Adrian genervt. *Hatte er etwa Angst, dass sein eigenes Geheimnis ans Licht kommen würde?*

»Na, es war doch ziemlich klar, von wem das stammt ... «, antwortete Emma gefasst.

»War es das?!«, fragte Cleo dafür ziemlich mitgenommen. Vielleicht fragte sie sich gerade, ob sie jahrelang das falsche Leben bewundert hatte.

»Aber du bist doch verheiratet?«, stieß Luise ungläubig aus.

»Ja!«, antwortete Emma energisch. »Und kann mir bitte jemand verraten, warum die ganze Welt das immer für das ultimative Glück hält?! Ich verstehe es einfach nicht!« Sie runzelte dabei ihre Stirn und Luise sah beschämt hinunter auf die Tischplatte.

»Na ja, aber du hast doch zumindest jemanden an deiner Seite ... ich meine jemanden, mit dem du dein Leben teilst und der immer für dich da ist ... mit dem du nicht ...«

»... allein bist?!«, fragte Emma, als wäre es ein Vorwurf.

»Ja, genau.«

»Stimmt, das wäre wirklich schön«, erwiderte sie. »Wenn es denn so wäre. Aber leider ist genau das Gegenteil der Fall.«

Ein großes Fragezeichen machte sich zwischen Luises Brauen breit und auch sonst schien sich niemand auszukennen.

»Schau, Luise ... ich verstehe dich ja«, fuhr Emma fort. »Als ich in deinem Alter war, habe ich auch noch daran geglaubt: an die große Liebe, Hochzeit und das große Glück.« Sie sah hinüber zu Cleo, deren Schultern immer mehr in sich zusammenfielen. »Ein wirklich schöner Traum«, sagte Emma und blickte wieder zu Luise zurück. »Und ich sage auch nicht, dass er nicht für manche möglich ist. Aber hätte mir damals jemand verraten, wie mein Leben heute aussehen würde – hätte ich es ihm wahrscheinlich nicht geglaubt ... aber hätte ich es doch irgendwie geahnt ... dann hätte ich ... na, ihr wisst schon ...«

»Nein ... wissen wir nicht! Was hättest du?!«, schoss Cleo dazwischen, als hätte sie entweder wirklich keine Ahnung oder fasste es als Angriff gegen sich auf. Allerdings war der Zeitpunkt, den Emma gewählt hatte, so kurz nach der Hochzeit ihrer besten Freundin, auch tatsächlich nicht der allergünstigste, um das Prinzip der Heirat komplett zu verteufeln.

»Überleg dir eben gut, wen du heiratest, Luise – oder ob du überhaupt heiratest«, sagte Emma knapp. »Das ist alles, was ich sagen möchte.« Sie hielt ihren Blick auf Luise gerichtet, obwohl Cleo sie die ganze Zeit über anstarrte. Und nun schwieg.

»Da stimme ich dir voll und ganz zu«, bestätigte Rebecca und Adrian nickte im Gleichtakt. Es war bemerkenswert, wie viele Heiratsunwillige zu dieser Hochzeit auf die Insel gereist waren. Ich fragte mich, ob ich ihnen recht gab, aber ich hatte noch keine Antwort darauf. Wobei ich Emmas Rat, sich gut zu überlegen, wen man heiratete, für durchaus berechtigt – ja, sogar für empfehlenswert – hielt, auch wenn er nach der Blitzhochzeit ihrer besten Freundin wie das Kleingedruckte auf dem Beipackzettel daherkam, den sie sich vielleicht noch gar nicht durchgelesen hatte. Mit Risiken und Nebenwirkungen schien Emma sich aber bestens auszukennen und Cleos Blick verriet, dass sie sich davor fürchtete.

»Möchtest du uns vielleicht ein bisschen mehr darüber erzählen ... vielleicht auch, was du für das perfekte Leben hältst, von dem du gesprochen hast?«, fragte Paul ruhig. »Vielleicht gibt es ja auch ein wenig Aufschluss darüber, warum du begonnen hast, es irgendwann zu hassen.«

Emma sah ihn gedankenverloren an. »Stimmt ... ja, das perfekte Leben ... zumindest denke ich, dass alle anderen es für perfekt halten ... vielleicht weil ich früher genauso gedacht habe ... oder auch, weil ich ständig von ihnen höre: ›Ach, Emma ... dir geht es so gut! Du mit deinem erfolgreichen Ehemann, deinen zwei wundervollen Kindern, dem Haus, dem Garten und den schicken Abendessen mit Freunden!‹« Ihr Blick wurde starr. »Ich könnte kotzen. Ja, klar, es sieht so toll aus nach außen: unser perfektes Leben. Und ja, vielleicht ist es ein Teil davon auch. Es sind schließlich auch wirklich wundervolle Kinder, es ist ein tolles Haus, ein toller Garten, und es sind ohne Zweifel schöne Abendessen mit Freunden.«

Fiel nur mir auf, dass sie den Ehemann ausgelassen hatte?

»Schön. Schöner. Am schönsten!«, sagte sie höhnisch und verstummte kurz. »Und dann mache ich den Abwasch und mir laufen die Tränen herunter und ich kann nicht einmal sagen, warum. Denn eigentlich ist es genau das Leben, das ich immer haben wollte. Aber glücklich ... nein, glücklich macht es mich nicht.« Sie wurde still und versank in ihren eigenen Gedanken, als würde ihr Leben gerade an ihr vorüberziehen. Dann nickte sie mechanisch. »Ja. Ich hasse es. Aber das habe ich ja bereits erwähnt.«

»Und kannst du sagen, warum das so ist?«, fragte Paul ohne Wertung im Tonfall und Emma schien wieder von ihrer Gedankenreise zu uns zurückzukehren.

»Ja«, sagte sie nochmals mit Nachdruck. »Es liegt an meiner Ehe. Ich habe zu früh geheiratet.«

Ich merkte, wie Tom plötzlich auf seinem Stuhl hin und her zu rutschen begann, als fühlte er sich ertappt. »Und ich glaube, ich habe aus den falschen Gründen geheiratet«, fuhr Emma gleich fort. »Wir haben uns damals auf einem beruflichen Event kennengelernt, als ich am Höhepunkt meiner Karriere war und er auch – na ja ... er ist es immer noch«, sie überlegte kurz. »Ja, was war er? ... Sagen wir so: Er hat in meine Vorstellung gepasst und ich in seine. Das denke ich zumindest. Wir waren in dem Alter, in dem plötzlich alle um uns geheiratet und Kinder bekommen haben.« Sie strich mit der flachen Hand über den Ärmel ihres Blusenkleids, als wollte sie es beruhigen. »Da lebst du jahrelang völlig zwanglos und unbeschwert vor dich hin und dann wird dir plötzlich bewusst, dass es da dieses Zeitfenster gibt. Eines, das nur für einen gewissen Zeitraum offen steht und – darüber habe ich schon öfter nachgedacht – ich glaube, es war genau das: dieses Fenster, das sich irgendwann auch wieder schließt und wie eine permanente Drohung über dir schwebt.« Sie strich nun mit der Hand über ihre glatten Haare. »Und dann war es eine Vernunftentscheidung. Dann habe ich mir gesagt: *Schau, Emma, da ist ein Mann ... ein überaus gutaussehender noch dazu ... der sich für dich interessiert ... Einer, der dasselbe will wie du. Das kann gar nicht so falsch sein.* Und dann machst du ihn zum Richtigen. Dann redest du ihn dir ein, rückst dir alles zurecht und blendest alle Warnsignale aus, die sich natürlich gemeldet haben! Immer wieder ... Und ja, ich habe es getan ... ich habe ihn mir schöngeredet. Ich habe mir *uns* schöngeredet! Diese Ehe, dieses Leben ... alles habe ich mir schöngeredet! Und eines Abends standen wir dann im Badezimmer und beim Zähneputzen meinte er: ›Was hältst du davon, wenn wir heiraten?‹ Ich kann es nicht so richtig erklären, aber dann hat irgendetwas in mir gejubelt. Es war ein richtig lautes Jubeln und es hatte nicht einmal etwas mit ihm zu tun. Da war diese Stimme, die mir zugerufen hat: *Endlich will dich jemand heiraten, Emma! Endlich hast du es geschafft! Tick, tick, tick, du hast die Zeit ausgetrickst.* Wahrscheinlich war es diese Stimme und diese verdammte innere Uhr, die mit ihrem ohrenbetäubenden Ticken dafür gesorgt hat, dass ich völlig taub geworden bin und aus unerfindlichen Gründen blind gleich dazu.«

Emma sah nun auffällig lange zu Cleo hinüber. Die hatte zwar schon ein Kind, aber sie hatte auch nie ein Hehl daraus gemacht, dass sie noch eines wollte. Ich fragte mich, ob sie und Emma diese Konversation auch schon vor der Hochzeit geführt hatten. Denn eigentlich war es dafür jetzt ein wenig spät.

»Vielleicht lag es auch am großen Verlobungsring«, legte Emma nach. »Vielleicht hat der mich geblendet. Denn natürlich gab es danach noch einen schönen Ring. Wie hätte das denn sonst ausgesehen?!« Sie sah nachdenklich zu ihrer linken Hand hinunter, an der ein Solitärring mit einem funkelnden Diamanten vor ihrem schlichten Ehering prangte. »Und wenn ich so darüber nachdenke, dann ist der Stein wahrscheinlich ein Symbol für unsere Ehe.« Sie streckte uns ihre Hand entgegen. »Er hat den perfekten Schliff und glänzt verführerisch nach außen. Aber in Wahrheit ist er hart, kalt und farblos und er redet kein Wort mit mir ... Also genau wie mein Mann.«

»Da bekommt man richtig Lust zu heiraten«, sagte Adrian todernst und ich musste mir das Lachen verkneifen. Sein Sarkasmus war zwar unangebracht, aber in dem Fall teilten wir uns denselben Gedanken.

»Sag ich ja ... überlegt euch das gut.«

So mancher Traum wird uns zum Verhängnis, sobald er wahr wird.

Ein
Geheimnis
ist wie ein
Gefängnis,
für das du
den Schlüssel
bewahrst.

GANZ SCHÖN DUNKEL IM HAMSTERRAD

»Die Realität kann ein dunkles Gefängnis sein«, sagte Emma. »Ich habe mir mein Leben jedenfalls ganz anders vorgestellt.«

»Wie hast du es dir denn vorgestellt?«, wollte Paul wissen.

»Ich weiß auch nicht ... jedenfalls nicht so. Ich dachte, dass ich glücklich sein werde, aber das bin ich nicht.« Sie blickte wieder zu Luise. »Ich dachte auch, dass es gemeinsam leichter ist. Aber jetzt finde ich es noch viel schwerer«, sagte sie und ließ ihren Blick weiter durch die Runde schweifen. »Die ganze Welt redet von den Herausforderungen alleinerziehender Mütter. Zu Recht. Aber was alle verschweigen, ist, dass wir mehr sind.« Sie stockte. »Ich bin alleinerziehend in meiner Ehe. Er hat mich doch schon lange verlassen. Oder ich ihn. Nur ist keiner von uns gegangen.«

Emmas Augen wirkten stumpf. Ich konnte weder Traurigkeit noch Verbitterung darin erkennen. Sie erzählte es, als wäre es eine Tatsache, die sich nicht ändern ließe und mit der sie sich schon lange abgefunden hätte. »Ich bin mit allem allein. Und ich bin gefangen in diesem Hamsterrad, in das ich täglich steige, über dem ein dunkles Tuch hängt – denn es ist dunkel darin«, sprach sie weiter. »Aber ich laufe trotzdem. Immer weiter. Ich funktioniere. Ich kümmere mich um die Kinder, sorge dafür, dass sie aufstehen, bereite vor, was sie für die Schule brauchen, achte darauf, dass sie ihre Hausaufgaben erledigen, koche, bringe sie zum Sport, halte das Haus in Schuss, koche wieder … bis er dann abends von seinem ach so anstrengenden Tag nach Hause kommt. Er begrüßt die Kinder mit einem Kuss. Niemals mich. Dann essen wir zu Abend und schweigen. Wann immer ich ihn etwas frage, sieht er kurz von seinem Handy auf und wirft mir ein, vielleicht zwei Worte hin. Das war's. Das sind unsere Gespräche. Wir haben uns nichts zu sagen. Und wenn ich doch etwas sage, hört er nicht zu.« Sie strich nun wieder mit der flachen Hand – diesmal über den Tisch – und wischte damit die Brotkrümel weg. »Er sieht mich doch nicht einmal an! Als gäbe es mich gar nicht. Nur immer dieses Scheißhandy … Als wäre er damit verheiratet!« Ihre Miene fror ein. »Und abends falle ich dann erschöpft ins Bett und träume davon, mich irgendwann wieder zu spüren – denn das tue ich schon lange nicht mehr. Wie denn auch, wenn er mich nie berührt.« Sie wirkte in sich gekehrt. »Aber im Grunde will ich das eigentlich auch gar nicht mehr … oder ich weiß nicht … Vielleicht will ich nur, dass er es will.« Danach legte sie beide Hände in ihren Schoß und sah uns an. »Man gewöhnt sich so schnell an dieses Leben und dann ist man es gewohnt und kennt es gar nicht mehr anders.« Es klang, als würde sie von einer anderen Person sprechen. »Jedenfalls träume ich davon, mich irgendwann wieder wie ich zu fühlen«, fuhr Emma fort. »Und na ja … ich würde ihn gern lieben. Aber das tue ich nicht.« Ihr Blick wurde starr. »Tagsüber schleiche ich mich dann auf die Terrasse, um heimlich zu rauchen, weil es sich wenigstens für die paar Minuten nach Freiheit anfühlt.« Danach schwieg sie. Als hätte sie ihr Leben fertigerzählt.

»Es ist aber auch wirklich nicht einfach, euch Frauen glücklich zu machen«, brummte Tom und zog eine seiner buschigen Augenbrauen nach oben.

»Wahre Worte«, zog Adrian gleich nach.

»Habt ihr denn wieder mal nicht zugehört?!«, fuhr Charly beide Männer an. »Darum geht es doch überhaupt nicht!«

»Und worum geht es dann?«, wollte Tom wissen.

»Wahrscheinlich wieder um die bösen Männer, die an allem schuld sind, die es aber auch dann nicht richtig machen können, wenn sie euch eine konkrete Lösung anbieten«, erklärte Adrian.

»Es hört sich für mich an, als würdest du einen Teil von dir vermissen«, blieb Paul erst einmal bei Emma.

»Einen?«, antwortete sie. »Ich würde eher sagen, ich vermisse alles an mir. Im Grunde solltet ihr eine Vermisstenanzeige aufgeben.« Sie sah uns alle an. »Ich habe mich irgendwo in dieser Ehe völlig selbst verloren.«

»Versuch einmal in dieses Gefühl zu gehen. Wie fühlt es sich an und kannst du sagen, wo es sitzt?«, fragte Paul weiter.

Emma blickte ihn an, ohne dass sich etwas in ihrer Miene regte. »Oh, das ist schwierig«, sagte sie nach einer Weile. »Meine Emotionen versuche ich schon lange zu unterdrücken. Sonst halte ich das nicht aus. Sonst würde ich ...« Sie überlegte und Paul sah sie ermutigend an. »Wahrscheinlich würde ich aus der Haut fahren.«

»Bleib noch mal kurz in der Haut, in der du gerade steckst – in der es sich nicht gut anfühlt. Kannst du versuchen, dieses Gefühl zu beschreiben?«

Emma richtete den Blick angestrengt nach innen. Nach einer Weile tauchte sie wieder auf. »Leer«, sagte sie. »Da ist eine große, schwere Leere.«

»Ich verstehe. Und was will dir die Leere sagen?«

»Wie, was will sie mir sagen?«

»Diese Leere, wenn du sie zulässt ... dich ganz darauf einlässt, wofür könnte sie noch stehen?«

Emma wurde unruhig. Es war ihr förmlich anzusehen, wie unwohl sie sich fühlte und dass sie am liebsten weit weg von diesem Gefühl wollte. Vielleicht auch von sich selbst. »Ich kann nicht!«, stieß sie plötzlich aus. »Ich halte das einfach nicht aus!«

Sie schüttelte energisch den Kopf. »Ich kann euch nicht sagen, was es ist … wirklich nicht!« Ihr Atem war hastig. »Alles, was ich sagen kann, ist, dass ich es hasse.« Sie griff nach der Karaffe und schenkte sich rasch Wasser nach. Ich bemerkte, wie ihre Hand dabei zitterte. Danach umschloss sie das Glas mit festem Griff und nahm einen großen Schluck. »Ehrlich … ich weiß es nicht«, sagte sie noch.

»Kein Problem«, beruhigte sie Paul. »Ich möchte euch morgen dazu noch etwas zeigen. Ich denke, du wirst dann Klarheit bekommen. Und es wird für uns alle hilfreich sein.«

Emma sah Paul dankbar an. Ihre Erleichterung, dass er sie für den Moment aus dem Gefühl entließ, war deutlich zu spüren. Offensichtlich wollte sie keinen Moment länger mit dieser Leere verbringen. *Aber war die Leere denn nicht trotzdem immer noch da?* Ich wusste plötzlich, was Paul mit der Verdrängung gewisser Anteile von uns gemeint hatte und welchen enormen Druck diese Gefühle in uns erzeugen konnten, wenn wir sie unterdrückten, sie aber gleichzeitig versuchten, sich langsam von der Schattenwelt an die Oberfläche zu kämpfen.

»Du wolltest vorher noch etwas sagen, Adrian?«, sagte Paul und sah ihn direkt an.

»Na, wie wir es machen, ist es falsch! Dabei kann doch niemand etwas für eure Fehlentscheidungen!« Adrian blickte uns Frauen einzeln an. »Aber ändern … nein, ändern wollt ihr es auch nicht! Ich verstehe euch Frauen einfach nicht …«

»Ich wusste ja nicht von Anfang an, dass es eine Fehlentscheidung war«, rechtfertigte sich Emma.

»Ja, aber am Ende sind trotzdem immer wir Männer schuld«, legte Tom gleich nach. »Es ist schon so, wie Adrian gesagt hat; es ist wirklich verdammt schwer, euch Frauen glücklich zu machen … um nicht zu sagen: unmöglich!«

»Was wird das, wenn es fertig ist?! Sambatanz in der Endorphinzentrale?«, mischte sich nun Charly ein. »Zwei Männer, die sich grölend ihre Meinung von der Stange bestätigen – das war immer schon eine gute Idee!« Sie verdrehte die Augen bis zum Anschlag. »Ihr habt einfach wie immer nicht zugehört. Es geht doch gar nicht darum!«

»Dann erklär uns doch bitte endlich, worum es geht! Hast du wieder eine lebensverändernde Weisheit auf TikTok gehört?«, fuhr Adrian sie an und riss dabei die Augen weit auf.

»Bitte, Adrian … lass deinen Frust nicht an mir aus. Kein Mensch kann etwas dafür, dass du dich gerade fühlst, wie du dich fühlst. Aber ich will mal nicht so sein und verrate es dir gerne …«

»Ich bitte darum …«

»Emma fühlt sich schlecht. Und wie die meisten Männer kannst du mit diesem Gefühl nicht umgehen, weil du es für schwach hältst. Deshalb verurteilst du sie dafür und lenkst dich ab. Denn wenn du dich dem stellen würdest, dann müsstest du dich selbst schwach fühlen – was du innerlich zwar ohnehin gerade tust, dir aber nicht eingestehen kannst. Du willst da nicht hingehen, weil du eine Scheißangst hast, dass du es nicht aushalten könntest.« Sie beugte sich mit ihren noch viel weiter aufgerissenen Augen so weit vor sein Gesicht, dass Adrian mit seinem Oberkörper immer weiter nach hinten rutschte. Eines war deutlich: Charly war ihm zu nahe gekommen. Physisch und emotional.

Im nächsten Moment griff Adrian nach Charlys Armen und schob sie langsam von sich weg. »Na gut, Frau Hobbypsychologin … Dann hätte ich da noch eine klitzekleine Frage, die sich hier förmlich aufdrängt und zufällig auch gleich die Lösung wäre«, entgegnete er.

»Aha … jetzt will ich es aber auch wissen … Und was wäre die denn deiner Meinung nach?«, wollte Charly wissen.

Er sah sie eindringlich an, ließ seinen Blick dann weiter zu Cleo schweifen und endete bei Emma. »Ganz einfach: ihn zu verlassen?«

NICHT KOMPLETT VERKEHRT

Ich musste zugeben, es hörte sich jetzt nicht komplett verkehrt an, was Adrian hier als mögliche Lösung vorbrachte. Sein Vorschlag lag sogar irgendwie auf der Hand. Aber da das Adrians Dauerlösung für ungefähr alle Beziehungsprobleme war, verlor sie etwas an Kraft, wenn sie aus seinem Mund kam. Trotz allem schien die Frage naheliegend und ich fragte mich, ob sie sich Emma auch schon gestellt hatte.

»So einfach ist das eben nicht«, sagte sie matt. »Wenn Kinder im Spiel sind, gehst du nicht einfach, wenn dir gerade danach ist. Du verlässt nicht mal eben so deinen Mann, weil du dann auch deine Familie verlässt, und wie geht es dann den Kindern damit? Es ist eben sehr viel schwerer, als ihr denkt! Da packt man nicht einfach seine Sachen, schnappt seine Kinder und zieht aus.«

»Nein, verstehe. Da bleibst du einfach lieber unglücklich und lebst deinen Kindern diese unglückliche Ehe weiterhin vor, damit sie früh genug lernen, dass ihre Mutter zu schwach war, für ihr eigenes Glück einzustehen und Beziehung ein ewiger Kampf ist«, sagte Adrian und seine Augen zogen sich zu winzigen Schlitzen zusammen. »Ja, stimmt ... das klingt total logisch.«

Auch wenn Adrians Sarkasmus wie so oft an Unsensibilität kaum zu überbieten war, hatte er nun trotzdem unsere ungeteilte

Aufmerksamkeit. Zu dem Zeitpunkt war nicht klar, ob er noch über Emma sprach oder über seine eigene Erfahrung aus der Perspektive des kleinen Jungen, an dem die unglückliche Zeit seiner Eltern nicht spurlos vorübergegangen war. Gleich darauf kehrte er in sein verletztes Erwachsenen-Ich zurück. »Aber wer fragt denn schon mich«, sprach er weiter. »Den unwissenden Singlemann, der alles falsch macht, schon allein deshalb, weil er ein Mann ist. Und statt mir gerade gepflegt mein Hirn rauszuvögeln, weil ihr ohnehin denkt, dass es das Einzige ist, wovon ich eine Ahnung habe ... was mache ich stattdessen?! Ich sitze mit euch hier in dieser Taverne und bespreche fremde Eheprobleme, wo ich doch eigentlich genügend eigene hätte ... Probleme, meine ich – Ehe habe ich Gott sei Dank keine!«

»Aha!«, stieß Charly aus. »Zumindest ist dir bewusst, dass du Probleme hast. Das ist doch schon mal was!«

»Und du hast keine oder wie? Du bist dieser wahnsinnig problembefreite Mensch, der mit einer riesigen Portion Leichtigkeit durchs Leben schlendert und immer das Richtige tut! Ja, so kennen wir dich, Charly!«

»Könnt ihr euch mal bitte wieder einkriegen, Leute?«, ermahnte Rebecca die beiden Streithälse. »Wenn ihr das geschafft habt, könnte ich euch nämlich die Karte vorlesen, die ich gezogen habe, die – wie ich finde – ungemein gut zum Thema passt.«

Alle Augen waren nun auf Rebecca gerichtet und Paul nickte ihr bekräftigend zu. Rebecca zwirbelte stattdessen aber noch eine ihrer dunklen Lockensträhnen, während sie anscheinend nochmals leise den Text auf der Karte durchlas und es dadurch noch spannender machte. »Also«, sagte sie dann. »Hier hat jemand geschrieben: *Ich würde gerne die Beziehung zu meinen Eltern abbrechen. Sie sind der Grund, warum ich heute so verkorkst bin und dass ich keine Beziehung auf die Reihe bekomme.*« Rebecca las es ohne negative Wertung in der Stimme – ich vermutete sogar eher das Gegenteil: Sie schien es zu verstehen. Ein Blick durch die Runde verriet, dass das Thema aber auch sonst niemanden kaltließ. Zwischen Betroffenheit, Starre, Mitgefühl und Verständnis waren gleich eine Vielzahl an Regungen in den unterschiedlichen Augenpaaren abzulesen.

Außer bei Adrian. Dem war die Coolness wieder deutlich ins Gesicht geschrieben, die er mit seiner betont lockeren Körperhaltung noch unterstrich und fast schon übertrieben lässig am Tisch lehnte. Ich nahm sie ihm in diesem Fall aber nicht ab. Seine Haltung schien mir vielmehr eine Tarnweste zu sein, die er als schützende Windjacke übergezogen hatte, weil ihm gerade eine Gefühlsbrise ins Herz zu wehen drohte. Ich fragte mich, wovor genau er sich schützen wollte.

»Da habt ihr es!«, sagte er. »Das kommt dann dabei raus, wenn ihr in euren unglücklichen Beziehungen stecken bleibt.«

Wen meinte Adrian damit, wenn er in der Mehrzahl sprach? In dem Moment sah er jedenfalls weder zu Emma noch zu den anderen Frauen. Er blickte zu Tom, dessen Miene wieder einmal rein gar nichts verriet. Dieser Mann war das Gegenteil eines offenen Buches – er war mehr wie eine Auster mit extra Vorhängeschloss. *Ob Adrian tatsächlich ihn gemeint hatte?* Ich wusste von Charly, dass er wie Emma schon länger verheiratet war. Sollte Adrians Vermutung stimmen, schien mir die Auswahl der Trauzeugen zu diesem Zeitpunkt nicht unbedingt das allerbeste Omen für diese Hochzeit zu sein.

»Die Frage ist, was die Person mit *›verkorkst‹* gemeint hat«, fuhr Rebecca fort. »Denn jetzt mal ehrlich: Sind wir das nicht alle? Eben jeder auf seine eigene Art! Also ich bin es auf jeden Fall … und ich traue keinem Menschen, der sich für allwissend oder perfekt hält … Das sind meiner Meinung nach die schlimmsten!«

»Also falls du mich damit meinst, möchte ich daran erinnern, dass Paul schon einige Mal erwähnt hat, dass wir alle gut so sind, wie wir sind.« Adrian fühlte sich wie immer angesprochen. »Die einen mehr, die anderen weniger ... würde *ich* sagen.« Er grinste und konnte es wieder einmal nicht lassen.

»Die Welt dreht sich nicht ausschließlich um dich, Adrian. Auch wenn du das gerne hättest«, erwiderte Rebecca. »Aber nein, ich habe nicht dich gemeint ... Ich habe Menschen gemeint, die perfekt sein wollen und alles dafür tun, um perfekt zu sein, und sich damit täglich ein Stück ihres Lebens nehmen und sich langsam, aber sicher damit innerlich um die Ecke bringen ... bis sie ... tatsächlich tot sind.« Sie schluckte und Emma horchte auf. »Daran stirbt man, versteht ihr«, sprach Rebecca leise weiter. »Es rafft einen dahin. Langsam, beinahe unbemerkt ... wie ein schleichender Tod, den man nur am Rande mitbekommt ... aber den man die ganze Zeit wie eine innere Leere in sich trägt und der als leichte aufsteigende Kälte stetig aus dem Inneren kriecht.« Sie sah uns alle an. »Und irgendwann – wenn man die Augen zu lange davor verschließt, weil man das alles gar nicht sehen will ... dann macht man sie nicht mehr auf. Oder auch: für immer zu.« Rebecca sah mitgenommen aus. »Wie auch immer ihr das nennen wollt«, sagte sie wieder etwas lauter. »Das ist nicht nur sehr gefährlich, sondern lebensbedrohlich ... Es macht krank! Und man stirbt daran!« Sie starrte kurz ins Leere und richtete ihren Blick dann wieder alarmierend in unsere Richtung.

»Fühle ich«, sagte Emma und Rebecca schüttelte sich, als wollte sie ihre Erinnerung abstreifen. Sie atmete tief ein und fasste sich. »Ich kann dich wirklich gut verstehen, Emma«, sagte sie weiter in ihre Richtung. »Ich habe zwar keine Kinder und natürlich war es dadurch einfacher ... aber ich war auch in einer solchen Ehe, in der ich das Gefühl hatte, täglich ein Stück mehr von mir selbst aufzugeben. Dabei habe ich mich am Ende vollkommen selbst verloren.« Sie blickte nachdenklich zum Meer hinaus und dann wieder zu uns. »Und wer auch immer diese Zeilen auf die Karte geschrieben hat, dem möchte ich sagen, dass ich auch *das* gut nachvollziehen kann.« Sie suchte nach den richtigen Worten. »Im Grunde hat das doch alles miteinander zu tun. Was wir als Kinder erleben und was wir später tun ... oder auch *nicht* tun. Ich war auch da; ich war furchtbar böse auf meine Mutter, die ihre Ehe still ertragen hat und immer perfekt sein wollte. Durch sie bin ich doch überhaupt erst so geworden. Wahrscheinlich habe ich es unbewusst von ihr übernommen und dann habe ich es ihr später nachgemacht und mich in mein eigenes Unglück gestürzt ... Wahrscheinlich, weil ich gar nichts anderes kannte! Und Gott ja, ich bin verkorkst! Genau wie du, Adrian – ob du es dir eingestehen willst oder nicht! Wir sind doch alle irgendwie verkorkst und es ist an der Zeit, das anzuerkennen, sonst fangen wir noch an, uns was vorzumachen und das – ich garantiere es euch – ist das größte Übel überhaupt! Das ist genau diese Perfektion, von der Emma gesprochen hat, von der alle träumen, die uns aber den letzten Funken Leichtigkeit und irgendwann auch unser ganzes Sein raubt! Dann stecken wir früher oder später in einem Leben, das wir hassen, aus dem wir aber nicht rauskönnen, weil wir um jeden Preis den Schein wahren wollen.« Sie holte noch einmal tief Luft. »So, und jetzt verrate ich es euch auch, weil ich es satthabe, dass wir ständig allen anderen vormachen, wie stark und unverletzlich oder perfekt wir sind und dass immer die anderen Probleme haben, nur *wir* nicht ... Wer auch immer meine Karte gezogen hat, da steht ein riesengroßes Geheimnis drauf, das mich seit Jahren von innen zerfrisst und das jetzt – ich möchte schon sagen – *perfekt* zum Thema passt.« Sie atmete noch einmal durch. »Also auf meiner Karte steht: *Ich gebe mir die Schuld am Tod meiner Mutter und mein Elternhaus war mehr Schein als Sein.*« Sie machte eine kurze Pause. »Wer hat sie gezogen?«

Ich hob vorsichtig meine Hand.

»Gut. Und vielleicht hat dich das ein wenig verstört ... oder du hast dich gefragt, ob ich sie umgebracht habe ... und bevor ihr jetzt alle die nächste True-Crime-Netflix-Produktion plant ... Überraschung! Das habe ich nicht.« Sie lächelte schief. »Ich habe sie nicht umgebracht. Also zumindest nicht mit meinen eigenen Händen.« Rebecca sah gedankenverloren zu ihren Händen hinab.

Entsetzte Blicke machten sich in der Runde breit.

»Na, nicht wie ihr jetzt vielleicht denkt. Ich habe sie weder vergiftet noch ihr irgendetwas über den Schädel gezogen ... aber ich bin ... wie soll ich sagen ... ich bin so etwas wie ...« Sie überlegte: »Eine Mittäterin.«

Die Blicke wurden nicht unbedingt entspannter.

Rebecca bemerkte, dass sie ein großes Rätsel in unseren Köpfen ausgelöst hatte. »Jedenfalls ... was ich sagen möchte«, fuhr sie fort. »Sie war diese Frau, die den Schein nach außen wahren wollte, und es hat sie umgebracht.« Sie stockte. »Und wisst ihr, was das Verrückte daran ist? Ich war ihr lange Zeit böse dafür, aber am Ende habe ich mich selbst schuldig gefühlt, weil ich ihr jahrelang dabei zugesehen und miterlebt habe, wie sie sich selbst aufgegeben hat und ich nichts dagegen unternommen habe. Ich habe sie sterben lassen. Und das ist doch nichts anderes!« Sie wurde plötzlich still – und auch sonst sagte niemand ein Wort. Dann sammelte sie sich. »Also an die Person, die geschrieben hat, dass sie ihren Eltern die Schuld gibt ... das habe ich auch lange Zeit getan. Und jetzt gebe ich *mir* die Schuld, weil ich irgendwann verstanden habe, dass meine Mutter es doch auch nicht besser wusste. Ich hätte ihr so gern für immer die Schuld gegeben ... wahrscheinlich lieber ihr als mir! Aber wer ist denn jetzt schuldig? Und wie macht man es besser, damit man nicht selbst dabei draufgeht ... oder *sie*, weil sie es nicht besser wusste und man ihr jahrelang dabei zugesehen hat.« Ihr Blick verdunkelte sich. »Egal, wie man es dreht und wendet ... am Ende fühlt man sich beschissen.« Rebecca drehte ihren Kopf zu Emma. »Und glaub mir, du willst nicht, dass es mit dir auch so weit kommt, und vor allem willst du ganz bestimmt nicht, dass deine Kinder sich irgendwann so fühlen wie ich, weil sie es verpasst haben, dich zu beschützen ... oder sich später selbst zu beschützen ... Gott, ist das kompliziert ... aber wisst ihr, was ich meine?!«

Einige von uns nickten.

»Der Scheißkrebs hat sie von innen zerfressen«, sprach Rebecca weiter und tiefe Traurigkeit breitete sich in ihren Augen aus. »Und ich schwöre, in ihrem Fall war es deshalb, weil sie so lange so unglücklich war und allen vorgespielt hat, es ginge ihr gut. Sie hat uns alle angelogen! Aber am allermeisten hat sie sich selbst belogen! Und da habt ihr den Schein, der einem das Sein raubt. Er macht krank!«

»Und warum denkst du, dass du dafür verantwortlich sein könntest?«, fragte Paul.

»Weil ich zugesehen und nichts gesagt habe. Selbst dann nicht, als ich erwachsen war. Ich habe sie nicht daran gehindert. Und als sie krank wurde, war es zu spät.«

»Wundert mich fast, dass jetzt nicht wieder der Mann schuld war«, sagte Adrian, ging in Deckung und grinste. »Entschuldige, Rebecca ... ein kleiner Scherz! Vielleicht gerade das Richtige, damit wir hier auf Capri wieder ein wenig in die Leichtigkeit zurückfinden, die hier offensichtlich alle zu Hause gelassen haben.«

»Macht dir die Schwere denn Angst, Adrian?«, fragte Paul knapp und Adrian verstummte für den Moment.

»Kommt schon, Leute, jetzt mal ehrlich«, sagte Adrian schließlich. »Sehe nur *ich* hier ein Muster? Was können denn immer alle anderen dafür, wenn man selbst todunglücklich ist und nichts ändert!«

Wenn wir die
Augen zu lange
vor dem Leben
verschließen,
verschließt
sich das *Leben*
dann vor uns?

MEIN AUTOPILOT HAT SICH VERFAHREN

Adrian sah uns alle erwartungsvoll an.

»Das ist ein nachvollziehbarer Gedanke«, antwortete Paul. »Da stimme ich dir zu, Adrian.«

Bevor Adrian sich aber noch stolz auf die Brust klopfen konnte, schwenkte Paul seinen Kopf auch schon weiter. »Und das bringt mich wieder zu dir, Rebecca. Es nimmt dich nämlich aus der Verantwortung, dass du irgendetwas mit den Entscheidungen oder gar dem Tod deiner Mutter zu tun haben könntest ... geschweige denn, dass du die Schuld daran trägst. Das ist eine große Bürde, die du dir da selbst auferlegt hast. Und trotzdem halte ich es für wichtig, dass wir darüber sprechen. Denn genau diese belastenden Interpretationen der Wirklichkeit halten uns oft im Verborgenen zurück. Sie begleiten uns als Schatten durch unser Leben und können regelrecht zu unserem Verfolger werden.«

»Ich möchte nur anmerken, dass ihr euch alle wirklich schwertut, ein Geheimnis zu bewahren. Ist euch das schon aufgefallen?«, grummelte Adrian.

»Das ist hier wie gesagt nichts Schlechtes ... ganz im Gegenteil«, blieb Paul dabei. »Vielleicht hast du aber Angst, dass etwas an die Oberfläche kommen könnte, das dich mehr belastet, als du es dir eingestehen möchtest, Adrian. Charly hat ihre Vermutung vorher bereits geäußert und scheint dich als deine beste Freundin wirklich gut zu kennen. Es kann sich tatsächlich bedrohlich anfühlen, wenn wir denken, einer neuen Situation und den damit verbundenen Gefühlen ausgeliefert zu sein. Sie löst sich aber nicht, wenn wir sie verdrängen. Eher das Gegenteil ist der Fall: Je mehr wir verdrängen, desto gefährlicher wird das Unbewusste in uns. Manche Menschen ignorieren den Schrei ihrer Seele so lange, bis ihr Körper sie nach einer Zeit endgültig zu Boden zwingt.«

Adrian blieb stumm und Rebecca sah Paul aufmerksam an.

»Die Entscheidung, ob wir hinhören, verdrängen oder andere Schutzmechanismen anwenden und uns letztlich vor unserer eigenen Ganzheit verschließen, liegt aber einzig und allein bei uns selbst. Niemand anderer trägt die Verantwortung dafür.« Paul sah Rebecca eindringlich an und sie nickte mechanisch. »Das ist auch deshalb eine gute Sache, weil wir uns und andere damit aus der Opferrolle entheben und in die Verantwortung bringen. Erst wenn alle sich ihrer eigenen Dunkelheit stellen und sie als Teil von sich akzeptieren, wird Veränderung möglich. Es ist der Moment, in dem wir beginnen, den selbst programmierten Autopiloten abzustellen, und wieder selbst das Steuer übernehmen. Solange wir das nicht tun, haben wir oft gar keine Ahnung, warum wir Dinge tun, die wir tun oder eben auch nicht tun, obwohl wir sie wollen. Wir sind hier, um herauszufinden, warum wir uns oft völlig irrational verhalten, im Kreis drehen oder manchmal auch gar nicht mehr von der Stelle bewegen. Erst wenn wir uns im Klaren darüber werden, dass hier unser Unbewusstes übernommen hat, und wir beginnen, unsere Muster zu durchbrechen, entsteht so etwas wie echte Freiheit. Wir entscheiden dann *bewusst.*«

»Ich glaube, mein Autopilot hat sich verfahren«, murmelte Emma.

»Genau das passiert tatsächlich manchmal«, antwortete Paul. »Wenn wir nicht selbst das Steuer übernehmen, sind wir Getriebene unseres inneren Autopiloten, der uns oft in die völlig entgegengesetzte Richtung steuert, statt uns dahin zu bringen, wo wir eigentlich hinwollen. Wir fühlen uns dann wie blinde Passagiere und sind unserem eigenen Leben hilflos ausgeliefert, statt uns durch aktive Entscheidungen in eine neue Richtung zu bewegen.« Er hielt kurz inne. »Es kommt uns dann so vor, als würde uns eine unerklärliche mächtige Kraft zurückhalten ... Dann fühlen wir uns wie gelähmt und wundern uns, warum wir keine Entscheidung treffen können.«

Paul sah nun wieder zu uns allen. »An unserem letzten gemeinsamen Wochenende in den Tiroler Bergen ging es um die Kraft unserer Gedanken. Auf dieser Reise möchte ich mit euch in eure Schattenwelt und die Macht des Unbewussten eintauchen, um herauszufinden, zu welchen *Taten* sie uns führen. Wir werden den Gründen auf die Spur kommen, warum ihr handelt, wie ihr handelt, und manchmal auch das Gefühl habt, gar nichts tun und auch nichts ändern zu können. Dabei werden wir uns damit auseinandersetzen, was euch zu euren bisherigen Entscheidungen geführt hat, und sie euch bewusst machen, damit ihr künftig bessere Entscheidungen treffen und damit volle Verantwortung für euch und euer Leben übernehmen könnt. Dazu müsst ihr aber auch herausfinden, was ihr wirklich wollt, und das ist erst möglich, wenn ihr die Schatten in euch ergründet, die euch bisher von dieser Klarheit abgehalten und sogar zurückgehalten haben.« Er blickte uns einzeln an. »Vermeidung, Unterdrückung oder Flucht vor der Realität bringen euch nicht weiter. Deshalb werden wir uns den Weg vom Unbewussten ins Bewusstsein bahnen – und dazu ist es äußerst hilfreich, dass wir eure Geheimnisse näher beleuchten. So verlieren sie an Dunkelheit, die euch in der Vergangenheit belastet und euer eigentliches Strahlen verhindert haben.«

»Ich habe das Gefühl, dass die meisten Menschen ihr Strahlen irgendwo am Weg verloren haben«, murmelte Charly nachdenklich und blickte erst Adrian und dann uns alle an. »Und ich schließe mich da überhaupt nicht aus.« Sie überlegte. »Manchmal sehe ich dann aber kleine Kinder und beobachte sie dabei, wie sie von ganz tief drinnen und aus vollem Herzen strahlen, und sie erinnern mich daran, dass es doch irgendwann möglich war! Ich meine, kennt ihr das nicht auch? Wenn förmlich alles aus ihrer kleinen Seele direkt durch ihre funkelnden Augen in die Welt hinausstrahlt? Es ist so ansteckend!« Charlys Augen glänzten, doch gleich danach ließ sie die Schultern sinken. »Ich frage mich dann immer: Wo ist das nur bei uns Erwachsenen geblieben? Wann wurde unser Strahlen gebrochen ... oder wann ist etwas in uns zerbrochen – vielleicht aber auch: Wann hat es *uns* gebrochen? Wisst ihr, ich frage mich das wirklich: Wann haben wir alle unser inneres Strahlen verloren?«

»Wer sagt denn, dass wir es alle verloren haben?«, fragte ausgerechnet Adrian, der vom Strahlen momentan ungefähr so weit entfernt war wie ein Tiefseetaucher in schwarzem Ganzkörperneopren ohne Taschenlampe.

»Euer Strahlen ist nicht verloren gegangen«, übernahm Paul wieder. »Es hat sich vielleicht nur ein wenig hinter euren Schatten versteckt. Aber ich kann euch beruhigen: Wir werden sie mit eurer inneren Taschenlampe beleuchten und euer Strahlen wiederfinden«, fügte er noch hinzu und machte damit eine ziemlich große Versprechung. Ich konnte nicht glauben, dass er sich meine Taschenlampe in seinem Bild geliehen hatte, ohne dass ich meines laut ausgesprochen hatte. Ich wusste zwar nicht, dass wir auch eine innere Taschenlampe besaßen. Aber eines stand fest: Wenn es einem gelang, uns zu zeigen, wie wir sie benutzen konnten, dann war es Paul.

»Manchmal sind wir so sehr mit unserem Alltag beschäftigt, dass wir automatisch davon ausgehen, dass nichts anderes für uns möglich ist als das, wofür wir uns unbewusst jeden Tag und immer wieder entscheiden«, erklärte er weiter. »Ihr könnt euch das so vorstellen, als würdet ihr jeden Tag eine viel zu enge Jacke anziehen, weil ihr gar keine andere kennt und in eurer inneren Garderobe auch keine anderen Kleidungsstücke hängen. Wir werden uns diese Jacke, die euch möglicherweise über die Jahre zu eng geworden ist, genauer ansehen und ihr werdet erkennen, dass ihr sie auch ausziehen und nach und nach andere Kleidungsstücke in eure Garderobe hängen könnt. Ihr habt dann eine größere Auswahl an Möglichkeiten und könnt euch in der jeweiligen Situation besser entscheiden, was wirklich zu euch passt, und greift nicht immer nach derselben Jacke, weil ihr denkt, dass es nur diese eine Möglichkeit auf der Welt gibt.«

»Aber ist eine große Auswahl denn wirklich immer eine gute Sache?«, wollte Luise wissen. »Ich frage mich das in letzter Zeit wirklich oft. Bei dem ganzen Überfluss, in dem wir leben, und den vielen Möglichkeiten, die wir haben, verlieren wir uns da nicht manchmal und wissen am Ende gar nicht mehr, was wir wollen?«

»Das ist eine sehr kluge Frage, auf die ich später noch eingehen werde«, antwortete Paul. »Denn es stimmt, das kann tatsächlich zum Problem werden. Aber wenn wir in unserem eigenen Schatten gefangen sind, denken wir, nur eine einzige Wahl zu haben, und entscheiden uns dann oft nicht für das Beste. Das Ziel ist es daher, uns bewusst zu machen, dass wir gerade eine unbewusste Wahl getroffen haben und uns regelrecht etwas in uns dazu gezwungen hat, diese Wahl zu treffen – dass es aber noch weitere Möglichkeiten gibt.«

»Und wie erkennen wir, ob wir unbewusst die falsche Wahl getroffen haben? Wenn wir uns unbewusst dafür entschieden haben, ist das dann doch gar nicht so einfach zu durchschauen?«, fragte ich und bemerkte, wie auch Tom aufhorchte.

»Das stimmt«, hörte ich Paul sagen und er sah mich direkt mit seinen türkisgrünen Augen an. »Eben weil wir uns dessen nicht bewusst sind, fragen wir uns oft, warum wir immer wieder in ähnliche Situationen geraten und sich so vieles für uns wiederholt, und haben meist keine Erklärung dafür. Immer dann, wenn wir uns in die Ecke gedrängt fühlen oder uns etwas besonders aufregt oder bewegt und unsere Reaktion uns wieder zu denselben Ergebnissen führt, ist die Wahrscheinlichkeit hoch, dass ein unbewusster Schatten im Spiel ist und wir gerade dabei sind, ein Muster zu wiederholen.« Er ließ seinen Blick ganz langsam durch die Runde wandern. »Aber genau da liegt die Chance. Denn wenn wir uns in dem Moment stoppen und anfangen, unsere Realität zu hinterfragen, und stattdessen für uns überprüfen, wer oder was uns hier gerade unbewusst zu unserem Verhalten geführt hat, werden wir aufmerksamer. Wir erkennen die Zeichen und Warnsignale dann leichter, die darauf hinweisen, dass wir etwas anderes probieren sollten und auch eine andere Entscheidung treffen können.«

»Ah, sind wir etwa wieder bei den Zeichen angelangt?«, sagte Adrian. »Da bin ich raus, sorry!« Er hob die Hand und ließ sie mit einem lauten Rumms auf den Tisch fallen.

»Zeichen müssen nicht unbedingt etwas Spirituelles sein«, antwortete Paul gelassen wie immer. »Sie zeigen sich in allem Möglichen. Unser Körper ist beispielsweise ein wahres Wunderwerk, das uns immer wieder Zeichen sendet, und wenn wir sie nicht erkennen, dann lässt er sie uns noch stärker spüren. Vielleicht kennt ihr das: Ihr denkt, alles richtig gemacht zu haben, oder ihr denkt erst gar nicht darüber nach ... und plötzlich sendet euch euer Körper Warnsignale. Vielleicht ist es anfangs nur ein ungutes Gefühl im Bauch, das ihr ignoriert, ihr könnt nicht schlafen oder habt Kopfschmerzen, die ihr dem Wetter zuschreibt. Aber irgendwann, wenn ihr euch zu lange von euch und eurer Seele entfernt, werden die unangenehmen Gefühle stärker und ihr könnt die körperlichen Anzeichen nicht länger ignorieren. Genau dann ist es ein klarer Hinweis und auch ein Zeichen dafür, dass ihr etwas in euch zurückhaltet, das sich zeigen möchte. Unsere Seele strebt nach Vollständigkeit und dazu gehören sowohl das Dunkle als auch das Strahlende – so wie die Nacht zum Tag gehört oder der Schatten zum Licht.«

»Das heißt, unsere Schatten sind gar nichts Schlechtes?«, fragte Charly.

»So ist es«, erwiderte Paul. »Sie sind ein Teil von euch und wenn ihr sie verbannt, verbannt ihr auch einen Teil von *euch*. Das Ziel ist es aber, dass ihr ganz ihr selbst seid, denn nur so kommt ihr in eure Kraft.«

»Ganz unter dem Motto: Es ist nie zu spät, um zu werden, wer wir wirklich sind«, sagte Emma.

»Genau. Unsere Schatten zeigen sich außerdem nicht immer nur in den Anteilen, die wir für vermeintlich böse halten, wie Macht, Gier, Wut, Neid, Hass oder auch andere Gefühle, die uns so düster erscheinen, dass wir sie am liebsten loswerden wollen. Zu unseren Schatten gehört auch all das Unerfüllte und Ungelöste, die Versäumnisse im Leben, die wir betrauern, unsere Sehnsüchte, die wir bisher unterdrückt haben, die Möglichkeiten, die wir nicht wahrgenommen haben, oder die Entscheidungen, die wir uns nie getraut haben zu treffen. Sie alle anzuerkennen und ihnen Raum zu geben, ist aber wichtig, um uns in unserer Ganzheit zeigen zu können und unser wahres Glück zu leben. Das Ziel ist es also, unsere Gefühle und Gedanken so zu vereinen, dass sie sich in besseren Entscheidungen äußern und wir dadurch auch unsere Taten verändern.« Paul hielt kurz inne. »Zu all dem werden wir noch kommen. Vorerst möchte ich mich aber noch einmal euren Karten widmen.«

Je mehr wir verdrängen, desto gefährlicher wird das Unbewusste in uns.

DIE MORAL VON GUT UND KÄSE

Wer möchte uns ein weiteres Geheimnis verraten?«, fragte Paul. »Vielleicht du, Luise?«

Luise lief purpurrot an. Sie wollte nicht – das war ihr deutlich anzusehen. Stattdessen rutschte sie vorsichtig auf ihrem Stuhl nach vorne, richtete sich langsam auf und klappte ihre Karte zögernd auf. Eine sanfte Brise, die vom Meer aus zu uns herüberzog, wehte ihre Haare an der rechten Seite ihres Pagenkopfs nach hinten und unterstrich den Wirbel, der sich in Luises Gesicht bemerkbar machte. Sie sah hoch und wieder hinunter und wirkte nervös dabei. Es schien fast so, als würde sie sich dafür schämen, was auf der Karte stand. Wahrscheinlich wollte sie aber auch einfach niemand anderen bloßstellen. Eines war jedenfalls sicher: Es war ihr eindeutig unangenehm. »Also«, holte sie aus. »Hier steht: *Obwohl das niemand von mir annehmen würde: Ich habe immer wieder Geld gestohlen.*« Sie blickte wieder hoch, als würde sie gleich gesteinigt werden.

War es etwa ihr eigenes Geheimnis?

»Haha, ich kann nicht mehr! Ein Langfinger befindet sich unter uns!«, prustete Adrian los, als freute er sich direkt darüber. »Wer hätte gedacht, dass mich manche Dinge tatsächlich noch überraschen.« Er blickte wie Inspector Gadget durch die Runde. »Wer könnte das wohl sein?«, sagte er forschend und griff sich grüblerisch ans Kinn.

Somit war klar, dass das Geheimnis nicht von Adrian stammte und er es auch Luise nicht zutraute, die daraufhin etwas erleichtert wirkte.

»Übrigens«, fuhr Adrian fort. »Wir haben noch gar nicht darüber gesprochen, dass du früher andere Menschen gemobbt hast.« Er sah Emma dabei verräterisch an. »Darüber würde ich gerne noch mehr erfahren, weil, das ist ja auch nicht gerade von schlechten Eltern«, sagte er und grinste sie schelmisch an.

»Schlechte Eltern ... soso«, schaltete sich Paul sofort ein und sah Adrian durchdringend an, bevor Emma überhaupt reagieren konnte. »Denkt daran, wir interpretieren die Wirklichkeit immer aufgrund unserer eigenen Schatten.« Er ließ das Gesagte kurz sacken. »Und erinnert euch bitte auch daran: Wir sind nicht hier, um zu urteilen.« Im Grunde betraf es Adrian. Aber unsere verdutzten Gesichter ließen erahnen, dass wahrscheinlich in uns allen ein gewisses Urteil gefallen war und einige überrascht, andere möglicherweise sogar entsetzt waren.

»Eines ist aber klar«, konnte es Adrian trotzdem nicht lassen. »Ich werde ab jetzt ein achtsames Auge auf mein Portemonnaie werfen«, lachte er. »Sicher ist sicher ...«

»Und wenn wir bei der Klarheit bleiben«, erwiderte Paul ganz ruhig. »Dann solltet ihr wissen, dass alles, was wir an anderen Menschen ablehnen oder verurteilen, uns direkt zu unserem eigenen Schatten führt.«

»Na ja«, protestierte Adrian. »Ein wenig Moral darf es aber schon auch noch geben, oder nicht?! Es ist ja jetzt nicht unbedingt etwas Gutes, wenn man andere Menschen beklaut oder sie mobbt! Also bleiben wir hier bitte mal schön bei der Wahrheit.«

»Und wie sieht die Wahrheit für dich aus?«, fragte Paul.

»Ja, genau, weil du so ein Moralapostel bist, Adrian!«, wetterte Charly. »Bist du sicher, dass du hier nicht mit zweierlei Maß misst?!« Sie endete mit einem vorwurfsvollen Schweigen.

»Nicht mehr oder weniger als du, das kann ich schon mal sagen«, schnauzte Adrian zurück.

»Aber tun wir das nicht alle?«, warf Rebecca ein.

»Stehlen und Leute mobben?«, wiederholte Adrian langsam.

»Oder andere Beziehungen zerstören?« Charlys Blick war in dem Moment auf niemanden gerichtet.

»Mit zweierlei Maß messen, wollte ich damit sagen«, antwortete Rebecca ruhig und schüttelte den Kopf.

»Okay«, erwiderte Charly. »Dann verrate uns das doch mal, Adrian: Was macht das eine denn besser als das andere? Also gibt es einen Unterschied zwischen betrügen und bestehlen?«

Nun hatte sie verraten, dass es um Adrian ging.

»Ich weiß nicht, was das alles jetzt mit mir zu tun haben soll?«, wehrte der sich jedoch gleich. »Aber bitte, ihr zwei«, sagte er und sah Charly und Rebecca in die Augen. »Dann raubt von mir aus eine Bank aus und klopft euch danach gegenseitig auf die Schulter wie Thelma und Louise! Wenn ihr das *kein* Ding findet, dann okay ...«

»Wie findest *du* es denn, Adrian?«, wollte Paul wissen.

»Also sind jetzt alle völlig verrückt geworden?! Wie soll ich es denn finden. Etwa gut?«

»Du kannst es finden, wie du es findest«, blieb Paul ganz ruhig. »Es war eine ernst gemeinte Frage: Wie findest du es?«

»Na scheiße. Wie sonst?!«

»Und warum?«

»Wie warum? Na, weil es eben scheiße ist ... Und ungerecht!«

»Gut«, sagte Paul. »Das bringt uns nun direkt zu deinem Schatten.«

»Wie bitte? Zu *meinem* Schatten?!«, rief Adrian und schüttelte wild den Kopf. »Entschuldigung, aber was hat es denn bitte mit *meinem* Schatten zu tun, wenn andere Menschen ihre diebischen Wurstfinger nicht im Griff haben oder unschuldige Menschen mobben? Sollten wir uns da nicht besser *ihren* Schatten ansehen?«

Es war mehr eine rhetorische Frage.

»Ja, das können wir dann auch tun. Aber es war auch ein schönes Beispiel. Denn immer wenn das Verhalten anderer eine besonders starke Reaktion in uns auslöst – ob wir es nun für berechtigt halten oder nicht –, führt uns das auch direkt zu unserem eigenen Schatten. Es führt uns zu all dem, was bei uns noch nicht verarbeitet oder geheilt ist und noch gelebt werden will.«

»Ach, natürlich! Jetzt geht mir ein Licht auf!«, stieß Adrian aus. »Ich sollte einfach beginnen, mehr kriminelle Dinge zu tun, weil ich mir das vielleicht aus moralischen Gründen bisher verboten habe ... und schwups, schon ist der Schatten auf meiner Seite!«, rief er und klatschte sich mit der flachen Hand auf die Stirn. »Also bitte, das ist doch einfach nur lächerlich und jenseits von Gut und Käse!«

Ich musste lachen und verstand auch noch nicht ganz, wo Paul mit uns gedanklich hinwollte. Allerdings hatte ich so eine Ahnung.

»Das stimmt natürlich. Wir haben schon aufgrund unseres Rechtssystems ein gewisses moralisches Gerüst, das in unserer Gesellschaft gelebt und auch eingefordert wird. Meistens stimmen Recht und Moral auch überein. Aber nicht in allen Fällen. Einiges wurde schlichtweg bisher noch nicht geregelt. So verschwimmen Grenzen schnell, wenn es sich um ein Verhalten handelt, das zwar für die meisten moralisch verwerflich, aber gesetzlich eben vielleicht noch gar nicht geregelt ist.« Er hielt kurz inne. »Wir gehen zwar in der Psychologie davon aus, dass Moral eine angeborene Disposition ist – allerdings ist damit noch nicht klar, wie die Grenzen und Interpretationen der persönlichen Moral eines einzelnen Menschen aussehen. Also ich gebe dir recht, Adrian. Natürlich gibt es so etwas wie Moral. Aber wenn wir sie als regulierendes Urteil ansehen und genauer unter die Lupe nehmen, dann gibt es sowohl eine gesellschaftliche und damit auch eine rechtlich geregelte Moral als auch eine ganz persönliche Moral, und die kann bei verschiedenen Menschen auch verschieden ausfallen.« Paul wandte sich wieder uns allen zu. »Wie genau diese Moral als Urteil von Gut und Böse oder Richtig und Falsch für den einzelnen Menschen aussieht, hängt sehr eng mit der persönlichen Entwicklung, aber auch der Kultur und dem sozialen Umfeld zusammen und somit auch mit dem damit verbundenen Wertesystem. Es würde hier jetzt zu weit führen, zu diskutieren, ob oder wann etwas tatsächlich moralisch verwerflich ist, aber das Thema ist durchaus spannend, weil es uns zu einem ganz anderem führt: und zwar zur Motivationspsychologie. Die kann sowohl für den Menschen, der entgegen der allgemeinen Moral gehandelt hat, als auch für den, der die moralische Übertretung beurteilt, äußerst aufschlussreich sein. Wenn wir uns also das Motiv der jeweiligen Personen für ihr Verhalten genauer ansehen, dann verrät es uns einiges über ihre Schatten. Denn überlegt einmal: Wäre das Motiv eines Menschen aus der Not heraus entstanden und hätte er das Geld gestohlen, weil er vielleicht nichts zu essen hatte, würden wir vermutlich anders darüber urteilen, als hätte er den Diebstahl für die Spannung oder den Wunsch nach einem gewissen Kick begangen. Selbst dann kann dahinter aber auch ein pathologisches Verhalten stecken, bei dem es sich um eine Zwangsstörung und damit um eine Krankheit handelt. Mit diesem Wissen würden dann wieder einige Menschen mit mehr Verständnis reagieren, als wenn die Tat ein reiner Akt der Böswilligkeit gewesen wäre.«

»Oder das alles ist einfach eine gute Ausrede.«

Die meisten Menschen waren eben nicht Adrian.

»Auch hier wäre zu hinterfragen, warum jemand eine gute Ausrede braucht, um etwas zu stehlen, und was die eigentliche Motivation dahinter ist«, ergänzte Paul.

»Und welche könnte das sein?«, wollte Emma wissen.

»Das könnten viele Dinge sein, und meist steckt ein gewisses Bedürfnis dahinter, das in der Vergangenheit zu kurz gekommen ist. Vielleicht hat dieser Mensch zu wenig Aufmerksamkeit bekommen und versucht sie nun durch ein gewisses Machtgefühl oder Kontrolle zu kompensieren. Vielleicht ist es aber auch die Reaktion auf ein vergangenes Trauma und es kommt zu einer Flucht aus der Realität, mit der jemand versucht, seine Angst- oder Ohnmachtsgefühle zu lindern.« Er sah uns einzeln an. »Das soll ein solches Verhalten nicht rechtfertigen, aber es ist wichtig, sich die Hintergründe genauer anzusehen, um dem eigentlichen Schatten, der vermutlich schon länger unterdrückt wurde, auf die Spur zu kommen.«

»Na eben«, sagte Adrian.

»Dasselbe gilt aber auch für den Menschen, dessen Urteil besonders hart ausfällt und mit einem besonders starken Gefühl einhergeht.«

»Na, wenn es ungerecht ist, ist es eben falsch!«, beharrte Adrian.

»Und hier sind wir beim Kern. Selbst wenn das stimmt und wir hier von Ungerechtigkeit sprechen, die dem Menschen zuteilwird, dem das Geld gestohlen wurde, so sagt es doch auch einiges darüber aus, dass dir die Ungerechtigkeit als Erstes in den Sinn gekommen ist und sie dich sehr aufzuwühlen scheint. Es könnte sogar sein, dass du es ungerechter findest als die Person, die bestohlen wurde, die vielleicht ganz andere Gefühle damit verbindet.«

»Mag sein. Ich hasse eben Ungerechtigkeit!«

»Hassen ist ein starkes Gefühl.«

»Eines, das wir nicht ablehnen sollten, das haben wir von dir gelernt.«

»Genau. Es verrät uns einiges über einen Mangel, den du bereits von früher kennst und in deinem Leben erfahren hast, weil du etwas als besonders ungerecht empfunden hast.«

Adrian sah Paul mit großen Augen an und widersprach zum ersten Mal seit Langem nicht.

»Und weil du es so ungerecht gefunden hast, hasst du heute alles, was du für ungerecht hältst, und wahrscheinlich findest du sehr vieles sehr ungerecht«, sprach Paul weiter. »Es kann sogar sein, dass du seither regelrecht Ausschau nach Ungerechtigkeit hältst und somit noch mehr Ungerechtigkeit in deinem Leben erlebst. Wenn wir uns unsere Schatten nicht bewusst machen, kann es leicht passieren, dass wir dann die ganze Welt, das Leben und alles um uns herum für das halten, was wir erlebt haben. In deinem Fall wäre das: Das Leben ist ungerecht.«

»Aber wenn es eben wirklich scheiß ungerecht ist?!«, brüllte Adrian jetzt beinahe.

»Je härter das eigene Urteil ausfällt, desto härter hast du den Schmerz und die damit empfundene Ungerechtigkeit wahrscheinlich in der Vergangenheit erlebt.«

»Und ich nehme mal an, den Mist sollen wir uns jetzt wieder genauer ansehen, damit wir ihn auch schön noch einmal durchleben müssen.«

»Ich dachte schon, dass du das sagen würdest, und die Frage ist nicht nur naheliegend, sondern auch berechtigt. Warum sollten wir noch tiefer in einen Schmerz gehen, wenn wir doch eigentlich alles tun, um ihn zu vermeiden?« Paul sah uns nacheinander an. »Es gibt eine Antwort darauf: Die Lösung für den Schmerz liegt immer im Schmerz selbst. Erst wenn ihr tiefer in den Schmerz hineingeht und ihn wirklich zulasst, kann echte Heilung stattfinden. Und ist das schmerzhaft?« Er ließ seinen Blick durch die Runde schweifen. »Ich will euch wirklich nichts vormachen: Natürlich ist es das. Das kann sich sogar richtig furchtbar anfühlen. Und das ist auch der Grund, warum die meisten Menschen genau da aufhören, wo sich der Schmerz meldet. Aber die Wahrheit ist auch: Wenn ihr tiefer geht, dann hört er auf, euch ein Leben lang zu verfolgen. Er darf dann langsam heilen.«

»Bis er sich ganz auflöst?«, fragte Emma.

»Ich denke, wir erwarten zu oft eine schnelle oder überhaupt eine Lösung. Dasselbe gilt auch für eure Schatten. Vielleicht ist der Anspruch gar nicht der, dass sie sich ganz auflösen. Sie gehören zu euch. Und so ist es auch mit allem, was ihr erlebt habt. Wenn ihr es zu einem Teil von euch macht, dann holt euch der Schatten nicht immer wieder von hinten ein und wirft seine Dunkelheit über alles, was ihr erlebt. Er bäumt sich nicht mehr auf. Er begleitet euch. Aber friedlich. Im Einklang. Mit euch. Kennt ihr diese Menschen, die eine unheimliche Anziehungskraft haben, weil sie voll und ganz mit sich im Reinen sind?«

»Nein«, sagte Adrian trotzig und wir mussten alle lachen.

»Es gibt sie«, antwortete Paul und lächelte. »Und ihr könnt das auch sein. Menschen, die mit sich im Reinen sind, haben irgendwann gelernt, alles in sich anzunehmen. Nicht nur das, was andere als gut erachten, sondern auch das, was andere oder womöglich auch sie selbst lange Zeit für schlecht gehalten haben. Das heißt nicht, dass sie nicht an sich arbeiten und sich weiterentwickeln. Aber sie sind nicht so hart zu sich. Und daher auch nicht zu anderen.«

»Das bedeutet, sie dürfen dann auch andere mobben und beklauen?«, fragte Adrian zynisch.

»Es bedeutet, sie werden vermutlich gar nicht das Bedürfnis haben, weil sie keinen Mangel und Ablehnung in sich verspüren, die sie kompensieren müssen. Menschen, die das Beste in sich sehen, sehen auch das Beste in anderen. Sie wollen ihnen nichts wegnehmen. Sie freuen sich sogar für sie. Sie konzentrieren sich nicht auf die Dunkelheit. Weder in sich noch in anderen.«

Die Heilung für den Schmerz liegt immer im Schmerz selbst.

WENN DU
DAS BESTE
IN DIR
SIEHST,
siehst du
AUCH DAS
BESTE
IN
ANDEREN.

SO LOCKER WIE BETON

Dann gehe ich davon aus, dass die vielen Trolle im Internet, die nichts Besseres zu tun haben, als anderen Menschen böse Dinge um die Ohren zu werfen, wohl mit einem riesigen Schatten im Nacken vor ihren Bildschirmen sitzen«, ächzte Charly.

»Das ist richtig. Niemand muss andere abwerten, wenn er nicht auch etwas in sich selbst abwertet«, erklärte Paul und Emma nickte. »Aber kommen wir wieder zu dir zurück, Adrian. Was war oder ist so ungerecht in deinem Leben? Magst du uns nicht mehr darüber erzählen?«

»Und die Person, die fremden Menschen Geld geklaut hat, kommt einfach so davon. Da reden wir lieber über mich, oder wie?«

Paul sagte nichts. Er nickte auch nicht. Er wartete.

»Ja, bitte, dann reden wir eben über mich. Ich kann euch sagen, was ungerecht ist ...« Er sah zu Charly, die ihm sanft zunickte. Zum ersten Mal in meinem Leben erlebte ich Adrian unsicher. Er war das Gegenteil von allem, was er uns bisher gezeigt hatte, und wenn ich ihm so dabei zusah, hatte er plötzlich etwas Feines, Fragiles, geradezu etwas Sensibles an sich. Seiten, die er bisher gut vor uns verborgen gehalten hatte.

Adrian holte tief Luft. »Sie haben mich gefeuert«, sagte er leise. »Versteht ihr ...«, erhöhte er die Lautstärke. »Einfach so gefeuert.«

Die Kraft in seiner Stimme brach gegen Ende wieder. Es fiel ihm offensichtlich nicht leicht, darüber zu sprechen. Anscheinend fiel es ihm aber noch schwerer, dass es sich so anfühlte, wie sich Adrian ganz bestimmt nie fühlen wollte. Irgendetwas wehrte sich in ihm, das war ihm anzusehen. Er setzte noch einmal an. »›New York ist zu dem Entschluss gekommen‹ haben sie gesagt ...« Wut breitete sich in seinen Augen aus und sie verlieh seiner Stimme wieder Kraft. »New York!!«, rief er. »Sie hatten nicht einmal die Eier, für ihre Entscheidung einzustehen! Oder was haben sie mit New York gemeint?! Soll eine Stadt dafür verantwortlich sein?!« Er schüttelte energisch den Kopf. »Sie haben es so aussehen lassen, als steckte das Headquarter dahinter, oder irgendein Ami, der etwas gegen mich hat ... Bullshit!! Sie wollten es so! Alle, die in ihren zu eng geschnürten Krawatten und den perfekt anliegenden Maßanzügen und Nadelstreifenkostümen mit mir am Tisch saßen, wollten es! Es hat jede einzelne ihrer Stimmen dazu gebraucht und keine einzige Person im Raum hatte den verdammten Mumm, mir ins Gesicht zu sehen und zu sagen: ›Es stimmt, Adrian. Ich war das. Ich habe entschieden, dich zu feuern!‹«

Er strich sich mit der Hand durch seine blonden Locken und plötzlich war Adrian gar nicht mehr so cool. Er war in etwa so locker wie Beton.

Was war denn jetzt die echte Version?

»›Es ist besser, wenn sich unsere Wege hier trennen‹, hat Möllner irgendwann doch noch sein berechnendes Maul aufgekriegt«, sagte Adrian verärgert. »Und wisst ihr, warum?!« Er machte keine Pause und beantwortete sich die Frage im nächsten Moment gleich selbst: »Nein, wie solltet ihr auch?! Das könnt ihr gar nicht wissen, weil das niemand weiß! Aber ich verrate es euch: Weil er verfickt noch mal Angst hat, dass sein eigener Schädel rollt, wenn er nicht mitspielt!« Er sah durch die Runde. »Niemand ... einfach *niemand* war imstande, mir die Wahrheit zu sagen!« Er schüttelte wieder den

Kopf. »Verdammte Feiglinge! … Und was für Lügner, Heuchler und Betrüger noch dazu!« Adrian starrte ins Leere und sah dann weiter zu Paul. »Und bitte, frag mich jetzt nicht, was *meine* Wahrheit ist! Denn hier gibt es nur eine! Eine, die sie vor mir verheimlicht haben, obwohl sie alle außer mir kannten … und das nicht erst an diesem Tag – sie wussten doch schon wochenlang Bescheid! Aber haben sie es mir gesagt? Nein! Und ist ihnen völlig egal, was mit mir passiert?!« Er fixierte uns alle einzeln, als wären wir dafür verantwortlich. »Natürlich ist es das! Ein Einzelschicksal interessiert sie einen feuchten Dreck! Aber was rede ich hier … doch noch nicht einmal das … Es interessiert sie nicht einmal den Dreck unter ihren Fingernägeln, die sie sich schmutzig gemacht haben! Wahrscheinlich hat es ihnen sogar noch Freude gemacht. Und da haben wir es, mein Arschlochschicksal in diesem Arschlochkonzern, und es lautet: Finito! Mit wehenden Arschlochfahnen! Ich wurde gefeuert und was das bedeutet, da könnt ihr eins und eins zusammenzählen: Keine Aufgabe … Kein Einkommen … und kein Leben mehr für Adrian – den ›Aufsteiger des Jahres‹!«, stieß er aufgebracht hervor und zeichnete mit jeweils zwei Fingern Gedankenzeichen in die Luft. »Denn genau so haben sie mich noch vor einem Jahr genannt … da haben sie dem ›Aufsteiger des Jahres‹ nämlich noch eine fette Prämie ausgezahlt, um dann was zu tun?! Genau! Um mich ein Jahr später als Absteiger des Jahres zu entlassen! Game over, einfach rausgekickt haben sie mich!!« Mittlerweile brüllte er. »*Das!!* … Versteht ihr … *das* ist die Wahrheit!!«

»Hast du eine Vermutung, warum es zu deiner Entlassung kam?«, fragte Paul ruhig.

»Ich habe nicht nur eine Vermutung … ich weiß es. Nichts liegt klarer auf der Hand als das!«

»Und was ist das?«

»Ich war ihnen ein Dorn im Auge … Immer schon«, antwortete Adrian. Seine Lippen pressten sich zusammen und ich bemerkte, wie seine Kieferknochen sich verspannt hinter seinen Wangen auf und ab bewegten. »Weil ich nicht den Mist nachgesprochen habe, den sie allen vorbeten! In erster Linie den Aktionären, damit alles schön ertragreich bleibt und sich ein paar Einzelne daran bereichern können! Ich war ihnen unangenehm, weil ich zu tief im Dunklen gewühlt habe.« Es war ihm förmlich anzusehen, wie sich ein Film innerlich vor Adrians Augen abspielte. »Sie haben es bemerkt. Aber damals habe ich es noch nicht angesprochen. Nur intern – in Meetings, von denen die Welt da draußen nichts mitbekam.« Er stockte. »Genau wie die Welt nichts mitbekam, was sich im Inneren abspielte. Sie wussten es. Ich wusste es. Alle wussten es. Aber ich habe ihnen lange Zeit die Zahlen gebracht. Deshalb haben sie mich in Ruhe gelassen.« Er sah zum Meer hinaus. »Nur wehe, du fängst an, die Wahrheit ans Licht zu bringen oder Dinge zu hinterfragen und vor anderen anzusprechen. So schnell kannst du gar nicht schauen, und du bist … weg!«

»Und was waren das für Dinge?«, wollte Paul wissen.

»Unsaubere Dinge, so viel kann ich euch sagen«, verriet er uns und drehte seinen Kopf wieder in unsere Richtung. »Es läuft nicht alles so sauber in Konzernen, wie sie uns das von außen weismachen wollen. Ihr oberstes Ziel ist es, ihr Image zu wahren … und das um jeden Preis.«

»Ist das nicht generell bei einigen Typen so?«, fragte Rebecca scheinheilig und ich war nicht sicher, ob sie auf jemanden anspielte oder es so allgemein meinte, wie sie es formulierte. Jedenfalls nickten Luise und Emma im Gleichtakt.

»Oder ist das vielleicht einfach bei Menschen so?«, fragte Tom. »Warum müssen es immer nur Männer sein?« Die Frage schien mir berechtigt. »Vielleicht polieren ja die meisten ihr Image auf, weil sie denken, dass dadurch ihr Wert steigt.«

»Tatsache ist, dass dieser Konzern ein einziger großer Schatten ist und so tut, als wäre er das Licht«, sprach Adrian weiter.

»Und wehe dem, der diesen Schein infrage stellt. Da zählen keine Menschenleben. Alles, was zählt, ist der Profit, und der hängt eben an diesem Image.«

»Aber es geht hier nicht um Leben und Tod, richtig?«, wollte Paul wissen.

»Ich weiß nicht. Geht es das denn nicht auch immer ein wenig bei Pharmakonzernen?«, erwiderte Adrian. »Also zumindest um den Weg in die Kiste und wie sich damit Geld verdienen lässt? Und könnte ihnen dieser Weg nicht vielleicht ganz gelegen kommen?« Adrian legte den Kopf schräg zur Seite. »Oder zumindest einige Krankheiten, weil der Kampf ums Leben ordentlich viel Kohle bringt?«

»Jetzt klingst du wie ein Schwurbler, Adrian«, sagte Rebecca und rümpfte die Nase.

»Ach so?« Adrian sah Tom an, der schwieg – was für einen Arzt immer etwas beunruhigend war.

»Ich rede natürlich nicht von allen Konzernen oder allen Arzneimitteln … Natürlich gibt es da auch gute Dinge«, lenkte Adrian wieder ein wenig ein.

»Und Gesetze«, ergänzte Paul. »Die gibt es schließlich auch.«

»Ja, natürlich«, antwortete Adrian höhnisch. »Wenn die Gesetzgebung alle Zusammenhänge und Hintergründe kennt … dann gibt es die. In einer perfekten Welt gibt es auch perfekte Gesetze.« Er zog eine Augenbraue hoch. »Aber leben wir in einer perfekten Welt?« Er machte eine bewegende Pause. So oft hatte Paul uns schon gesagt, dass es so etwas wie eine perfekte Welt nicht gab. Es handelte sich also um eine rhetorische Frage. »Was ich sagen möchte«, sprach Adrian weiter und jetzt flüsterte er, als würde er uns ein weiteres Geheimnis verraten. »Es gibt eben Konzerne, denen das Geschäft mit dem Tod ganz gelegen kommt. Und vielleicht sind sie manchmal nichts anderes als Drogendealer, die sich einreden, es gäbe dieses Elend auf der Welt auch ohne sie und würden sie es nicht aufrechterhalten, würden es andere tun. Tatsache ist aber, sie würden so manche Krankheit und das damit verbundene Elend auch nicht verhindern, wenn sie es könnten, weil es ihnen mächtig viel Kohle bringt.«

»Aber kannst du dann nicht froh sein, dass du dort nicht mehr arbeitest?«, fragte Luise und ihre Frage schien mir berechtigt.

»Ja, und hätte es dich denn nicht auch zu einem Mittäter gemacht, wenn du geblieben wärst?«, hakte Rebecca nach. »Oder zumindest zu einem Mitwissenden, der einfach wegsieht?«

»Ich wusste ja lange Zeit nicht, was da abgeht«, antwortete Adrian forsch. »Immerhin habe ich so etwas wie Moral. Auch wenn die einen heutzutage auch seinen Job kosten kann.«

»Dieser Job war nicht gut für dich«, brachte sich Charly wieder ein. »Du musstest doch selbst immer wieder Leute kündigen und auch wenn du immer so getan hast – es hat dich nicht kaltgelassen! Du wolltest das nicht! Schon lange bevor du wusstest, dass dort nicht alles korrekt läuft ... Sonst wärst du nicht ...«

»Vielleicht zahlen sie nur so viel Kohle, weil es eine Art Schweigegeld ist. Eben gut getarntes Schweigegeld«, ging Rebecca dazwischen, ehe Charly noch ausgeredet hatte. »Ich gebe Charly recht. Du kannst froh sein, dass du mit denen nichts mehr zu tun hast!«

»Sonst wärst du nicht was?«, wiederholte Paul noch mal Charlys Worte und blickte fragend in Adrians Richtung. Charly sah zuerst Paul und dann Adrian an. Ihr Blick war besorgt. »Magst du nicht erzählen, was noch war?«, fragte sie sanft und sah ihren besten Freund durchdringend an.

»Charly, bitte! Musst du immer reden, wie dir der Schnabel gewachsen ist?«, fuhr Adrian sie in harschem Ton an. »Kannst du denn wirklich gar nichts für dich behalten?!«

Auf jedes
Ende, von dem
du dachtest,
dass du es *nicht*
wolltest, folgt ein
Neubeginn,
von dem du nicht
wusstest, dass du
ihn *brauchst*.

GEMEINSAM EINSAM

Anscheinend habe ich deine Karte gezogen«, sagte Cleo, und ausgerechnet sie schien Adrian in dem Moment aus der Patsche zu helfen. »Es steht noch etwas drauf, magst du, dass ich das auch verrate?«, fragte sie noch vorsichtig in seine Richtung. Die beiden hatten einander noch nie richtig gemocht – sie hätte daher auch nicht fragen müssen.

Ob es ein Friedensangebot war?

»Nein, ich finde, wir haben jetzt genug über mich gesprochen«, zischte Adrian und zeigte wenig Dankbarkeit. »Es reicht dann auch irgendwann mal ... Ich erzähle euch das schon noch, aber es muss ja nicht gleich alles auf einmal sein.«

»Natürlich nicht«, lenkte Paul ein. »Dann würde ich vorschlagen, wir machen mit einer anderen Karte weiter.« Er ließ seinen Blick wandern und blieb bei Tom stehen. »Du hast heute noch nicht viel gesagt, Tom. Möchtest du vielleicht vorlesen, was auf deiner Karte steht – also auf der, die du gezogen hast?«

Toms Blick blieb regungslos. Er schien entweder kein Mann der großen Emotionen zu sein oder er versteckte sie gut vor der Außenwelt. Seine einzige Reaktion war ein kurzes Nicken, bevor er anfing zu lesen: *»Ich bin einsam und ich weiß nicht, ob ich je geliebt habe.«* Danach sah er hoch und wieder war nichts in seinem Blick zu erkennen. Ich fragte mich, ob der Satz womöglich von ihm selbst stammte, und es machte plötzlich ganz viel Sinn in meinem Kopf – wobei das nicht hieß, dass es auch stimmen musste. In dem Moment blickte Luise zu Emma hinüber, die kurz stockte. »Nein ... Ich war das nicht«, sagte die und winkte ab. »Ihr wisst schon, ich bin die, die ihr Leben hasst. Und ja, einsam bin ich auch. Aber zumindest hab ich schon mal geliebt.« Sie wirkte stolz. »Zwar nicht meinen Ehemann ... da habe ich es, glaube ich, wieder verlernt ... aber es gab schon Zeiten, da habe ich geliebt.« Sie sah lächelnd in die Runde. »Ich muss euch also enttäuschen, das war nicht ich«, fügte sie noch hinzu.

»Niemand ist hier enttäuscht«, erinnerte Paul uns daran, nicht zu werten.

»Ich vielleicht ein bisschen ...«, erklärte sich Luise dann aber solidarisch einsam. »Weil das hätte auch von mir stammen können ... nur, dass ich zu *viel* liebe ...« Ihre Augen füllten sich mit Tränen. »Und diese Einsamkeit ... fühle ich stark. Vielleicht hätte ich lieber das aufschreiben sollen.« Sie wirkte nachdenklich, als bereute sie ihr Geheimnis oder hätte gleich mehrere.

»Fragt sich aber auch, wer sich *nicht* einsam fühlt in der heutigen Zeit«, seufzte nun Charly. »Ich meine, schaut uns doch nur an, in dieser verrückten Social-Media-Welt, in der wir leben! Alle hocken vor ihren Bildschirmen, haben Hunderte, manche sogar Tausende Freunde – aber trotzdem niemanden, der ihre Goldfische füttert oder den sie anrufen können, wenn es ihnen beschissen geht.«

»Wer hat denn bitte noch Goldfische heutzutage?«, fragte Luise und rollte mit den Augen.

»Na, mir wären die am liebsten«, brachte sich Adrian ein. »Die sind so schön still ... und sie können Geheimnisse für sich behalten!«

»Du kannst doch *mich* anrufen«, flüsterte Rebecca in Charlys Richtung und ignorierte die Goldfische. Ich nickte Charly ebenfalls zu.

»Ja, weiß ich doch ... Ich meine nur ... Diese seltsamen Scheinfreundschaften, die wir alle führen, wenn wir vor unseren Bildschirmen hocken und sie dann vielleicht mit echten Freundschaften verwechseln, nur um uns nicht so einsam zu fühlen. Das sind doch keine richtigen sozialen Kontakte! Weil jetzt mal ganz ehrlich ... wer greift denn heute noch zum Telefon und ruft andere Menschen an, um sie zu fragen, wie es ihnen geht? Und ich rede nicht von diesem lapidaren ›Wie geht's?‹, das sich als allgemeine Floskel etabliert hat, sondern von einem echten, ehrlich gemeinten ›Komm, erzähl mir, wie es dir *wirklich* geht – ich bin für dich da‹!« Charly war aufgewühlt. »Das macht doch kaum jemand mehr in der heutigen Zeit«, sprach sie gleich weiter. »Weder in die eine noch in die andere Richtung. Stattdessen schicken wir uns irgendwelche Katzen- oder Hundevideos oder noch schlimmer: irgendwelche vertrottelten Dinge, die irgendwie witzig sind, aber eigentlich auch überhaupt nicht, und die uns im Grunde doch nur davon ablenken, dass wir tief drinnen einsam sind!« Ihre Wangen leuchteten mittlerweile grellrot. Sie wirkte mitgenommen. »Vielleicht verteilen wir mehr Likes als Umarmungen«, sagte sie und sah betroffen in die Runde. »Und vergessen uns selbst dabei. Wir fühlen doch überhaupt nicht mehr richtig hinein, wie es uns wirklich geht! Und wenn doch, dann greifen wir schnell nach unserem Handy, um uns das nächste TikTok oder Reel reinzuziehen, damit wir nur ja nichts fühlen müssen.«

»Boah, ja«, seufzte Luise.

»Und Leute, überlegt doch mal«, legte Charly gleich nach. »Wie oft verlassen wir denn abends oder am Wochenende das Haus nicht mehr, weil wir uns vorgaukeln, wir hätten doch ohnehin schon genügend erlebt. Dabei haben wir an manchen Tagen außer der kleinen Bubble, in der wir leben, einfach nur fremde Menschen hinter fremden Bildschirmen gesehen und denken, das wäre das Leben ... Aber das ist doch gar nicht *unser* Leben! Wir sehen anderen zu, wie sie essen, trainieren, ja, sogar meditieren ... Wir beobachten sie, wenn sie ihr Make-up auflegen, sich die Nägel machen, die Haare eindrehen, den Airfryer anwerfen, sich einen Staubsauger kaufen, ein Haus bauen, eine Gartenparty für Freunde schmeißen, ans Meer fahren, auf Safari gehen ... Wir schauen ihnen dabei zu, wie sie lachen, weinen, verzweifelt, traurig oder glücklich sind, aber wir selbst wissen gar nicht mehr, was wir wirklich fühlen. Wir sehen uns das Leben *fremder* Menschen an und vergessen dabei, unser eigenes zu leben! Das ist doch krank!« Charly sah uns alle bedeutungsvoll mit ihren rehbraunen Augen an.

»Sagt die Queen of Bildschirmzeit!«, zog Adrian sie auf. »Was sind es denn ... lass mich raten ... acht Stunden Schönheitsschlaf für Charly ... bleiben dann sechzehn Stunden mit dem Handy.« Er hob die linke Augenbraue. »Du hast den Zustelllieferanten vergessen – ich glaube, den siehst du häufiger als mich, weil du mittlerweile einfach alles online bestellst!«

»Bist du etwa eifersüchtig auf ihn?«, antwortete Charly grinsend. »Und habe ich je behauptet, das alles nicht zu tun? Mir wird das eben nur immer bewusster.« Sie riss die Augen auf. »Ha! Seht ihr?! ... *bewusster*! Na, das ist doch zumindest ein erster Schritt.« Sie sah stolz zu Paul hinüber, dann wieder in unsere Richtung, und überlegte. »Was ich sagen wollte: Vielleicht haben wir zwar alle mehr Kontakte denn je. Aber am Ende fühlen wir uns wahrscheinlich auch einsamer denn je. Und kein Wunder, wenn wir das Lieben auch gleich verlernt haben, weil doch alles gleich so viel aufregender und schöner aussieht auf dem Bildschirm. Ein wenig Musik da, ein bisschen pathetisch eingesprochener Text dort, und schon denken wir, die Liebe des Menschen, der auch mit dem Handy in der Hand neben uns sitzt, ist eigentlich gar nichts wert.«

»Da sprichst du meinem Mann wohl aus der Seele«, sagte Emma matt.

»Und mir auch!«, meinte Luise. »Nur sitze ich ganz allein da. Also nix mit Liebe. Ich fühle mich nach diesem ganzen Gescrolle immer nur noch unglücklicher und einsamer. Aber dafür weiß ich dann, was ich alles *nicht* habe, aber doch unbedingt haben *sollte*.«

»Und was wäre das?«, fragte Paul.

»Na, abgesehen von dem neuesten angesagten Scheiß, den ich vorher noch nie gesehen habe, dann aber glaube dringend zu brauchen ... eine Beziehung. Weil – wie bereits erwähnt, sitze ich anders als du, Charly, ganz allein vor meinem Handy.«

»Das tue ich doch auch«, stieß Charly hervor. »Oder denkst du, jemand hält währenddessen meine Hand und sieht mit mir gemeinsam auf mein Handy?«

»Die Zeit mit dem Handy ist vielleicht die einzige Zeit, in der man endlich seine Ruhe hat«, brachte sich nun Tom ein. »Ich sehe als Arzt untertags oft mehr Menschen, als mir lieb ist. Und ich hätte da auch ein paar wilde Geschichten zu erzählen. Ihr glaubt nicht, auf welche Ideen die Menschen kommen, wenn niemand zusieht.«

Alle Augen waren nun auf Tom gerichtet. *Grey's Anatomy* war plötzlich ganz real. Wir hatten auf einmal nicht nur die optische Version in Form von Paul mit dabei, sondern auch gleich einen echten McDreamy als praktizierenden Chirurgen mit uns am Tisch sitzen. Ob er tatsächlich so traumhaft war, konnte ich allerdings noch nicht sagen. Was sich hinter seiner schicken Erscheinung, der coolen Sonnenbrille und dem strengen Blick verbarg, war bisher nur schwer zu erkennen, denn bis auf ein paar kurze Bemerkungen hatte er wenig von sich preisgegeben.

»Lass mich raten, bei den Menschen, die zu dir kommen oder bei dir auf dem OP-Tisch liegen, finden sich auch einige Dinge im Verborgenen«, scherzte Rebecca.

»Ihr wollt gar nicht wissen, was alles.«

»Wollen wir nicht?«, fragte Charly neugierig, aber Tom reagierte nicht.

»Ärztegeheimnis, ihr wisst«, antwortete er dann. »Jedenfalls sehe ich sehr viele skurrile, aber auch furchtbare Dinge. Und abends bin ich dann froh, wenn ich meine Ruhe habe.«

»Es ist sicher nicht leicht, mit all dem umzugehen. Wie hast du das für dich gelöst?«, wollte Paul wissen.

Tom überlegte. »Ich glaube, ich bin durch meinen Beruf ein Hedonist geworden. Ich sehe so viele hässliche Dinge in meiner Arbeit, dass ich mich in meiner Freizeit nur mit schönen Dingen umgeben möchte.«

»Und welche sind das?«

»Schöne Autos, schöne Kleidung, schöne Urlaube, schöne Frauen«, beantwortete Adrian die Frage für seinen Freund.

»Einzahl, Adrian ... ich habe nur eine Ehefrau«, sah ihn Tom eindringlich an und Adrian grinste schräg.

»Und wie geht es deiner Frau damit?«, fragte Paul weiter.

Zum ersten Mal erkannte ich so etwas wie einen überraschten Ausdruck in Toms Gesicht. Er sah Paul fragend an. »Womit?«

»Mit den schönen Dingen, die dir so wichtig sind«, erklärte Paul.

»Ach, sie profitiert ja davon. Die schönen Dinge gehören schließlich auch ihr und die schönen Urlaube mache ich nicht allein. Und ab und zu springt auch eine schöne Handtasche für sie raus ...«

»Als ob es das wäre, was uns Frauen glücklich macht«, murmelte Emma. »Sie wird wohl kaum nachts mit ihrer Designertasche kuscheln.«

»Wir haben getrennte Schlafzimmer. Ich muss oft sehr früh los zu meinen OPs.«

»Und kannst dann in Ruhe am Handy sein«, hüstelte Emma. »Vielleicht ist das ja die Lösung ... getrennte Schlafzimmer ... damit wir uns endlich eingestehen, dass wir uns schon lange nicht mehr nahe sind.«

»Wie gesagt: Es ist wirklich schwer, euch Frauen glücklich zu machen«, wiederholte Tom mit gefrorener Miene.

»Das scheint deine innere Überzeugung zu sein. Bestätigt sie sich denn auch?«, fragte Paul, und Tom sah ihn mit großen Augen an.

»Als eine, die im Gemeindebau aufgewachsen ist, hätte ich ganz und gar nichts gegen die eine oder andere schöne Designertasche von meinem Ehemann, das kann ich euch sagen«, meldete sich Cleo stattdessen, und ich war verwundert, da sie sich sonst eher für Gruppenmeditationen mit Blick auf die Reisfelder auf Bali begeisterte. »Vielleicht geht es mir da wie dir, Tom, ich habe so viel Hässliches in meinem Leben erlebt, dass ich jetzt bereit für die schönen Dinge im Leben bin«, fügte sie noch hinzu.

»Es spricht nichts dagegen, die schönen Dinge des Lebens zu genießen, solange sie nicht zu eurem Schatten werden«, brachte uns Paul wieder auf den Boden.

»Zu unserem Schatten?«, fragte Cleo und auch Tom sah Paul aufmerksam an.

»Hedonismus wird in der Philosophie als das Streben nach Genuss, Freude und Sinneslust beschrieben und wird dabei als der höchste Wert des Lebens betrachtet.«

»Na ja. Ist das denn nicht erstrebenswert?«, fragte Tom. »Oder sollen wir lieber Opfer der schlechten Dinge sein?«

»Hast du dich denn schon mal als Opfer erlebt?«

»Nein, ich denke nicht. Aber vielleicht auch gerade deswegen ... eben *weil* ich mir ein schönes Leben mache – das kann schließlich nicht falsch sein! Oder soll ich mir lieber ein schlechtes Leben machen?«

»Ist es denn nur ein gutes Leben, wenn alles schön ist?«, hakte Paul nach.

»Ja!?«, bestätigte Tom – wobei der Anstieg der Tonlage gegen Ende darauf hinwies, dass er Paul zwar nicht verstand, aber wohl neugierig war, worauf er hinauswollte.

»Manche Dinge, die auf den ersten Blick hässlich erscheinen, erweisen sich im Nachhinein als wahrer Segen. Aus anderen lernen wir, und alles, was wir um jeden Preis verdrängen wollen, holt uns meist auf die ein oder andere Weise wieder ein. Kann es nicht vielleicht doch sein, dass es eine Zeit gab, die nicht sonderlich schön für dich war? Eine besonders hässliche Zeit sozusagen?«

»So etwas wie die Zeit mit einem gewalttätigen Vater im Gemeindebau«, hob Cleo die Hand, obwohl die Frage an Tom gerichtet war.

»Und ich war dabei«, sagte Luise und verstummte wieder.

»Ich hatte so etwas nicht«, sagte Tom knapp. »Bei mir war alles gut. Ich hatte alles.«

»Okay«, ließ ihn Paul erst einmal in Ruhe. Für den Moment bohrte er nicht nach. Aber wir alle kannten Paul mittlerweile. Er würde noch einen Weg finden, Toms harte Austernschale, die er sich anscheinend irgendwann zugelegt hatte, zu knacken. »Jedenfalls steht Hedonismus nicht nur für das Streben nach Schönheit, Freude und Genuss«, sprach Paul weiter. »Die hedonistische Lebenseinstellung eines Menschen verrät gleichzeitig auch noch etwas anderes.« Pauls Blick wanderte langsam durch die Runde und wir sahen ihn nun alle neugierig an. »Neben all dem Schönen ist das Vermeiden von Schmerz und Leid das höchste Ziel.«

Wünschen wir uns etwa immer dann vermehrt Schönes, wenn wir etwas Hässliches in uns nicht fühlen wollen?

Um *unsere*
Schatten
überwinden
zu können,
müssen wir
uns *vorher*
mit ihnen
anfreunden.

EIN FINGER IN ZWEI WUNDEN

Das Leben ist schön. Und das Leben ist tragisch«, sprach Paul weiter. »Wir würden nur die halbe Wahrheit erzählen, wenn wir so täten, als existierte nur das eine – das andere aber nicht. Ich nehme an, dass du als Arzt jeden Tag beide Seiten erlebst?«

»So ist es. Ich sehe so viel Tragisches, deshalb will ich mich privat eben auf das Schöne konzentrieren. Das ist ja nichts Schlechtes, wie gesagt!«

»Nein, ist es natürlich nicht. Es ist immer eine gute Sache, den Fokus auf etwas zu richten, das euch gute Gefühle bringt. Das bedeutet aber nicht, dass in deinem Leben nicht wahrscheinlich auch Dinge passieren, die diesem Ideal nicht entsprechen. Das vollkommen für sich auszublenden, könnte eine Vermeidungsstrategie sein. Und in die Vermeidung kommen wir meist, wenn wir in der Vergangenheit etwas erlebt haben, das wir nie wieder erleben wollen.«

»Hast du dich mit meiner Frau abgesprochen?«, grummelte Tom. »Die wirft mir gefühlt in jedem Satz vor, dass ich allem aus dem Weg gehe, was mir nicht gefällt. Und dass ich konfliktscheu bin.«

»Und bist du es?«

Tom überlegte. »Mag sein. Aber es ist eben so, dass ich den ganzen Tag wichtige Entscheidungen treffe … Entscheidungen, die eine etwas größere Relevanz haben, als ob mein Handtuch schief hängt oder die Schuhe in der richtigen Ecke stehen. Ich habe abends einfach keine Kapazität mehr für persönliche Befindlichkeiten ... Was ist denn so schlimm daran, wenn ich es einfach nur schön haben will?!« Er machte eine kurze Pause. »Und sind Konflikte schön? Nein! Sind sie nicht ... Es kann doch bitte niemand von sich behaupten, dass er Konflikte mag!«

»Was hättest du denn gerne ..., dass sie immer lächelt?«, fragte Emma spitz.

»Wer? Meine Frau? ... Also um ehrlich zu sein, wäre das zur Abwechslung mal gar keine so schlechte Idee. Sie sieht mich nämlich eher so an, als würde sie mich jeden Moment umbringen wollen, und wenn sie das nicht tut, rollt sie mit den Augen. Dazwischen gibt es wenig. Ich glaube, meine bloße Anwesenheit nervt sie schon.«

»Na, wahrscheinlich nimmst du auch überhaupt keine Rücksicht und stellst sie am Ende so hin, als wäre sie schwierig. Weißt du, wie es sich anfühlt, immer ins Leere zu reden?«, fragte Emma.

»Nein, weil ich auch nicht ständig über alles reden oder diskutieren muss! Ich habe auch nicht wie sie permanent etwas auszusetzen. Eigentlich will ich einfach nur in Ruhe gelassen werden.«

»Warum hast du sie denn dann überhaupt geheiratet und bist nicht Single geblieben, wenn du deine Ruhe haben möchtest und deine Frau eigentlich gar nicht um dich haben willst?«

»Wer hat gesagt, dass ich sie nicht um mich haben will?«

»Aber du willst sie *still* um dich haben. Es wäre dir am liebsten, wenn sie den Mund hält und sich möglichst ruhig verhält. Was ist denn das für eine Ehe?«

Tom sah Emma durchdringend an, aber sein Blick verlor sich gleich darauf in eindrucksvoller Teilnahmslosigkeit. Es wirkte, als wollte er Emma damit klarmachen, dass er nicht bereit war, das hier auszudiskutieren. Es schien eher so, als würde er sich gerade innerlich zurückziehen und wäre ab sofort nicht mehr erreichbar.

»Zu viel Konflikt, was?«, ließ Emma nicht locker und man hätte meinen können, die beiden führten eine Ehe. Und vielleicht taten sie das stellvertretend für den Moment auch, denn irgendetwas sagte mir, dass sich der jeweils andere Part in ihren Ehen ganz ähnlich verhielt.

»Die Frage ist, ob es wirklich deine Entscheidung ist, Konflikten aus dem Weg zu gehen. Oder ob dich unbewusst etwas dazu treibt, die Situation zu verlassen«, sagte Paul.

»Ich kann euch sagen, wohin es mich treibt … in den Wahnsinn«, antwortete Tom, und der Wahnsinn schien eher ein stoischer Wahnsinn zu sein. Denn er blieb vollkommen ruhig dabei.

»Und was macht dich so wahnsinnig?«

Tom blieb neben stoisch nun auch stumm.

»Kann es sein, dass du gern die Kontrolle behältst, sie aber in dem Moment denkst zu verlieren und dir das ein Gefühl von Unsicherheit gibt?«, hakte Paul nach.

»Na, es gibt mir mit Sicherheit kein gutes Gefühl … aber nein, das denke ich nicht. Ich bin kein unsicherer Mensch. Ich mag einfach keine Konflikte, das habe ich ja bereits gesagt.«

»Bei Konflikten reagieren einige Menschen mit Flucht oder Kampf«, erklärte Paul ruhig weiter. »Und sobald sich manche angegriffen fühlen, aber das Gefühl haben, den Kampf nicht gewinnen zu können, treibt es sie dann in die Flucht. Kaum jemand fühlt sich gerne unterlegen.«

»Nein, ich würde nicht sagen, dass ich mich unterlegen fühle.«

»Wie dann?«

»Es geht mir einfach auf die Nerven!«

»Und es geht dir auf die Nerven, weil …«

»Weil Frauen immer irgendetwas wollen, selbst dann, wenn sie alles haben! Es ist nie genug!«

»Und wenn du das nicht erfüllen kannst, fühlst du dich wie?«

»Na, wie schon … schlecht!«

»Weil du es nicht lösen kannst?«

»Nein, weil das kein Mensch lösen kann! Wie auch? Es gibt doch ständig neue Probleme, und das ist einfach nur ärgerlich!«

»Magst du uns verraten, warum du Arzt geworden bist?«, kam Paul plötzlich mit einer ganz anderen Frage daher.

»Ja«, antwortete Tom schnell und alles in ihm schien sich zu entspannen. Mit einem Mal vermittelte er wieder die unerschütterliche Souveränität, mit der er angereist war. Das Thema seiner Berufswahl schien ihm weitaus mehr zu liegen; er blühte regelrecht auf. »Ich habe schon als kleines Kind Stofftiere wieder zusammengeflickt. Dazu habe ich das Bügelbrett meiner Mutter zusammengeklappt auf den Boden gelegt und eine Lampe danebengestellt. Dann habe ich mir ein weißes Hemd meines Vaters wie einen Kittel übergezogen und mir vorgestellt, mein Kinderzimmer wäre ein OP und ich der Chirurg. Ich wusste einfach immer, dass ich mal Arzt werden wollte«, schwärmte er.

»Was war dein Wunsch, wenn du ein Stofftier am Bügelbrett zusammengeflickt hast?«, wollte Paul wissen.

Tom grinste. »Na ja, es war kaputt und ich wollte es wieder heil machen. Ich schätze, so ist es heute immer noch.«

»Und wie fühlt es sich an, wenn sich etwas nicht heil machen lässt?«, fragte Paul und Tom schluckte, sagte aber nichts.

»Hilflos?«, fragte Paul nach einer Weile.

Toms Augen weiteten sich. Er sagte immer noch nichts – aber es war ihm anzusehen, wie sehr es ihn bewegte. Mir fiel außerdem auf, dass auch Adrian im selben Moment erstarrte. Paul hatte offenbar seinen Finger gleich in zwei Wunden gelegt, denn beide Männer wirkten aufgewühlt. Allerdings nicht allzu lange. Einer von ihnen wandte kurz darauf wieder sein Allheilmittel an. »Aber heißt es nicht: Die meisten Probleme lösen sich von alleine, man darf sie nur nicht dabei stören?«, hörte ich Adrian, der seine Emotion gewohnt mit Humor überspielte.

»Ich fürchte, das ist keine gute Lösung«, sagte Paul. »Das Wegschieben von Konflikten führt meist zu keiner Lösung, es verstärkt das Problem sogar noch. Eine Vermeidungsstrategie löst auch immer etwas im jeweiligen Schatten des Gegenübers aus. Und das gilt nicht nur für Paarbeziehungen, sondern für jegliche Art von zwischenmenschlichen Verbindungen – also auch für Freundschaften, die Familie, am Arbeitsplatz und ganz generell immer dann, wenn Menschen aufeinandertreffen. Wenn einer in die Vermeidung geht, dann wirft er seinen Schatten nicht nur ab, sondern dem anderen gleich direkt vor die Füße, der nun mit zwei Schatten dasteht. Es kommt also zu keiner Lösung des eigentlichen Problems. Es wird nur noch größer und es kommen sogar noch weitere dazu. Vor einem Problem wegzulaufen, vergrößert nur den Abstand zur Lösung.«

»Oh ja, das kann ich bestätigen«, meldete sich nun Emma wieder, die schon die ganze Zeit sehr aufmerksam zugehört hatte. »Und ich kann euch auch sagen, was das in mir auslöst«, sagte sie noch und alle sahen sie gespannt an. »Wut!«

»Wie läuft das ab, wenn es Konflikte in deiner Ehe gibt?«, wollte Paul von Emma wissen.

»Ach, immer gleich. Ich spreche Dinge an, sage, was ich möchte oder nicht möchte und dann passiert jedes Mal das Gleiche: Er fühlt sich angegriffen, verlässt schweigend das Zimmer und ich stehe wie die letzte Idiotin an exakt derselben Stelle wie vorher. Sowohl im Zimmer als auch in unserer Ehe. Er lässt mich einfach stehen. Völlig allein. Als wäre es nur *mein* Problem. Niemals unseres!«

»Und es macht dich wütend, meintest du?«, bohrte Paul weiter.

»Einsam und wütend! Ganz schlechte Kombi, das kann ich euch sagen ... Weil ich dann auch gar nicht mehr weiß, wohin denn nun mit allem. Mit dem Problem. Der Wut! Wohin mit *mir*?!« Emmas Verzweiflung kroch ihr über ihre Augenlider und hangelte sich an ihren hinuntergezogenen Mundwinkeln weiter nach unten. »Überall hört und liest man davon, wie wichtig Kommunikation in Beziehungen ist. Aber was passiert, wenn man einfach sprichwörtlich abgestellt wird? Wenn jeder Versuch, etwas anzusprechen, sich einfach im Nichts verliert?!« Ihre Augen wirkten leer. »Nichts. Wir machen weiter. Immer weiter. Wie gestern. Oder am Tag davor. Oder dem Tag vor diesem Tag. Alles wie gehabt! Und an manchen Tagen frage ich mich dann: Ist das alles wirklich passiert? Versuche ich immer wieder zu reden und werde jedes Mal einfach stummgeschaltet?«

»Du fühlst dich also nicht gehört?«

»Nein. Weder gehört noch gesehen. Einfach ignoriert! Als gäbe es mich nicht. Und das ist vermutlich auch so. Offiziell gibt es mich wahrscheinlich gar nicht mehr. Nur eine leere Hülle, die funktioniert und hin und wieder aufbegehrt und dann … ach, ich weiß eigentlich gar nicht, was dann.«

»Resignierst du?«, fragte Paul.

»Ja, genau das«, bestätigte Emma.

»Aber warum ist das denn die Schuld deines Mannes?«, hielt Tom dagegen. »Er kann doch nichts dafür, dass du vielleicht Probleme siehst, wo gar keine sind. Und wofür er auch nichts kann, ist, wie du dich fühlst, wenn du aus allem ein Problem machst! Vielleicht hat er ja gar keine Schuld daran und will auch einfach nur seine Ruhe haben!« Tom wirkte verärgert. Zum ersten Mal konnte ich eine Gefühlsregung bei ihm feststellen.

»Es geht gar nicht um Schuld. Aber anscheinend fühlst du dich schuldig und das ist der Grund, warum du dich zurückziehst«, antwortete Paul in Toms Richtung. »Kann es sein, dass du dich dann vielleicht in die Arbeit flüchtest, manchmal sogar ein paar Zeitzonen dazwischenschiebst und lieber im OP stehst, als zu Hause bei deiner Frau zu sein?«, richtete er seine Frage weiter an ihn und Tom schien ihm schweigend recht zu geben.

»Sich in die Arbeit zu flüchten, weil man dann das Gefühl hat, die Dinge unter Kontrolle zu haben, kann ebenfalls ein Schutzmechanismus sein.« Paul schwenkte zu Adrian weiter. »Bis man auch das nicht mehr unter Kontrolle hat. Und plötzlich ist der Fluchtweg versperrt, weil das Leben einen dazu zwingt, sich den eigenen Gefühlen zu stellen.« Er sah Adrian dabei eindringlich an.

»Und welche Gefühle sollen das sein?«, fragte Adrian trotzig, kam aber nicht wie gewohnt mit einer Gegenbehauptung um die Ecke.

»Das kannst du uns dann verraten, wenn du es für dich herausgefunden hast. Aber ich nehme an, es gibt da etwas, das hinter deinem Schmerz steckt und das du weit wegschiebst und unterdrückst, weil du es auf gar keinen Fall fühlen möchtest.« Pauls Blick war für den Moment auf Adrian gerichtet. Danach sah er wieder zu Tom und schließlich weiter zu uns allen. »Natürlich wäre es einfacher, das alles dem bösen Konzern, dem Chef, den Angestellten, euren Ehefrauen, anderen Frauen, dem eigenen Ehemann, Männern generell – oder wer auch immer sich in dem Moment gerade anbietet – in die Schuhe zu schieben. Immer dann, wenn wir mit unserem eigenen Schatten konfrontiert werden, wollen wir ihn am liebsten rasch loswerden. Der einfachste und damit auch kürzeste Weg scheint uns dann, ihn unserem Gegenüber um die Ohren zu werfen und genau das tun wir in solchen Situationen auch häufig. Das kann sowohl durch Angriff als auch durch Rückzug, manchmal auch durch Erstarrung oder Unterwerfung geschehen. Nur ändert sich dadurch nichts. Es wiederholt sich stattdessen immer weiter. Wann immer eine Situation sich besonders schmerzhaft für uns anfühlt, ist es aber auch gleichzeitig eine große Chance, eurem Schatten näherzukommen und wirklich etwas zu verändern.«

Adrian schwieg. Er wollte oder konnte anscheinend nichts dazu sagen, widersprach Paul aber immer noch nicht. Der wiederum erklärte inzwischen weiter. »Der Schmerz lehrt uns aber nichts, wenn wir nicht den Mut haben, ihm zuzuhören.«

»Also ich habe das Gefühl, ich höre meinem Schmerz jede Minute meines Lebens zu«, meldete sich Luise leise. »Er scheint mir allerdings auch sehr laut zu sein ... Ich würde sogar sagen, er zwingt mich fast schon dazu, weil, gefühlt tut es einfach nur ständig weh.«

»Was genau?«, fragte Paul.

»Das Leben?«, fragte Luise zurück.

»Möchtest du uns das mal genauer beschreiben?«

Luise nickte, wirkte aber in sich gekehrt. »Also, wie kann ich euch das erklären ...«, sagte sie immer noch mit leiser Stimme. »Dieser Schmerz ... Ich fühle ihn nicht nur.« Ihr Blick verlor sich ins Leere. »Ich höre ihn auch ... Überall ... Wenn ich aufstehe und mein Bett nach einer schlaflosen Nacht vorwurfsvoll unter mir knarzt, dann schreit er mich an: *Luise, Schlaf ist so wichtig! Aber nicht einmal Schlafen bekommst du auf die Reihe!* Er begleitet mich, der Schmerz ... wenn ich einen Fuß nach dem anderen auf den Boden setze, mich weiter ins Badezimmer schleppe und vor dem Spiegel stehe ... dann glotzt er mich an und ich höre ihn, wie er sich aufregt: *Was willst du nur anstellen mit deinem Leben und warum weißt du es immer noch nicht!* Aber ich habe keine Antwort für ihn. Und dann, beim Zähneputzen, wenn ich krampfhaft versuche wegzusehen, weil ich mich nicht gern in diesem Spiegel sehe, dann fange ich an, mit dem Schmerz zu diskutieren. *Vielleicht will ich einfach, dass du nicht da bist ... Vielleicht will ich dich gar nicht sehen ... mich gar nicht sehen ... vielleicht will ich nicht nur anders aussehen ... vielleicht will ich einfach jemand anderer sein!* Dann höre ich den Schmerz, wie er mich durch den Spiegel verurteilt: *Du sollst dich doch lieben! Aber auch das schaffst du nicht!* Ich spüre den Schmerz, wenn ich mir die Kleidung über meinen Körper streife, den ich überhaupt nicht leiden kann, und während ich versuche, mich nicht zu berühren, weil ich mich mit jeder Berührung noch weniger leiden kann, schreit er wieder. *Warum hasst du dich nur so?! Du hasst dich doch, Luise!* Und wenn ich dann meine viel zu enge Jacke von der Garderobe nehme … mich hineinzwänge und mich auf den Weg mache, dann frage ich mich – und wirklich jedes Mal frage ich mich das: Wo ist denn nur der Sinn in all dem?! Wo ist der Sinn, wenn ich ihn nicht finden kann – aber er auch mich nicht … – wenn niemand mich finden kann!« Sie sah kurz hoch zu uns. »Dann brüllt der Schmerz mich förmlich an: *Tu doch endlich was!* Aber dann weiß ich nicht was. Was kann ich tun, um mich … um ihn … um irgendjemanden zu finden?!«, rief sie, aber nicht laut. Sie sah verzweifelt aus und blickte uns danach alle einzeln an. »Wer kann ich sein, damit mich endlich jemand lieben kann?« Danach starrte sie wieder ins Leere. »Ich weiß es nicht mehr. Ich weiß einfach nicht, wozu dieser Schmerz gut sein soll.« Luise sah wieder zu Paul. »Ich finde es ehrlich gesagt schmerzhaft, herauszufinden, warum ich, warum mich, warum niemand mich will.« Ihr Blick war plötzlich vorwurfsvoll. »Und ja, warum eigentlich? Vielleicht gibt es ja Menschen, die einfach niemand will?!« Sie blickte zu uns und der Schmerz stand ihr bis zur Hälfte ihrer Augen. Es wirkte, als würde sie langsam in ihm ertrinken. »Also Schmerz habe ich genug«, riss sie sich wieder zusammen. »Wovon ich zu wenig habe, sind diese Probleme, von denen ihr erzählt: Streits mit euren Liebsten … Weil ich lieber streiten würde als gar nicht geliebt zu werden … Weil ich doch *auch* gern einmal eine Designertasche haben möchte, die anderen zu wenig ist! Aber ich bin pleite und mich beschenkt niemand!« Sie blickte zu Emma hinüber. »Der Ring an deinem Finger mag vielleicht ein Symbol für die Kälte in deiner Ehe sein, aber ich glaube nicht, dass er so kalt ist, wie all das, was in mir friert, wenn mir bewusst wird, dass ich niemanden habe, der auch nur in Erwägung zieht, mir einen Ring zu schenken … oder mir seine Liebe zu schenken … mir *irgendetwas* zu schenken! Ich habe noch nie so ein Geschenk bekommen! Mich will auch niemand.

Schon gar nicht heiraten! Und ich hätte lieber eines dieser bösen Worte, die ihr euch gegenseitig um die Ohren haut. Denn ein böses Wort ist immer noch besser als gar keines! Als einsam zu sein! Immer allein. Nur mit dem Schmerz.« Luise blickte wieder zu Paul. »Ich finde, ich höre ihm viel zu oft zu. Und es bringt überhaupt nichts.«

Schwere Tränen liefen nun über Luises Wangen und tropften bleiern vor ihr auf ihre Schenkel. Gleich darauf schämte sie sich aber und wischte sich rasch mit ihrer Hand über die Wangen.

Danach geschah etwas Unvorhergesehenes. Paul ließ Luise fühlen, was sie gerade fühlte, und wandte sich stattdessen Tom zu, dem nicht die leiseste Gefühlsregung anzusehen war.

»Was macht diese Beschreibung mit dir?«, fragte ihn Paul.

»Mit mir?«, fragte Tom sichtlich überrascht und rutschte wieder auf seinem Stuhl hin und her.

»Ja, mit dir«, wiederholte Paul.

»Na gut«, platzte es plötzlich aus Tom heraus. »Als Arzt kann ich euch verraten, dass der Schmerz nicht sprechen kann. Und ich weiß ehrlich gesagt auch nicht, was ich darauf sagen soll. Ich höre da sehr viel Selbstmitleid heraus. Und Selbstmitleid macht die Dinge ganz bestimmt nicht besser. Also überhaupt nicht! Es macht sie nur schlimmer, und zwar für alle. Manche Menschen wollen doch überhaupt keine Lösung, und genau so kommt mir das manchmal vor.«

»Sehe ich genauso«, murrte Adrian hinterher.

»Das dachte ich schon«, erwiderte Paul. »Das ist euer Schmerz, der sich versucht zu melden, aber nicht darf. Ihr verbietet es ihm regelrecht, weil es euch wie vorkommt?«, fragte er in Richtung der beiden Männer.

»Schwach, einfach nur schwach«, sagte Tom, und Adrian nickte.

Der Schmerz lehrt uns nichts, wenn wir nicht den Mut haben, ihm zuzuhören.

Vor einem *Problem* wegzulaufen, *vergrößert* nur den Abstand zur *Lösung.*

ZU LANGE ZU LEISE

»Manchmal ist der Schmerz so laut, weil wir zu lange zu leise waren.« Luise sah Paul mit großen Augen an und ihre Pupillen füllten sich wieder bis zum Rand. Aber auch die Aufmerksamkeit der Männer schien geweckt. Tom und Adrian hörten ebenfalls gebannt zu – doch Paul hielt seinen Blick weiter auf Luise gerichtet. »Es heißt: Tränen sind Tropfen des Herzens, wenn es schon zu lange geschwiegen hat.«

Luises schweres Herz tropfte nun direkt vor ihr auf den Tisch. »Also ist der Schmerz etwas Gutes?«, fragte sie ungläubig.

»Manchmal ja. Es kann etwas Gutes aus ihm entstehen, und er ist ein Hinweis dafür, dass es noch etwas braucht und es Zeit für Veränderung ist.«

Luise schien noch nicht überzeugt.

»Der Schmerz erinnert uns an eine belastende Erfahrung aus der Vergangenheit oder einen erlebten Verlust. Vielleicht ist euch etwas Schlechtes widerfahren und ihr habt euch verlassen oder allein gelassen gefühlt.« Paul sah Luise an und blickte nach einer Weile weiter zu Tom. »Es kann aber auch bedeuten, dass ihr Gutes nicht erleben durftet und euch etwas verwehrt wurde, das ihr damals gebraucht hättet.«

»Beides, würde ich sagen. Es ist viel Scheiße passiert bei uns zu Hause ... und um das, was wir gebraucht hätten, mussten wir uns meist selbst kümmern«, sagte Luise und Cleo nickte.

»Und genau das hat Spuren hinterlassen und macht sich auch heute noch bemerkbar«, fuhr Paul fort. »Dieser seelische Schmerz geht nicht einfach von allein weg. Manchmal krallt er sich an eurer Seele fest und kann sich in gewissen Momenten so heftig anfühlen, dass ihr das Gefühl habt, einen Teil oder manchmal sogar eure gesamte Identität an ihn zu verlieren. Ihr sagt euch dann vielleicht: *Das Leben ist schmerzhaft.* Und fragt euch: *Vielleicht habe ich nichts anderes verdient als Schmerz*? Oder ihr denkt: *Ich bin selbst schuld an diesem Schmerz.* Meist deshalb, weil ihr das bereits in eurer Vergangenheit gedacht und gefühlt habt. Gerade, wenn die Belastung besonders hoch ist, wird sie in eurem Körper gespeichert, und solange ihr euch nicht damit auseinandersetzt, hält euer Körpergedächtnis daran fest und erinnert euch immer wieder daran. Es kann sein, dass der Schmerz dann gefühlt immer mit euch mitläuft oder er sich immer dann meldet, wenn ihr in eine Situation geratet, die euch an eine vergangene Erfahrung erinnert. Das kann durch gewisse Reize, aber auch andere Personen ausgelöst werden und manchmal auch durch völlig neue Erlebnisse, die euch an bereits erlebte belastende Ereignisse erinnern. Es passiert jedenfalls immer dann, wenn das alte Gefühl durch etwas getriggert wird und den Schmerz in euch reaktiviert. Er meldet sich dann als heftiger Impuls, bei dem ihr eine ebenso heftige Reaktion in euch verspürt.« Paul machte eine kurze Pause. »Was daraufhin folgt, sind sogenannte Fight-, Flight-, Freeze- oder Fawn-Reaktionen. Das bedeutet, dass manche Menschen dann entweder in den Kampfmodus schalten, die Flucht ergreifen, vollkommen erstarren oder sich der Situation und anderen Menschen völlig anpassen und sich ihnen ergeben.« Paul sah Luise tief in ihre grünen Augen: »Was denkst du, wie du in solchen Momenten reagierst, wenn sich der alte Schmerz in dir meldet? Du sagtest, dass er gefühlt immer da ist und sich hin und wieder besonders laut meldet und dich dann regelrecht anschreit?«

»Ja, das stimmt.«

»Was du nicht beschrieben hast, ist, wie sich das in deinem Körper anfühlt und wo du den Schmerz dann spürst. Du meintest, dass du deinen Körper nicht leiden kannst und ihn am liebsten gar nicht ansehen willst. Kann es sein, dass du dich von ihm abgeschnitten hast und ihn auch gar nicht mehr spüren möchtest, weil du Angst davor hast, den Schmerz dann noch stärker zu fühlen?«

Luise nickte zustimmend.

»Aber irgendwo in deinem Körper, den du momentan nicht leiden kannst, sitzt auch der Schmerz. Und vielleicht lehnst du beide ab – sowohl deinen Körper als auch den Schmerz, weil sie dir keine guten Gefühle bringen.«

Luise hörte Paul gebannt zu und noch jemand horchte auf. »Ich hasse die beiden doch auch«, murmelte Emma leise. »Meinen Körper und das Gefühl, dass alles innerlich wehtut.«

Paul nickte Emma verständnisvoll zu. Es war bemerkenswert, mit wie viel Einfühlungsvermögen er jedes unserer Gefühle anerkannte und uns immer die Sicherheit gab, dass alles, was wir fühlten, vollkommen in Ordnung war. Und wahrscheinlich war auch genau das nötig, um etwas für uns verändern zu können.

Danach wandte er sich wieder Luise zu. »Wo fühlst du den Schmerz, wenn du morgens aufstehst oder später beim Zähneputzen vor dem Spiegel stehst und du dich am liebsten gar nicht ansehen möchtest, weil du nicht leiden kannst, wen du da siehst?«

Er hatte wen *und nicht* was *gesagt.*

»Kannst du sagen, wo der Schmerz in dir sitzt?«

Luise überlegte, als ginge sie gerade mit dem Schmerz vom Schlafzimmer ins Badezimmer. Nur blickte sie dieses Mal nicht auf ihr Äußeres – sie sah sich von innen an.

»Spürst du ihn?«

»Ja.«

»Wo genau?«

»In meinem Bauch.«

»Wie fühlt sich das an?«

Luise sah Paul an, als hätte er jetzt komplett einen an der Waffel. Wie sollte sich Schmerz schon anfühlen? »Nicht gut?«, sagte sie zaghaft, aber ihre Tonlage verriet, dass sie nicht verstand, worauf er hinauswollte.

»Natürlich. Das denke ich mir. Aber wie fühlt er sich genau an, wenn diese Gedanken kommen, dass du dich gar nicht im Spiegel ansehen möchtest, dich nicht leiden kannst und am liebsten jemand anderer wärst?«

»Es krampft sich alles in meinem Bauch zusammen.«

Paul nickte. »Du hast auch gesagt, dass du den Schmerz ständig fühlst und du dem Schmerz immer zuhörst.«

»Ja, er ist sehr laut, wie gesagt.«

»Das glaube ich. Und trotzdem kommt es mir so vor, als hättest du ihm bisher nicht besonders viel Beachtung geschenkt. Du weißt zwar, dass er da ist. Du hörst ihn schreien ... du hörst *dich* innerlich schreien ... aber was hast du bisher daraufhin getan?«

»Wie meinst du das?«

»Wenn du bemerkt hast, dass der Schmerz wieder sehr laut ist, was hast du bisher getan, nachdem du dich angezogen, deine Zähne geputzt, deine zu enge Jacke angezogen hast und dabei den Schmerz in dir gespürt hast?«

»Na ja. Was alle tun. Ich bin zur Arbeit gegangen ... hilft ja nichts.«

»Genau.« Paul nickte und Luise verstand wieder nicht. »Und nach der Arbeit – da tust du dann was?«

»Ja, was soll ich schon groß tun? Ich mache mir etwas zu essen ... wie gesagt allein ... weil ich keine Beziehung habe, und danach streame ich irgendeine Serie oder bin am Handy.«

»Und der Schmerz?«

»Wie, der Schmerz?«

»Macht sich der Schmerz etwas mit dir zu essen, sieht sich eine Serie mit dir an und ist mit dir am Handy?«

Luise verstand nicht.

»Von den vier erwähnten Reaktionen, welche, glaubst du, wählst du in diesen Momenten?«

Ein Fragezeichen machte sich zwischen Luises Brauen breit, aber Paul blieb dabei. »Ich könnte mir vorstellen, dass es eine Mischung aus Flucht und Unterwerfung sein könnte. Du schleppst den Schmerz zwar weiter in dir mit, aber ergibst dich ihm, tust so, als wäre nichts, lächelst, obwohl dir nicht zum Lächeln zumute ist, und unterdrückst, was du tatsächlich bräuchtest. So wirklich widmest du dich ihm aber nicht. Das ist dir zu brenzlig.«

»Mhmm.« Luise wusste offensichtlich nicht, was sie antworten sollte.

»Kann es sein, dass er sich dann kurz vor dem Einschlafen wieder lautstark bei dir meldet?«

Sie sah Paul mit riesigen Augen an.

»Und hörst du ihm dann vielleicht wieder nicht zu und schnappst dir lieber dein Handy?« Paul sagte es nicht vorwurfsvoll, sondern wie immer verständnisvoll.

Luise nickte verhalten.

»Es ist dieses Hamsterrad, in dem ihr feststeckt. Ihr betäubt den Schmerz damit, indem ihr einfach weiterlauft.« Paul blickte zu Emma, dann zu Adrian, Luise und schließlich zu uns allen.

»Der Hamster dreht am Rad«, scherzte Adrian.

»So könnte man es auch sagen«, antwortete Paul. »Euer Alltag, aus dem ihr denkt, nicht ausbrechen zu können, ist wie ein Hamsterrad, in dem ihr immer weiter lauft. Sosehr ihr diesen Alltag auch ablehnt, er gibt euch Halt und Sicherheit und er hält den Schmerz in Schach. Ihr seid es gewohnt, mit dem Schmerz in euch weiterzulaufen ... und zu funktionieren ... einfach weiterzumachen. Manche führen dabei vielleicht innere Kämpfe und sind auch im Außen immer auf Kampf eingestellt. Aber der Schmerz bleibt. Andere laufen weg vor ihm, tragen ihn aber trotzdem immer in sich weiter. Der Schmerz bleibt. Die nächsten spüren ihn womöglich schon lange nicht mehr und leben ihr Leben in der Starre. Der Schmerz bleibt. Wieder andere ergeben sich, passen sich an und spüren sich nicht mehr. Der Schmerz bleibt. Für manche ist es ein Kampf, für andere Resignation, einige flüchten und andere haben sich irgendwo dazwischen selbst verloren. Dabei sitzt der Schmerz immer da. In uns. Oft seit Jahren.« Pauls Blick wanderte durch die Runde und blieb wieder bei Luise hängen. »Gibt es eine Zeit, aus der dir dieses Gefühl bekannt vorkommt? Eine Zeit, die vielleicht besonders schmerzhaft für dich war?«, fragte er.

Luise wirkte in sich gekehrt. Aber nach einer Weile nickte sie.

»Kannst du sagen, wie alt du damals warst?«

»Fünf, vielleicht sechs?«

»Und zu wem bist du damals gegangen, als es sich besonders schlimm angefühlt hat?« Luise stockte. Dann sah sie zu Cleo, deren Augen sich mit Tränen füllten. Wahrscheinlich sah sie den Schmerz in ihrer kleinen Schwester und vielleicht auch in sich selbst – als sie noch das kleine, unschuldige, verletzte Mädchen von damals war.

»Cleo ist später aber irgendwann ausgezogen. Dann hatte ich niemanden mehr«, sagte Luise leise und wandte sich wieder Paul zu. »Aber sie kennt das alles. Schließlich hat sie dasselbe durchgemacht.«

Paul nickte. »Aber jetzt geht es gerade um dich. Also bleib bitte auch ganz bei dir«, sagte er und sah ihr tief in ihre traurigen Augen. »Das ist sie. Das ist die fünfjährige kleine Luise in dir, die vor lauter seelischen Schmerzen weint und schreit. Das kleine Mädchen, das damals niemanden hatte und die heute vor allem eines nicht mehr möchte ...« Paul sah Luise auffordernd an.

»Allein sein?«, fragte sie vorsichtig.

»Genau. Sie will sich nie wieder so fühlen ... nie wieder den Schmerz von damals spüren, mit dem sie alleingelassen wurde. Sie hat sich anscheinend sehr einsam und verlassen gefühlt.«

Luise schossen die Tränen in die Augen.

»Aber glaub mir, Luise«, sagte Emma leise. »Allein fühlen kann man sich auch zu zweit.«

Paul nickte. »Und auch hier wirst du dieses Gefühl vermutlich nicht erst seit deiner Ehe kennen. Hier gibt es wahrscheinlich auch schon eine tiefe, ältere Wunde, sonst würde es jetzt nicht so wehtun.« Er sah durch die Runde. »Das gilt für uns alle. Gefühle von damals reißen wie alte Wunden noch heute in uns auf. Wenn ihr merkt, dass ihr eine starke innerliche Reaktion bei der Art und Weise verspürt, wie sich jemand euch gegenüber verhält, dann kennt ihr dieses Gefühl meist schon länger und schleppt es unbewusst als Schatten eurer Vergangenheit in euch mit. Wenn ihr den Schatten aber immer unterdrückt und damit den Schmerz, die Traurigkeit, die Einsamkeit, die Ungerechtigkeit, Wut oder welches Gefühl sich auch immer in euch meldet – und ihr resigniert oder davonlauft und dem Gefühl damit keine weitere Beachtung schenkt –, dann schenkt ihr auch dem kleinen Mädchen oder dem kleinen Jungen in euch keine Beachtung. Sie bleiben in diesem dunklen Schatten zurück und schreien, weinen oder leiden stumm vor sich hin.« Pauls Blick war nun auf Luise und Emma gerichtet. »Wenn ihr euch einsam fühlt, dann, weil es euch an eure Einsamkeit von damals erinnert und dieses Kind in euch sich alleine fühlt.« Er machte eine kurze Pause. »Was denkt ihr, braucht ein fünfjähriges Kind vor allem? Ist das Arbeit, eine Serie oder stundenlanges Scrollen auf dem Handy?« Er schüttelte den Kopf. »Natürlich wäre es vorübergehend abgelenkt, aber würde es dem Kind den Schmerz nehmen?«

Luise schüttelte ebenfalls den Kopf.

»Was, denkst du, würde der kleinen Luise den Schmerz nehmen?«, fragte Paul nach.

»Jemand, der für sie da ist und sie in den Arm nimmt«, antwortete Luise und es klang nach Sehnsucht in ihrer Stimme.

»Richtig. Jemand, der für sie da ist, sie in den Arm nimmt, ihr zuhört und die Aufmerksamkeit schenkt, die sie sich wünscht, sie versteht, ihr den Raum für ihre Gefühle gibt, Verständnis für sie hat und sie mit allem, was zu ihr gehört, liebt.«

Luise nickte energisch und ihre Augen blitzten auf.

»Und wer könnte das sein?«

Sie sah ihn fragend an.

»Du selbst bist das. An allererster Stelle solltest du das selbst für dich sein.«

Luise sah enttäuscht aus.

»Immer wenn ihr euch fragt, wann vergeht denn dieser Schmerz und warum fühle ich mich so traurig, wütend, einsam, ungerecht behandelt oder was auch immer ihr zu dem Zeitpunkt fühlt: Erst wenn ihr euch selbst diese Liebe und Aufmerksamkeit schenkt, die ihr euch in dem Moment so sehr von anderen wünscht, werdet ihr zur Ruhe kommen und Frieden finden. Kein anderer Mensch kann dieses Loch je wirklich in euch stopfen. Solange ihr euch nicht eurem Schatten zuwendet und dem Kind in euch die Liebe und Zuwendung gebt, die ihr verdient habt, wird sie auch niemand sonst stillen können.«

»Also ich weiß nicht«, sagte Adrian und der Widerwille stand ihm ins Gesicht geschrieben. »Immer diese Innere-Kind-Suche ... Fühl es da, finde es dort! Ich kann euch sagen, bei mir gibt's da nichts zu finden!« Er schüttelte den Kopf. »Ich will doch schon im echten Leben kein Kind. Warum sollte ich es dann in mir suchen? Wenn ihr mich fragt, sind Kinder kleine narzisstische Arschlöcher, denen man es nie recht machen kann, weil sie nichts können außer schreien und kacken und auch wenn sie größer sind, immer irgendetwas von einem wollen. Und selbst wenn man ihnen dann den einen Wunsch erfüllt hat, kommt gleich der nächste nach. Die sind unersättlich. Schrecklich! So eines will ich ganz bestimmt nicht und es steckt auch nicht in mir, versprochen!«

Charly sah Adrian mit großen Augen an. Anscheinend fehlten ihr aber dieses Mal die Worte, denn sie schwieg.

»Na, stimmt doch«, bestätigte er noch einmal zur Sicherheit.

»Was meinst du mit *im echten Leben*?«, wollte Paul wissen.

»Na, bin ich etwa schwanger?! Ich trage doch kein Kind in mir! Versteht ihr: Da ist kein inneres Kind! Was soll denn das? Das ist doch reine Fantasie! Also vielleicht reden wir hier mal wie Erwachsene«, sagte er wie ein trotziges Kind.

»Aber sie sind doch ...«, begann Cleo.

»Was denn?!«, unterbrach sie Adrian mitten im Satz. »Soooo ein Geschenk?! Ist es das, was du sagen wolltest?«, regte er sich lautstark auf. »Bitte, ich kann es nicht mehr hören!« Er klang so, als wollte Cleo oder irgendjemand anderer am Tisch ein Kind von ihm. »Kinder sollen ein Geschenk sein? Kleiner Reminder: Nein, sind sie nicht! Sie kosten. Und zwar jede Menge: Geld, Schlaf und Nerven! Was ist denn nur mit euch Eltern los?! Immer dieses *Aber sie geben einem doch so viel zurück,* während einem *die süßen Kleinen* direkt ins Gesicht kreischen, aber euch das aufgrund eures jahrelang andauernden Hormoneinschusses einfach mal eben für einige Stunden nicht mal auffällt ... bis ihr dann rechtzeitig zur Pubertät eurer Kinder wieder in die Realität zurückkehrt, aufwacht und bemerkt, dass nicht alles aus Sternenstaub und Einhornfurz gemacht ist. Aber wisst ihr, was dann passiert?! Dann hört man sich nicht mehr das Geraunze der Kinder an ... dann geht es mit dem Geraunze der Eltern los!«

Adrians Nasenlöcher schienen proportional zur Komplexität des Kinderthemas mitzuwachsen. »Aber bitte, tut doch, was ihr wollt ... Aber lasst gefälligst *mich* damit in Ruhe! Und ja, die hätte ich gerne:

Ruhe! Denn es ist doch wirklich jedes Mal dasselbe. Wenn man sagt, dass man keines dieser Quälgeister haben möchte, ist plötzlich die Hölle los. ›Aber was ist denn dann später? Hast du dir das gut überlegt?‹ Ja, verdammt! Habe ich! Warum könnt ihr Eltern nicht einfach Kinder bekommen und gut ist es? Aber nein, ihr wollt, dass andere sie dann genau so lieben wie ihr, und als wäre das noch nicht genug, wollt ihr gleichzeitig die ganze Welt überzeugen, auch welche bekommen zu müssen. Ich nehme euch eure doch auch nicht weg, – nicht mal dann, wenn sie mir direkt in die Fresse brüllen und niemand was dagegen tut. Dann nehmt mir gefälligst auch meinen Wunsch nicht weg, keine haben zu wollen!«

Das war weit ausgeholt von Cleos »Aber sie sind doch …«.

»Da ist schon was dran«, gab ihm Rebecca recht. »Als Frau ist man überhaupt gleich die Außerirdische eines bisher unerforschten Planeten, wenn man sagt, dass man keine Kinder bekommen möchte. Was man sich da jedes Mal anhören kann …«

»Vielleicht ist das was Unbewusstes«, meinte Adrian. »Vielleicht haben einfach alle panische Angst, dass wir aussterben … Was dann allerdings auch wieder recht narzisstisch wäre. Aber gut. Lassen wir das. Ich werde in diesem Leben kein Vater. Und was dieses innere Kind anbelangt, kann ich nur so viel sagen: Solange es mir keinen neuen Job bringt, lehne ich auch das ab. Vielen Dank!«

»Du lehnst also dein inneres Kind ab«, wiederholte Paul. »Damit wärst du nicht der Einzige«, fügte er noch hinzu. »Was das Kinderbekommen anbelangt, stimme ich euch zu. Ich finde es auch wichtig, jeden Menschen selbst entscheiden zu lassen. Jede Verurteilung anderer wäre ohnehin wieder nur der eigene Schatten, den man sich dann gern für sich ansehen darf.«

»Finde ich auch. Warum können Menschen andere nicht einfach so machen lassen, wie sie es wollen. Leben und leben lassen!«, sagte Charly und sah dabei Adrian an.

»Solange sie mir damit nicht in *meinem* Leben auf die Nerven gehen, gerne!«, erwiderte er genervt.

»Einige Menschen tun sich schwer damit, nicht zu urteilen, und wissen manchmal gar nicht, warum das so ist«, übernahm Paul wieder. »Das geschieht ständig und in alle möglichen Richtungen. Aber immer dann, wenn wir andere verurteilen, versteckt sich dahinter oft etwas, das wir in uns selbst ablehnen oder verurteilen, oder aber es handelt sich um eine unerfüllte Sehnsucht, vielleicht auch um einen Wunsch, den wir auf andere projizieren. Alles, was wir vor uns selbst und auch vor anderen verstecken und unterdrücken, wird zu Triggern, Ärger, Verbitterung, Schmerz, ungelösten Konflikten oder unterdrückten Gefühlen. So kann es sein, dass ein Kind einen an die eigene missglückte Kindheit erinnert oder man als Eltern auch gern mehr Freiheit hätte und sie dann bei anderen ablehnt, die sich dagegen entscheiden, Kinder zu bekommen. Wenn wir uns aber unserer eigenen Schatten bewusst werden und diese Teile in uns annehmen, können wir ganz bei uns bleiben und andere so sein und leben lassen, wie sie sind und wofür sie sich entscheiden – dann ist es, wie du sagst, Charly – wir können leben und leben lassen und es wühlt nichts in uns auf. Wenn es das aber doch tut, hängt das häufig damit zusammen, dass wir tief drinnen gar nicht so recht wissen, was wir wirklich wollen. Wir denken, etwas zu wollen, dabei wollen wir vielleicht etwas ganz anderes oder haben es noch nicht für uns herausgefunden. Und das betrifft sämtliche Bereiche unseres Lebens. Es ist leichter, andere dafür zu verurteilen, wofür sie sich entscheiden, als selbst herauszufinden, was wir wirklich wollen.« Er machte eine Pause. Dann sah er wieder Adrian an. »Und was euer inneres Kind anbelangt, so spricht schon einiges dafür, dass es da irgendwo in euch steckt. Denn irgendwann wart ihr schließlich auch mal dieses kleine Kind und es hat neben den schönen Dingen im Leben manchmal eben auch weniger schöne Dinge erlebt, die euch geprägt haben.«

»Womit wir wieder beim Thema wären, dass es vielleicht besser gewesen wäre, wenn einige Menschen keine Kinder bekommen hätten«, murmelte Adrian.

»Aber dann gäbe es dich heute nicht, Adrian! Das ist dir schon bewusst, oder?« sagte Charly aufgebracht, und dieses Mal hatte Adrian keine Antwort für sie.

»Immer wenn sich der Schmerz in euch meldet«, fuhr Paul fort, »wiederholt doch bitte nicht den Fehler der Menschen, die es damals vielleicht versäumt haben, für euch da zu sein, und beginnt, für euch selbst da zu sein.«

Damit bewegte er wohl in uns allen etwas, denn plötzlich war es mucksmäuschenstill. Nur das Rauschen der Wellen war noch zu hören, das der Wind wie sanfte Musik in unsere Richtung trug.

Nach einer Weile sah Paul wieder Luise an. »Vielleicht war dieses kleine Mädchen in dir zu lange zu leise.«

Sie gab ihm mit einem neuerlichen Nicken recht.

»Was, denkst du, glaubt sie seit damals?«

Luise sah zum Meer hinaus und eine salzige Brise wehte in dem Moment zu uns herüber. Kurz darauf schlug eine Welle mit einem Zischen an einem Felsen auf.

»Dass sie niemand lieben kann.«

»Und genau das bestätigst du ihr jeden Tag.«

Denken wir, dass uns andere nicht lieben könnten, weil wir vergessen haben, uns selbst zu lieben?

MANCHMAL
IST DER
SCHMERZ
SO LAUT,
WEIL WIR
zu lange
ZU LEISE
WAREN.

VERFLUCHTE REALITÄT

Aber nicht nur ich – auch sonst kann mich niemand lieben! Wirklich niemand!«, brach es plötzlich mit aller Kraft aus Luise hervor.

»Ja«, antwortete Paul knapp. Sie sah ihn überrascht an. Paul schien Luise in dem Moment aber von dem dunklen Ort abgeholt zu haben, an dem sie sich innerlich gerade aufgehalten hatte. »Wenn du von dir selbst glaubst, niemand könnte dich lieben, wen wirst du dann in dein Leben lassen?«, fragte er.

»Menschen, die dich nicht lieben können«, beantwortete Emma die Frage für Luise.

Paul nickte. »Oder wie ich immer zu sagen pflege: Integriere deinen Schatten, oder du datest ihn irgendwann.«

Er brachte uns zum Lachen damit, und selbst Luise konnte sich ein Grinsen nicht verkneifen. »Oh ja, das fühle ich«, antwortete sie und wurde dann gleich wieder ernst. »Ich bin nun zum ich weiß nicht wievielten Mal in einer Situationship gelandet … anscheinend ein Schatten, der mich ein Leben lang verfolgt. Dabei will ich doch endlich auch eine gute Beziehung!«

»Hier könntest du dir die Frage stellen, ob du wirklich immer dort *landest*, wie du es gerade bezeichnet hast. Das hört sich nämlich sehr passiv an – als würde es dir einfach so passieren und du hättest überhaupt keinen Einfluss darauf. Die Frage ist: Möchtest du nicht mitentscheiden?«

»Das tue ich doch, aber anscheinend immer falsch!«, rechtfertigte sich Luise.

»Sie hat wirklich kein gutes Händchen bei Männern«, bestätigte Cleo.«

»Aber du schon …«, stichelte Adrian. Cleo verstummte und warf ihm einen bösen Blick zu. Als frisch vermählte Braut – wohlgemerkt ohne Bräutigam, denn dem schien seine berufliche Reise wichtiger gewesen zu sein – ging ein solcher Kommentar von einem der besten Freunde ihres Mannes wohl nicht spurlos an ihr vorüber. Möglicherweise war das, was Adrian sagte, zwar gerechtfertigt, aber bestimmt auch sehr schmerzhaft für Cleo, die ohnehin nicht glücklich mit der Situation zu sein schien.

»Erzähl doch mal, wie läuft es denn immer ab?«, wollte Paul stattdessen von Luise wissen.

»Ach, es ist immer dasselbe … Und obwohl ich das eigentlich weiß, lasse ich mich dann doch immer wieder darauf ein.«

»Was weißt du?«

»Na, dass nichts daraus wird. Also ich will es schon glauben, aber es bestätigt sich jedes Mal, dass es am Ende nicht klappt.«

»Also bist du ziemlich gut darin?«

»Bitte?«, fragte Luise.

»Na, darin, dir immer wieder die Bestätigung dafür abzuholen, dass nichts daraus wird und dich niemand lieben kann«, antwortete Paul und Luise wartete auf die Auflösung. Paul sagte aber nichts.

Sie sah ihn beleidigt an. »Das ist gemein!«

»Wie du mit dir umgehst, meinst du?«

»Nein … Was? Ich finde es gemein, was du das sagst … weil okay, ich weiß, dass mich anscheinend niemand lieben kann, aber das noch mal so zu hören … also es ist … nicht nett.«

»Ich habe nur wiederholt, was du gesagt hast. So wie du es dir immer wieder sagst. Und du hast recht, es ist nicht nett. Du bist nicht nett zu dir! Es ist nicht nett, wenn du so schlecht über dich denkst und davon ausgehst, dass dich niemand lieben kann. Und weißt du, was erst recht nicht nett ist?«

»Nein …?«

»Dass du dir diese Annahme immer wieder bestätigst.«

»Aber ich bestätige mir das doch nicht! Das machen immer die Typen!«

»Aber möglicherweise bestätigst du es dir schon vorher durch deine Wahl.«

Luise sah ihn betroffen an.

»Indem du dir genau solche Typen aussuchst, mit denen es nicht klappen kann. Seit wann geht das so?«, wollte Paul wissen.

»Wie, seit wann?«

»Seit wann läuft das so ab, dass du dir eigentlich eine Beziehung wünschst, aber in einer Situationship landest und unglücklich bist?«

»Ach so, eh schon immer. Ich hatte zwei Beziehungen – wenn man sie überhaupt Beziehungen nennen kann, weil eigentlich waren beide eine Katastrophe … oder sagen wir so, sie sind in einer Katastrophe geendet. Immer, wie gesagt.«

»Was denkst du, warum diese Männer sich für dich entschieden haben?«

»Ich glaube, sie haben sich nie wirklich für mich entschieden.«

»Okay, was denkst du, warum sie sich anfangs für dich interessiert haben?«

Luise überlegte wieder. »Ich glaube, ich war ihnen einfach ganz angenehm. Ich mache dann ja immer alles. Vielleicht mochten sie das. Oder sie haben die Bestätigung genossen … Ich denke, ich kann anderen Menschen ein gutes Gefühl geben … darin bin ich richtig gut. Aber irgendwann werde ich ihnen dann trotzdem immer zu anstrengend. Dann will ich zu viel. Und sie zu wenig.«

»Du gibst ihnen also ein gutes Gefühl. Wie sieht es umgekehrt aus?«, wollte Paul wissen.

»Da kommt wenig zurück.«

»Ich verstehe. Das klingt recht einseitig.«

»Ist es auch. Das ist ja das Problem!«

»Also hast im Grunde *du* dich für sie entschieden?«

»Wie meint du das?«

»Vielleicht hast du sie dir ja als Projekt ausgesucht? Als eine Art Aufgabe, in die du dich so richtig reinhängst und alles tust, um dir und ihnen zu beweisen, dass dich doch jemand lieben kann?«

Luise starrte Paul aufgewühlt an. Für den Moment schien sie sprachlos zu sein, was meist ein Zeichen dafür war, dass er ins Schwarze getroffen hatte. »Ja«, sagte sie nach einer Weile. »Ich glaube, ich fand sie gut. Und wenn sie mir nur den kleinsten Anhaltspunkt oder die geringste Aufmerksamkeit gegeben haben, dann habe ich es als Zeichen genommen und mich daran festgehalten. Dann bin ich bei der Stange geblieben. Aber wenn ich wirklich ehrlich zu mir bin, dann wusste ich immer, dass es schwierig werden würde.« Sie wirkte nachdenklich. »Vielleicht war das auch immer der Reiz daran«, fügte sie noch hinzu. »Was soll ich denn machen, wenn da immer so eine große Anziehung ist und es so wirkt, als könnte dieses Mal alles anders sein!«

»Ist das wirklich so oder redest du dir nur ein, dass es dieses Mal anders ist, damit du wieder in den Kampf ziehen kannst?«

»In den Kampf?«

»Ja. Offensichtlich kämpfst du um ihre Liebe. Und seit Jahren hoffst du, diesen Kampf zu gewinnen. Du tauschst die Protagonisten aus, aber der Kampf bleibt immer derselbe. Und diese Anziehung, von der du sprichst und von der mir immer wieder Menschen berichten, die denken, sie könnten darauf aufbauen – von dieser Anziehung kann ich euch sagen, dass sie allein nicht reicht. Sie kann sogar ein Zeichen dafür sein, dass es sich um ein altes Muster handelt. Liebe ist sehr viel mehr, als sich zu jemandem hingezogen zu fühlen. Auch dann, wenn die Anziehung von beiden gleich stark empfunden wird. Stattdessen könntest du dich in diesem Moment fragen: ›Warum fühle ich mich hingezogen? Ist mir diese Distanz, auf die mich jemand hält, der im Grunde nie wirklich für mich da ist, vielleicht bekannt, und fühlt sie sich deshalb so vertraut an? Kenne ich sie vielleicht von damals, weil ich auch zu Hause immer um Liebe kämpfen musste und möglicherweise auch denselben Kampf zwischen meinen Eltern beobachtet habe?‹ Vielleicht denkst du seit damals, Liebe wäre ein Kampf.«

»Das stimmt. Es war eigentlich immer ein Kampf. Und ist er heute noch.«

»Aber Liebe ist am Ende keine dabei rausgesprungen, oder?«

Luise verstummte wieder und starrte Paul entgeistert an.

»Denkst du, dass sie dich geliebt haben?«

»Wer? Die Typen?«, fragte Luise und dieses Mal nickte Paul.

»Ach, bitte, nein! Das können die, glaube ich, gar nicht. Ich war ihnen wie gesagt eine Zeit lang ganz angenehm. Aber so wirklich geliebt ... Nein, ich glaube, mich hat noch nie jemand wirklich geliebt.«

»Das wundert mich nicht. Dich?«

Luises Augen zogen sich zu kleinen Schlitzen zusammen. Es wirkte, als würde ihr ein dicker Kloß im Hals die Sprache verschlagen, denn sie setzte an, sagte dann aber nichts.

»Das Problem ist, dass du die anderen immer für etwas ganz Besonderes hältst. Und du denkst, du könntest glücklich sein, dass sie sich für dich interessieren. Oder dass sich überhaupt jemand für dich interessiert.«

»Ja, irgendein x-beliebiger Typ, dem man plötzlich die Macht über sein ganzes Leben gibt und der darüber bestimmt, ob man glücklich ist oder nicht«, stimmte Rebecca angewidert zu.

»Und was tust du dann, wenn du merkst, dass sie sich doch nicht genügend für dich interessieren und keine richtige Beziehung daraus entstehen kann, sondern nur eine Situationship, wie du sie nennst?«

Ein Fragezeichen machte sich wieder in Luises Gesicht breit.

»Versuchst du sie dann zu überzeugen?«

Luise knickte ein und ließ die Schultern sinken.

»Du kämpfst also wieder darum, geliebt zu werden.«

»Kenne ich«, stammelte Emma. »Ich habe überhaupt das Gefühl, du sprichst schon die ganze Zeit von mir ... Alles an dieser Ehe fühlt sich wie ein einziger Kampf an.«

»Und musstest du auch schon einmal um Liebe kämpfen? Vielleicht schon vor deiner Ehe?«, fragte Paul.

»Ich denke schon«, antwortete Emma. »Wenn ich so überlege, war mein Vater eigentlich überhaupt nie da. Ständig musste er auf irgendwelche Geschäftsreisen und ich hatte das Gefühl, alles war ihm wichtiger als ich. Wenn er dann doch einmal nach Hause kam, hat er mir ein Geschenk mitgebracht. Nichts Großes. Auch nichts Teures. Aber es war in dem Moment das Kostbarste der Welt für mich. Heute würde ich sagen, er hatte ein schlechtes Gewissen. Aber damals dachte ich: *Schau, Emma, er liebt dich doch. Er muss dich lieben, sonst hätte er dir kein Geschenk mitgebracht!*« Emma schien gedanklich in die Vergangenheit zurückzureisen und nahm uns alle mit. »Manchmal habe ich dann die kleine Puppe oder die Süßigkeiten, die er mir mitgebracht hatte, wie eine Trophäe neben mich ins Bett gelegt und immer wieder mit der Hand darübergestrichen. Ich wollte sie nie wieder loslassen. Es waren ganz besondere Momente. Ich wollte, dass sie nie vergehen! Alles war so schön. Auch in mir.

Bis ich dann in der Früh aufgewacht und durchs ganze Haus gelaufen bin. Da habe ich gesehen, dass er wieder fort war. Mein Vater war, wie die meiste Zeit, einfach nicht da.« Emmas Blick war traurig. Kurz darauf riss sie die Augen auf. »Es ist genau wie heute!«, sagte sie, als hätte sie sich selbst gerade die Augen geöffnet.

Paul nickte. »Und dann denken wir irgendwann: So muss es sein«, sagte er. »Das ist alles, was möglich ist. Es gibt eben nicht mehr Liebe für mich. Und später fühlt sich dann jemand, der nie da ist, vertraut an, weil wir es genau so erlebt haben und auch nur so kennen.« Er blickte von Emma weiter zu Luise. »Und diese raren Momente, in denen es vielleicht doch ein wenig Liebe oder eine kleine Aufmerksamkeit gab, werden plötzlich riesengroß. Beinahe heilig. Gab es so etwas auch bei dir, Luise?«

»Ja, solche Momente gab es schon. Geschenke habe ich zwar fast nie bekommen, aber sonntags hat mich mein Vater immer mit zum Autowaschen genommen. Ich durfte mit dem Schwamm über die Felgen reiben, bis sie glänzten, und dann hat er mich immer angelächelt und gesagt: ›Das hast du toll gemacht, Luise!‹ Dann war ich der glücklichste Mensch auf diesem Planeten.«

Paul nickte wieder. »Wenn es von allem zu wenig gibt, saugen wir solche Momente der Anerkennung wie ein Schwamm auf und diese kleinen Gesten bekommen einen riesigen Stellenwert. Wir klammern uns förmlich an solche kleinen Momente, in denen wir denken, vielleicht doch geliebt zu werden oder womöglich doch etwas wert zu sein.«

Luise und Emma nickten im Gleichtakt.

»Und so bleibt es auch später.« Paul hielt seinen Blick immer noch auf Luise gerichtet. »Kann es sein, dass du dich vielleicht auch heute noch mit viel zu wenig zufrieden gibst?«

Luise schluckte und Emma nickte. Aber sie sagten beide nichts mehr. Ich sah zum Meer hinaus, das sich mit zunehmender Stunde immer mehr beruhigte. Die Wellen sahen plötzlich wie glattgebügelt aus.

»Wie war das denn bei deiner Mutter?«, fragte Paul wieder in Luises Richtung.

»Die ist ihm noch mehr auf die Nerven gegangen als wir Kinder.« Es klang beinahe so, als wäre es nichts Ungewöhnliches.

»Und wie war ihre Reaktion auf sein Verhalten?«

»Ach, sie hat alles mit sich machen lassen ... Sie hat sich einfach immer alles gefallen lassen. Egal, was er aufgeführt hat, sie ist geblieben«, erklärte Luise und diesmal nickte Rebecca.

»So wie du heute?«

Luises Augen füllten sich wieder mit Tränen, die irgendwann nicht anders konnten, als über den Rand zu stürzen. Von da aus liefen sie in wilden Strömen ihre Wangen hinunter. »Oh Gott, das ist so wahr«, sagte sie schluchzend. »Ich dachte immer, ich mache das alles ganz anders als meine Mutter und suche mir andere Männer! Wirklich, ich dachte das!« Sie griff nach einer Serviette und hielt sie sich unter die Nase. »Schließlich sehen diese Männer doch auch ganz anders aus als mein Vater ... und sie sind auch anders! Aber im Grunde haben sie genauso wenig zu geben wie er. Anscheinend haben sie das alle gemeinsam.« Sie prustete nun in ihre Serviette. »Also suche ich mir erst recht immer wieder die Falschen aus!«

»Schon besser«, sagte Paul und Luise erstarrte. Sie sah ihn fragend an.

»Auch wenn du sie dir bisher wahrscheinlich unbewusst ausgesucht hast, ist es sehr viel besser, dir einzugestehen, dass du nicht bei diesen Männern gelandet bist, sondern du sie dir ausgesucht hast.«

»Und was soll daran besser sein?«, fragte sie. »Das Ergebnis ist schließlich dasselbe!«

»Es gibt dir wieder die Kontrolle zurück. Denn wenn du sie dir ausgesucht hast, hattest du es immer in der Hand, und somit hast du es auch in der Zukunft in der Hand, deine Wahl zu ändern.«

Luise nickte. Ich hatte aber nicht das Gefühl, dass sie schon eine Ahnung hatte, wie sie das anstellen sollte.

»Und wie?«, fragte sie gleich darauf.

»Indem du *bewusst* eine andere Entscheidung triffst. Wie das genau aussieht, dazu werden wir noch kommen.«

»Übrigens, bei Geld ist das genauso«, legte Luise gleich nach. »Ich fühle mich stark zu Geld hingezogen, aber es fühlt sich auch immer magnetisch von mir abgestoßen.«

»Hast du eine Ahnung, warum das sein könnte?«

»Nein, wirklich überhaupt nicht! Außer, dass ich nie welches habe. Aber ich weiß leider ganz und gar nicht, warum das so ist! Es ist wie so ein fucking Fluch. Eben genau wie bei den Männern auch.«

»War das Geld zu Hause knapp?«

»Ja, immer.«

»Und Geschenke gab es auch keine, hast du gesagt.«

»Nein, manchmal nicht mal zu Weihnachten. Da hieß es dann, das Christkind wäre dieses Jahr pleitegegangen. Und dass wir uns besser benehmen hätten sollen.«

Das war traurig. Auch wenn Luise es erzählte, als wäre es das Normalste der Welt.

»Es hat also nie gereicht?«

»Was genau?«

»Nichts«, antwortete Paul. »Nichts, was du je getan hast, hat gereicht. Egal, wie sehr du dich auch angestrengt hast: Es gab weder genügend Liebe noch genügend Geld. Und daraufhin dachtest du was?«

Luise sah ihn traurig an. »Dass es meine Schuld ist.«

»Und du nichts anderes verdient hast.«

Sie nickte und tiefe Traurigkeit breitete sich in ihren Augen aus.

»Vielleicht ist es also gar kein Fluch. Seither hält die kleine Luise das alles nur für normal. Als wäre es ihre verfluchte Realität und dürfte gar nicht anders sein. Das alles ist zu ihrer Normalität und dadurch auch zu deiner geworden. Auch heute noch. Und mit diesem Schatten im Gepäck, wie, denkst du, sieht es da mit der Sehnsucht aus?«

»Die ist da, das kann ich dir verraten.«

»Natürlich ist sie das. Sie ist riesengroß. Seither ist es wahrscheinlich deine größte Sehnsucht, endlich geliebt zu werden ... endlich auch einmal Geschenke zu bekommen ... oder Geld zu haben.« Er machte eine kurze Pause. »Und wie leicht, denkst du, wird es für dich sein, das alles zu bekommen, wenn du tief drinnen davon überzeugt bist, dass das gar nicht möglich ist, weil du es gar nicht verdient hast?«

Wollen wir *immer dann* mehr von etwas, wenn wir in der *Vergangenheit* zu wenig davon hatten?

Integriere
deinen
Schatten
oder du
datest
ihn
irgendwann.

EINE SCHÜSSEL MIT NICHTS, BITTE

Es ist überhaupt nicht leicht!«, rief Luise und der Frust darüber war ihr anzusehen. »Und jetzt hocke ich wieder da und warte auf die Nachricht von irgendeinem Typen, der mich ohnehin nicht will und wieder nicht schreibt! Das triggert mich hart! Und überhaupt: Ich weiß nicht, wie lange ich eigentlich noch warten soll ... Etwa mein ganzes verdammtes Leben?!«

»Und worauf wartest du?«, wollte Paul wissen.

»Na, wie gesagt: auf eine Antwort ... eine Beziehung ... darauf, dass mich endlich jemand lieben kann!«

»Mit dem Warten bist du nicht allein. Das ist vielen Menschen vertraut. Die meisten warten darauf, dass sich etwas ändert, und einige davon ein Leben lang.« Er ließ seinen Blick durch die Runde schweifen und es schien, als fühlte sich plötzlich nicht nur Luise angesprochen. Besonders Emma horchte auf, aber auch Tom und Adrian schienen sich irgendwo in der Warteschleife ihres Lebens zu befinden und wirkten ganz und gar nicht glücklich darüber. Aber warteten wir nicht alle immer wieder, dass sich etwas in unserem Leben veränderte, und hatten dann entweder Angst vor der Veränderung oder wussten nicht, wie wir es anstellen sollten, etwas zu verändern, und ließen es dann ganz bleiben?

»Na, das ist ja aufbauend«, murmelte Luise.

»Kommt darauf an, wie wir es betrachten. Das Warten ist ein Hinweis darauf, dass wir uns etwas anderes wünschen. Und es gibt auch eine Möglichkeit, dem Warten ein Ende zu bereiten und somit tatsächlich etwas zu verändern. Auch dazu werden wir noch kommen. Erst einmal ist es wichtig, sich über eine andere Sache klar zu werden.« Paul zog die leere Glasschüssel, aus der wir zuvor unsere Karten gezogen hatten, von der Mitte des Tisches näher zu sich. »Was seht ihr?«, fragte er.

»Eine Schüssel?«, fragte Charly skeptisch zurück.

»Genau. Nun stellt euch vor, ihr habt genau so eine Schüssel schon einmal gesehen. Sie erinnert euch an eure Kindheit, weil ihr da auch so eine hattet, und das bedeutet, ihr verbindet ganz viel mit ihr. Sie weckt alte Erinnerungen in euch. Nun fangt ihr an, sie genauer zu betrachten. Ihr seht euch an, wie das Glas geschliffen ist, jede Wölbung, jede Kante und jede Spiegelung erinnert euch an die Glasschüssel aus eurer Kindheit.«

»Und sie war leer«, stellte Luise fest.

»Nicht immer«, erwiderte Paul. »Aber du hast recht. Manchmal war sie leer oder zumindest nicht gut gefüllt.« Luise nickte und Paul nahm nun ein Stück Brot von seinem Teller und teilte es in kleine Stücke. »Und weil die Schüssel nicht gut gefüllt war, wart ihr auch sehr oft hungrig«, sprach er weiter. »Aber immer kurz bevor ihr dachtet, ihr könntet den Hunger nicht länger ertragen, wurde euch ein Happen hingeworfen.« Er warf ein Stück seines Brots in die Schüssel und sah uns an. »Voller Freude habt ihr eure Hände ausgestreckt und danach gegriffen. Manchmal habt ihr den kleinen Happen dann im Licht betrachtet, und als ihr ihn verschlungen habt, dachtet ihr, er wäre das Beste, was ihr je in eurem Leben gekostet habt. Ihr konntet nicht glauben, wie sehr er euch erfüllte. Wahrscheinlich habt ihr euch auch nur kleine Bissen davon gegönnt und sie euch eingeteilt, damit ihr noch länger etwas davon hattet – denn ihr wusstet, es würde wieder einige Zeit vergehen, bis ihr wieder etwas davon probieren dürftet. Und so wurde jedes Stück und jeder Krümel, den man euch hinwarf – und war er auch noch so klein –, zu etwas ganz Besonderem.« Paul sah uns an und warf noch ein paar weitere Stücke in die Glasschüssel. »Ihr wart so unglaublich dankbar für jedes einzelne Stück. Ihr konntet kaum in Worte fassen, wie sehr. An manchen Tagen gab es vielleicht sogar etwas Warmes und es hat sich ganz wohlig in eurem Bauch angefühlt. Aber es kam nicht häufig vor und auch dann gab es immer ein bisschen zu wenig davon. Und weil ihr deshalb immer hungrig bliebt und der Blick auf andere Tische euch verriet, dass andere viel Nahrhafteres und sehr viel mehr in ihrer Schüssel hatten, wolltet ihr euch auch endlich so satt fühlen wie sie, und der Wunsch nach einer vollgefüllten Schüssel mit dampfend heißen Köstlichkeiten wuchs immer mehr in euch heran. Er wurde mit der Zeit riesengroß.«

»Aber niemand war da, um die Schüssel aufzufüllen«, sagte Luise wieder.

»Richtig. Und das änderte sich auch nicht. Ihr habt euch vielleicht gewundert, warum das so ist und warum ihr immer noch so hungrig wart, aber irgendwann habt ihr euch damit abgefunden. ›Weil es nun einmal so war‹, habt ihr euch dann gesagt. Weil das Leben bedeutet, zu wenig zu bekommen und hungrig zu sein. Und weil ihr nichts anderes tun konntet, als darauf zu hoffen, dass es irgendwann nicht mehr so sein würde.«

»Und irgendwann war nie«, ergänzte Luise melancholisch.

Paul nickte und wir sahen ihn nun alle überrascht an. Das klang tatsächlich nicht besonders aufbauend. Warum war er so hart zu Luise? Was wollte er ihr damit klarmachen?

»Von all den Schüsseln, die man euch von da an in eurem Leben anbot – waren sie auch noch so riesig und bis oben hin vollgefüllt –, welche, denkt ihr, habt ihr gewählt?«

»Die Schüssel mit dem größten Sprung?«, scherzte Adrian.

»Ihr habt die ausgewählt, die euch bekannt vorkam.« Er sah zu Luise. »Die, die nie ganz vollgefüllt war. Da, wo es nicht viel zu holen gab, aber ihr dachtet, es fühlt sich richtig an. ›Diese Schüssel muss die Richtige sein‹, habt ihr euch gesagt. ›Hier sollte ich zugreifen. Die kenne ich bereits.‹ Denn sie hat euch an eure Schüssel von damals erinnert und die Leere hat sich vertraut angefühlt. Und dann habt ihr euch gewundert, warum ihr immer noch hungrig wart.«

Nun sah auch Adrian Paul nachdenklich an, was ungewöhnlich war, weil er sonst immer der Erste war, der sich darüber aufregte, warum manche Menschen immer wieder in dieselbe Falle tappten. *Befand er sich etwa gerade in einer ähnlichen Situation und war die Falle für ihn zugeschnappt?*

»Wir denken immer, wenn sich die anderen ändern oder das Leben uns endlich das Richtige präsentiert, dann können wir etwas verändern«, sprach Paul weiter. »Dabei ist es genau umgekehrt. Darauf zu warten, hält uns von der Veränderung ab. Ihr habt vielleicht schon ein Leben lang darauf gewartet, dass jemand kommt und eure Schüssel füllt. Dabei habt ihr vergessen, dass ihr diejenigen seid, die sie befüllen können, und dass auch ihr darüber entscheidet, ob die Schüssel voll ist oder leer bleibt.«

»Aber wie denn?« Luise sah verzweifelt aus.

»Indem ihr etwas verändert und andere Entscheidungen trefft. Dafür müsst ihr aber vorher herausfinden, was ihr wirklich wollt.«

Wir sahen Paul alle erwartungsvoll an und Paul blickte wieder zu Luise.

»Aber ich weiß doch, was ich will. Nur bekomme ich es nie!«

»Ist das so?«, fragte Paul, und seine Skepsis schwang in seiner Stimme mit. »Oder weißt du vielleicht, was du *nicht* willst, und entscheidest immer wieder aus dem alten Schmerz heraus und wiederholst das gleiche Drama?«

Luise sah ihn fragend an. Aber ein Teil von ihr schien Paul zumindest verstehen zu wollen.

»Die Frage ist, ob du diesen Typen *wirklich* willst?«

»Ich verstehe nicht.«

»Wenn du jetzt – einmal abgesehen von der Sehnsucht, endlich am Ziel zu sein – wirklich ganz ehrlich zu dir bist: Bist du dir sicher, dass du ihn willst? Oder spielt dir dein Schatten vielleicht einen Streich und lässt dich in dem Glauben, dass es so wäre?«

»Wie eine falsche Realität, in der wir uns befinden, weil die echte zu schmerzhaft wäre?«, fragte Emma.

»Ja«, sagte Paul. »Oder auch eine alte Realität, die sich in Neuem widerspiegelt und euer Unbewusstes euch immer wieder täuscht und glauben lässt, dass es so richtig für euch ist.« Er sah durch die Runde. »Manchmal denken wir, etwas oder jemanden zu wollen, weil es noch etwas Altes aufzulösen gibt. Einen Mangel in uns, der aus einer früheren Erfahrung stammt oder daher, was wir damals erlebt haben. Es ist der Teil in uns, der über Jahre hungern musste und beinahe verhungert wäre.« Er ließ seinen Blick durch die Runde schweifen. »Plötzlich denken wir, wir bräuchten unbedingt die Bestätigung dieses anderen Menschen, die Aufmerksamkeit, die berufliche Anerkennung, das Geld, den Sportwagen, die Designertasche, das Lob … all das, was wir nie hatten. Und je mehr wir es brauchen, desto geringer stehen die Chancen, dass sich unser Wunsch auch tatsächlich erfüllt.«

Luise sah Paul entsetzt an.

»Wir konzentrieren uns dann unbewusst auf das, was uns fehlt, und ziehen nur noch mehr davon in unser Leben«, erklärte Paul weiter. »Mit dem tiefen Wunsch in uns, dass wir es dieses Mal schaffen werden, den Mangel endlich zu beseitigen und das zu bekommen, was wir so sehr begehren. Aber da wir mit diesem riesigen Schatten unbewusst weiter auf das fokussieren, was wir *nicht* haben, treffen wir Entscheidungen, die uns nicht weiterbringen, umgeben uns mit Menschen, die uns nicht guttun, wählen Jobs, die uns unsere letzte Kraft rauben, treffen unsere Wahl innerhalb vertrauter, alter Grenzen – und nichts ändert sich. Im Gegenteil: Es kostet uns noch mehr Kraft und alles fühlt sich noch leerer an als zuvor.« Emma seufzte, als Paul weitersprach. »Wenn wir Altbekanntes wählen, um uns und andere zu überzeugen, dass wir es trotz all der Schwierigkeiten verändern können, und uns ein Happy End erhoffen, steuern wir nur noch mehr in unser eigenes Unglück. Wir wiederholen das gleiche Dilemma und hoffen auf einen besseren Ausgang, erleben dadurch aber immer denselben Schmerz.«

»Also sollten wir genau das Gegenteil tun. Aber was wäre das dann?«, wollte Luise wissen.

»Anzuerkennen, dass es uns damals unglücklich gemacht hat ... Dass wir fast verhungert wären, weil es zu wenig war. Und zu erkennen, dass es heute nicht anders sein wird, wenn wir uns immer wieder dieselbe Schüssel vorsetzen – auch wenn wir uns noch so sehr anstrengen und uns vormachen, dass es reichen wird.« Er fuhr mit der Hand in die Glasschüssel und vermengte die Brotstücke. »Selbst wenn wir uns vormachen, dass uns das bekommt und wir davon satt werden, bleiben wir trotzdem hungrig.« Er sah uns eindringlich an. »Dann ist es Zeit zu erkennen, dass die Lösung ganz anders aussieht, als immer das Alte zu wiederholen.«

»Und *wie*?«, fragte Emma gebannt.

»Uns wird bewusst, dass wir nicht mehr in der misslichen Lage von damals feststecken, in der wir vollkommen abhängig von anderen waren und davon, welche Schüssel man uns vorgesetzt hat.«

»Aber sind wir das nicht heute in Beziehungen gewissermaßen immer noch?«, blieb Emma skeptisch.

»Nein«, versicherte Paul. »Kinder sind abhängig von ihren Eltern. Sie sind abhängig davon, ob und wie ihre Eltern sie versorgen und was sie ihnen zu geben bereit sind. Und versteht mich nicht falsch: Hier geht es nicht um Schuldzuweisungen. Denn die meisten Eltern, die zu wenig zu geben haben, saßen früher selbst vor leeren Schüsseln. Und so kann sich diese schlecht gefüllte Schüssel über ganze Generationen weitertragen, wenn wir den Kreislauf nicht irgendwann durchbrechen. Als Erwachsene haben wir aber die Freiheit, selbst zu entscheiden.« Er machte eine längere Pause und sah zur Glasschüssel, die vor ihm stand. »Heute haben wir die Wahl. Wir können uns unsere Schüssel selbst aussuchen und vor allem: Wir können sie auch selbst auffüllen. Wir haben die Möglichkeit, uns aus einer alten Scheinsicherheit hinauszubewegen, in der wir dachten, wir bräuchten jemanden, der darüber entscheidet, ob unsere Schüssel gut gefüllt ist oder nicht, und damit aufhören, die Abhängigkeit von unseren Eltern zu wiederholen.« Emma riss ihre Augen auf. »Und das kann angsteinflößend sein«, sprach Paul ruhig weiter und nickte ihr zu. »Weil wir merken, dass es in unserer Hand liegt. Es steht uns plötzlich offen, alte Muster loszulassen und uns auf das Unbekannte einzulassen, das wir bisher abgelehnt haben, weil es uns entweder bedrohlich oder illusorisch vorkam. Verantwortung für uns und unser Glück zu übernehmen, kann uns große Angst machen.« Er sah zuerst Emma an und dann weiter in die Runde. »Die Wahrheit ist, dass wir uns mit den alten Begrenzungen vielleicht sogar wohler gefühlten haben, weil innerer Hunger, Chaos und Stress uns viel vertrauter waren als die Freiheit, selbst zu entscheiden und neu zu wählen.« Paul hielt kurz inne. »Wenn sich etwas vertraut und aus diesem Grund vielleicht sogar richtig, aber trotzdem gleichzeitig auch schmerzhaft anfühlt, dann fragt euch immer: Ist das ein altes Muster, das ich hier gerade wiederhole? Und ist es wirklich gut für mich?« Er blickte wieder zu Luise. »Willst du ihn womöglich nur deshalb, um dir selbst etwas zu beweisen?«

Luise starrte zuerst Paul an und dann ins Leere.

»Würdest du dieses Verhalten denn in einer Freundschaft akzeptieren, Luise?« Paul hielt seinen Blick immer noch auf sie gerichtet, aber Luise starrte weiter ins Nichts. »Stell dir vor, jemand antwortet dir nicht auf deine Nachrichten, hält keine Versprechungen ein, hört dir nicht zu, gibt dir keine Antwort, meldet sich nur, wenn es ihm passt, räumt dir keinen besonderen Stellenwert in seinem Leben ein, hält kleinste Vereinbarungen nicht ein, ist unzuverlässig, ignoriert deine Wünsche und Bedürfnisse und ist – kurz zusammengefasst – einfach nicht besonders nett zu dir?«

Luise sah Paul nun direkt in die Augen.

»Würdest du das etwa in einer Freundschaft akzeptieren oder hättest du dann vielleicht schon längst Abstand von diesem Menschen genommen?«

»Wahrscheinlich schon«, antwortete sie nachdenklich. »Sein Verhalten ist wirklich indiskutabel.«

»Und trotzdem diskutierst du die ganze Zeit mit dir, warum sich dieser Mensch verhält, wie er sich eben verhält – und wie du ihn letztendlich doch von dir überzeugen kannst. Es gibt einen Unterschied, wie du über jemanden denkst und wie du dich mit einem Menschen fühlst. Fühlst du dich denn gut?«

Luises Blick klärte sich und auch Emma hing an Pauls Lippen. »Viel wichtiger als herauszufinden, warum er sich so verhält, was du selbst als indiskutabel bezeichnest, wäre die Frage, warum *du* dich so verhältst.« Er ließ die Frage kurz sacken und sah Luise eindringlich an. »Warum du dir das antust. Denn du tust dir etwas an. Jedes Mal, wenn du ihn überzeugen möchtest und innerlich eigentlich bereits weißt, dass du es nicht schaffen kannst, fügst du dir erneut Schmerz zu.«

Luises Augen trübten sich wieder und kurz darauf liefen ihr Tränen die Wangen herunter. »Ich weiß«, sagte sie betreten. »Und ich frage mich dann selbst immer wieder, warum ich einfach nicht loslassen kann!«

»Weil es dich an alles erinnert, was du bereits ein Leben lang gewohnt bist und für die Wahrheit hältst. Und genau diese Wahrheit dürft ihr ab jetzt infrage stellen. In deinem Fall könntest du es für völligen Humbug erklären und dir stattdessen klar darüber werden, warum du diesen ganzen Kampf überhaupt nicht führen brauchst, weil er dich nur viel zu viel Kraft kostet und dir schadet und du ihn ohnehin nicht gewinnen kannst. Wenn jemand wirklich eine Beziehung mit dir möchte, musst du diesen Menschen nicht erobern und auch nicht um ihn kämpfen. Jemanden, der offen und bereit für dich ist, musst du weder für dich gewinnen noch von dir überzeugen. Und weißt du auch, warum?«, fragte Paul.

Luise sah ihn fragend an.

»Weil er bereits überzeugt von dir ist.«

Luise nickte und plötzlich machte sich eine Mischung aus Traurigkeit und einer gewissen Erleichterung in ihrem Gesicht breit. Trotz des Schmerzes, sich so jemanden bisher vielleicht selbst gar nicht zugetraut zu haben, schien etwas in ihr aufzuatmen.

»Auch wenn du das leider so in der Vergangenheit nicht erleben durftest und deshalb dachtest, sie alle überzeugen zu müssen, dich zu lieben, ist das nicht die Wahrheit. Du bist liebenswert, ohne andere davon überzeugen zu müssen. Solange du aber diesen Kampf wiederholst, lässt es dich immer nur noch mehr von deinem alten Schmerz erleben.«

Luise blieb still. Dafür starrte ihre Schwester schon die längste Zeit in Pauls Richtung. »Vielleicht bin ich ja vor diesem Schmerz in die nächste Ehe geflüchtet, und jetzt ist er immer noch da«, sagte Cleo.

Der Kampf
endet dann,
wenn du
aufhörst,
andere von
deinem Wert
überzeugen
zu wollen.

DER IMAGINÄRE BALL

Paul sah Cleo eine ganze Weile an. Dann richtete er seinen Blick auf beide Schwestern. »Tut mir doch bitte einen Gefallen und streckt eure Arme waagrecht nach vorne aus«, sagte er plötzlich. Cleo und Luise sahen ihn fragend an, aber Paul erklärte sich nicht weiter, nickte ihnen ermutigend zu und sie taten schließlich, was er ihnen aufgetragen hatte. Sie hielten jetzt ihre Arme nach vorne in die Luft. Die Fragezeichen in ihren Gesichtern spiegelten sich förmlich im Kerzenschein. Es war spät geworden und langsam machte sich auch unsere Müdigkeit bemerkbar.

»Nun richtet eure Arme bitte so aus, als würdet ihr einen riesigen Ball vor euch halten«, trug Paul den beiden weiter auf.

»Das ist auch Teil einer Yogaübung!«, antwortete Cleo motiviert und kannte sich anscheinend damit aus. Sie folgte sofort seinen Anweisungen, während Luise in der Zwischenzeit ihre große Schwester beobachtete und sich abschaute, was sie mit ihren Armen anstellte, bevor sie dasselbe tat. Nun saßen beide in der dunklen Nacht mit ausgestreckten Armen und zwei Bällen da, die es gar nicht gab. Ein schräges Bild.

»Gut«, sagte Paul. Und dann nichts mehr. Wir starrten zuerst ihn, dann Cleo und Luise an und warteten darauf, was Paul weiter mit ihnen vorhatte.

»Ich will ja nichts sagen, aber diese ganze Brotgeschichte hat mich wieder hungrig gemacht. Wie wär's mit einem Mitternachtssnack?«, fragte Adrian, den weder die imaginären Bälle noch die ausgestreckten Arme sonderlich zu interessieren schienen. Paul griff sich daraufhin seelenruhig die einzige Speisekarte, die noch am Tisch lag, und studierte sie aufmerksam. Er wanderte langsam mit seinen Augen über die Karte, sah immer wieder zu Adrian und dann wieder auf die Seiten. Da es keine andere Speisekarte mehr am Tisch gab, hatte Adrian keine Chance, auch einen Blick hineinzuwerfen. Die Frauen ließ Paul in der Zwischenzeit sprichwörtlich sitzen. Dass ihre Arme mittlerweile schmerzen mussten, schien ihn nicht weiter zu kümmern, was ihm gar nicht ähnlich sah.

»Tom«, sagte Paul plötzlich. »Möchtest du den beiden Damen vielleicht helfen?«

Tom sah Paul ganz verwirrt an und Adrian schien sich zu ärgern, dass Paul seinen Wunsch, ebenfalls in die Karte sehen zu dürfen, völlig ignorierte. »Habe ich erwähnt, dass ich hungrig bin?!«, grummelte er genervt, und Luise und Cleo sahen währenddessen hilfesuchend in Toms Richtung.

»Wie soll ich ihnen denn bitte helfen? Soll ich ihnen etwa einen imaginären Ball abnehmen?«, fragte Tom und schüttelte den Kopf.

»Ich weiß nicht«, sagte Paul und sah zu den beiden Frauen hinüber. »Wie geht es euch denn damit?«

»Ich kann nicht mehr! Meine Arme tun schon weh!«, stieß Luise gequält aus und Cleo strengte sich weiterhin tapfer an, ohne sich zu beklagen. Wahrscheinlich wollte sie sich als ausgebildete Yogalehrerin nicht die Blöße geben, es nicht zu schaffen, und versuchte sich nichts anmerken zu lassen. Es musste trotzdem schwer sein.

Paul nickte vorerst nur. Es interessierte mich nun wirklich brennend, worauf er hinauswollte.

»Kann ich bitte damit aufhören?«, fragte Luise gedrückt und ihr Gesicht war mittlerweile schmerzverzerrt.

»Ich weiß nicht, kannst du?«, fragte Paul zurück.

»Bitte?«, fragte Luise und schien nun auch verärgert, aber sie traute sich offensichtlich nicht, ihren Ärger auszusprechen.

»Ihr habt mir noch nicht gesagt, wie es euch damit geht?«

»Womit?«, fragte Cleo angestrengt.

»Mit euren ausgestreckten Armen. Wie fühlt es sich an?«

»Scheiße fühlt es sich an!«, sagte Luise, als wollte sie es hinausbrüllen – die Worte kamen aber nur leise aus ihrem Mund. Sie schien innerlich fast zu platzen, aber der Ärger konnte anscheinend nicht aus ihr heraus. »Kann ich jetzt bitte meine Arme runternehmen?«, fragte sie nochmals mit sanftem Nachdruck, aber Paul sagte wieder nichts.

»Ich muss sagen, es ist wirklich sehr anstrengend«, bestätigte Cleo nun auch kleinlaut. »So lange habe ich die Arme noch nie in die Luft gehalten.«

»Hast du nicht?«, fragte Paul, und nun kannte sich anscheinend niemand mehr aus.

»Mir fallen sie jedenfalls bald ab!«, meldete sich Luise, sichtlich verzweifelt.

»Und ich verhungere hier«, stimmte Adrian mit ein.

Die Frustration am Tisch wuchs langsam ins Unermessliche.

»Und warum ändert ihr nichts daran?«, fragte Paul seelenruhig.

Die beiden Frauen ließen nun betreten ihre Arme auf den Tisch sinken und Luise strich sich mit ihren Händen langsam über die Oberarme.«

»Ganz schön schmerzhaft«, sagte Paul voller Mitgefühl, und es klang nach einer absurden Feststellung.

»Ja, schon«, antwortete Luise, die Paul doch bereits die ganze Zeit mitgeteilt hatte, dass ihre Arme schmerzten, und wunderte sich offensichtlich.

»Warum habt ihr sie nicht schon früher runtergenommen?«

Die beiden sahen ihn verdutzt an.

»Ich habe nie von euch verlangt, eure Arme so lange ausgestreckt in der Luft zu behalten. Das habt ihr ganz freiwillig getan. Natürlich ist das schmerzhaft, so lange einen großen imaginären Ball festzuhalten.«

Ich musste innerlich lachen, verstand aber gleichzeitig, dass den beiden ganz und gar nicht danach zumute war.

»Stellt euch vor, dieser große Ball wäre eure Hoffnung«, sprach Paul ruhig weiter und ich musste schlucken. Seine Worte bewegten etwas in mir.

»Es ist schwer für euch, nicht mehr daran festzuhalten. Wahrscheinlich wart ihr bisher auch noch nicht bereit, von ihr abzulassen, weil die Hoffnung alles war, was ihr hattet. Ihr habt euch viele Jahre daran geklammert und sie ist zu eurem wertvollsten Besitz geworden.«

»Ein imaginärer Ball?«, fragte Adrian ironisch. Aber kurz nachdem er es ausgesprochen hatte, schien ihm etwas klar geworden zu sein. Er wirkte plötzlich in sich gekehrt und Cleo und Emma kämpften mit den Tränen.

»Hoffnung kann eine treibende Kraft sein. Aber sie kann euch auch Kraft kosten, wenn sie schwerer wiegt als eure Handlungen«, sagte Paul. »Denkt an diesen riesigen Ball, den ihr vor euch gehalten habt: Er kam euch in der Vergangenheit wahrscheinlich wie ein großes Geschenk vor; vielleicht war er auch eure Rettung in der Not, an der ihr euch festgehalten habt – denn die Hoffnung hat euch Halt gegeben. Aber mit der Zeit wurde dieser Ball richtig schwer und eure Arme ganz schwach vom vielen Ausstrecken und sie begannen zu schmerzen. Vielleicht habt ihr die Zähne zusammengebissen und eure Arme trotzdem weiter nach all dem ausgestreckt, wonach ihr euch tief in eurer Seele gesehnt und euch von anderen erhofft habt, weil es euch in der Vergangenheit verwehrt wurde. Die Hoffnung, es würde eines Tages so kommen, wie ihr es euch wünscht, hat euch davor beschützt, nicht aufzugeben. Deshalb seid ihr am Ball geblieben.« Paul sah durch die Runde und wir hörten ihm alle gebannt zu. »Es ist anstrengend, die Arme immer ausgestreckt zu halten. Es bringt euch Krämpfe und macht euch müde. Aber es ist ein Schmerz, den ihr bereits kennt. Ihr habt euch mit der Zeit an ihn gewöhnt. Ihr habt eure Muskeln jahrelang trainiert, eure Haltung nahezu perfektioniert und die Hoffnung damit getragen.« Paul hielt kurz inne. »Und was denkst du, war der Vorteil des Ganzen?«, fragte er gleich darauf in Luises Richtung. »Warum interessierst du dich für Männer, von denen du nichts zurückbekommst?«

Luise blieb still. Sie schien keine Antwort zu haben. Wahrscheinlich hoffte sie darauf, sie von Paul zu erhalten. Der schwenkte seinen Blick aber weiter zu uns allen. »Warum denkt ihr, bleiben wir in unglücklichen Beziehungen oder Freundschaften, die uns nicht nähren, arbeiten mit Menschen, die uns nicht guttun und uns unsere Kraft rauben, brennen aus für Jobs, die uns keine Freude machen, und führen ein Leben, das uns vielleicht schon lange nicht mehr erfüllt?«

Die Frage grub sich tief in uns ein. *Warum?*

»Es ist euch vertraut. Der Schmerz hält sich in Grenzen, weil ihr ihn bereits kennt. Ihr könnt ihn ertragen, weil er euch schon lange vertraut ist und ihr diesen Schmerz bereits gewöhnt seid. Deshalb habt ihr weiter an der Hoffnung festgehalten. Denn sie war alles, was ihr hattet. Damals wie heute. Den Rest kennt ihr bereits. Aber die Hoffnung kann euch niemand nehmen. Und daran haltet ihr fest. Sie hat euch vor der Enttäuschung beschützt, die ihr euch eingestehen müsstet, bevor sich wirklich etwas ändern kann.« Pauls Worte hallten wie eine Warnung in die dunkle Nacht hinaus und in uns allen nach. Sie hallten sogar so lange nach, dass ich mich noch heute genau daran erinnere.

»Wenn ihr auf die innere Frage: *Mag ich mein Leben?* kein klares Ja in euch fühlt, dann ist es ein Nein zu euch selbst.« Er sah daraufhin zu Emma, die uns eben erst erklärt hatte, dass sie ihr Leben hasste. »Eure Antwort zeigt euch dann, wie wichtig ihr euch nehmt«, sagte er. »Wie wichtig nimmst du dich?«, fragte Paul und sah Emma dabei direkt in die Augen. Ich konnte aber spüren, dass er uns alle damit meinte. »Deine Antwort gibt auch Aufschluss darüber, ob du dich vielleicht irgendwo am Weg verloren hast.« Emma sah Paul aufgewühlt an. »Und das ist okay«, sagte er gleich darauf. »Es ist nichts Ungewöhnliches, sich hin und wieder zu verlieren. Das passiert uns allen an gewissen Punkten unseres Lebens. Es ist nicht nur okay, ich würde sogar sagen, es ist eine Chance, weil es ein Wegweiser dafür ist, in euer wahres Ich und das Leben zu wachsen, das ihr euch wirklich wünscht.« Er sah Emma sehr lange in die Augen, die sich langsam mit Tränen füllten. »Wenn du von einem besseren Leben träumst, dann träumst du mit großer Wahrscheinlichkeit davon, dich selbst wieder wichtiger zu nehmen. Vielleicht hasst du gar nicht dein Leben. Vielleicht hasst du den Teil von dir, der es zugelassen hat, dass es dir langsam entglitten ist.«

Emma hielt den Atem an. Paul schien wieder einmal ins Schwarze getroffen zu haben. Er hatte allem Anschein nach gerade den Teil in ihr berührt, den sie wahrscheinlich schon lange in sich ablehnte. »Aber wenn du diesen Teil von dir wieder zurückeroberst«, sagte Paul weiter, »dann wird er dir helfen, Entscheidungen zu treffen, die dich zu dem Leben führen, das du zu mögen beginnst … und irgendwann auch liebst.« Gleich darauf sah er uns alle einzeln an. »Aber bevor wir dazu kommen, lasst uns noch einmal auf die Hoffnung zurückkommen«, sprach er weiter, und ich hatte plötzlich das Gefühl, die Puzzleteile würden sich langsam zusammenfügen. Sein Blick war nun auf Luise und

Cleo gerichtet. »Wie fühlt es sich denn an, nachdem ihr die Arme heruntergenommen und den Ball abgelegt habt?«

»Erleichtert«, sagte Luise.

Paul nickte.

»Aber ich verstehe nicht ganz: Ist denn Hoffnung nicht auch etwas Gutes?«

»Hat sie dich denn weitergebracht?«, fragte Paul und die Stille sprach Bände. »Natürlich hat Hoffnung auch etwas Gutes«, sprach er weiter. »Sie fühlt sich anfangs ganz leicht, fast schwerelos an – aber wenn ihr sie zu lange in der Luft haltet und nichts unternehmt, dann wird sie tonnenschwer.« Er sah uns wieder alle an. »Stellt euch noch einmal diesen riesigen imaginären Ball vor, den ihr die ganze Zeit vor euch gehalten habt. Er wird mit der Zeit nicht nur enorm schwer, er versperrt euch auch die Sicht. Die Hoffnung kann ein Antrieb sein, aber wenn ihr zu lange daran festhaltet, raubt sie euch Kraft. Sie hält euch zurück und steht euch sogar im Weg. Hoffnung allein bringt euch nicht voran.«

»Und was bringt uns voran?«, wollte Luise wissen.

»Vertrauen«, antwortete Paul. »Vertrauen, dass du mehr verdient hast.« Er sah Luise durchdringend an und berührte offensichtlich etwas in ihr, denn ihre Augen glänzten. »Vertrauen ist etwas Gutes«, sprach er weiter. »Aber oft haben wir es verlernt, weil es früher einmal gebrochen wurde. Und danach habt ihr verlernt, euch selbst zu vertrauen, weil ihr es nicht kommen gesehen habt. Dabei ist es das Wichtigste, euch selbst zu vertrauen und nicht darauf zu hoffen, dass jemand anderer kommt und euch Vertrauen schenkt.« Er blickte Luise tief in ihre traurigen Augen. »Es ist wichtig, dir zu vertrauen, und dass es auch für dich möglich ist, glücklich zu sein. Dass du es wert bist, geliebt zu werden und ein Leben zu führen, das du magst.«

Gleich mehrere Augenpaare am Tisch füllten sich mit Tränen, und die Tatsache, dass Adrian und Tom immer noch nicht widersprachen und noch nicht mal einen Scherz darüber machten, zeigte, dass Paul auch sie mit seinen Worten berührt hatte.

»Irgendwann ist es Zeit, diesen Armen wieder eine Pause zu gönnen«, sprach Paul weiter. »Sie in Frieden zu lassen und als Teil von euch zu sehen – und nicht als Teil der ewigen Hoffnung, nach der ihr sie ausgestreckt gehalten und darauf gehofft habt, es könnte jemand kommen, um euch zu retten und euch die Liebe zu schenken, nach der ihr euch sehnt. Manchmal haltet ihr zu lange starr an der Hoffnung fest. Ihr denkt, euer Leben würde sich wie durch ein Wunder durch jemand anderen oder auch von ganz allein zu dem entwickeln, was ihr euch wirklich wünscht. Dabei vergesst ihr aber, die nötigen Schritte zu tun, weil ihr zu sehr damit beschäftigt seid, euch an die Hoffnung zu klammern – oder aber ihr wartet darauf, dass euch jemand anderer sagt, ihr könntet nun die Hoffnung loslassen und alles wäre gut. Aber irgendwann bemerkt ihr, dass es an niemand anderem, sondern allein in euren eigenen Händen liegt. Dass es Zeit ist, die Hoffnung loszulassen und andere Entscheidungen zu treffen.« Er machte eine eindrucksvolle Pause. »Und dann – wenn eure Arme nicht mehr voller Schmerz nach etwas greifen, das sich außerhalb von euch befindet – kann auch eure Seele wieder zur Ruhe kommen und in Gelassenheit, Zuversicht und Vertrauen mit euch im Gleichtakt baumeln. Genau in dieser Entspannung werdet ihr feststellen, dass es Zeit ist, nicht da draußen zu suchen, sondern euch selbst zu umarmen. Und wenn ihr das getan habt, werdet ihr im Einklang mit euch sein und spüren, dass es viel mehr als das gar nicht braucht. Dann werdet ihr anfangen, zu vertrauen, dass es gut sein darf. Ihr werdet *euch* vertrauen und bessere Entscheidungen treffen. Das ist der Zeitpunkt, wenn alles anfängt, sich für euch zum Besseren zu verändern.«

WER EWIG AN DER HOFFNUNG FESTHÄLT, VERPASST ALL DIE WUNDER, DIE SICH DAHINTER VERSTECKEN.

AUS DEM STAUB GEMACHT

Vertrauen ... Vertrauen!«, protestierte Adrian. »Natürlich vertraue ich nur mir selbst! Wem kann man denn heutzutage sonst noch vertrauen?! Etwa Konzernen, die meinen, das Beste für einen zu wollen, und exakt das Gegenteil tun?! Oder Menschen, die dir Dinge versprechen, die sie dann ohnehin nicht einhalten? Oder wartet ... vielleicht sollte ich denen vertrauen, die versprochen haben, mir zu helfen und sich dann aus dem Staub gemacht haben, indem sie einfach ... also ohne Vorwarnung ... na, eben weg sind! Und auch wenn danach nichts anders ist, weil sie dir vielleicht schon vorher keine große Hilfe waren, ist es trotzdem eine riesige Frechheit, weil sie mich mit dem ganzen Haufen Scheiße einfach sitzen haben lassen. Und dann macht der Nächste es ihnen nach. Weg sind sie! Alle! Und hinterher vermisst man sie auch noch ... aber warum denn eigentlich?! Weil eigentlich waren sie doch ohnehin nie wirklich da! Keiner war je da! Und jetzt sind sie alle weg!« Adrians Augen kämpften, aber ich war nicht sicher, womit. Tränen ließ er für den Moment jedenfalls keine zu. Er holte stattdessen gleich wieder aus. »Und dann, wenn du sie am allermeisten gebraucht hättest«, sagte er weiter. »Dann vertschüssen sie sich! Zack. Fort sind sie!« Die Ader an seinem Hals pulsierte so heftig, dass es aussah, als würde sie gleich durch seine Haut springen.

»Ich kann euch daher eines mit absoluter Sicherheit sagen: Auf nichts und niemanden ist Verlass! Oder eben doch: Dass auf nichts und niemanden Verlass ist – darauf kann man sich verlassen! Da ist man gut beraten. Da kann man ganz sicher sein.« Er stockte kurz und blickte dann voller Abscheu an sich selbst herab. »Und das Schlimmste an allem ist, dass neuerdings nicht mal auf *den* hier mehr Verlass ist.« Wir sahen Adrian alle fragend an. *Meinte er etwa sich selbst damit?* »Auf meinen Körper, meine ich ... sogar der lässt mich jetzt immer wieder im Stich!« Adrians Kieferknochen bewegten sich wieder auf und ab, dann blickte er Paul tief in die Augen. »Und abgesehen von den Dingen, die mein komischer Körper jetzt aufzuführen gedenkt – weil er anscheinend Bock dazu hat und dann immer gleich sehr dramatisch wird –, nehme ich an, dass er auch bald in den Hungerstreik tritt, wenn du mir nicht endlich diese verdammte Speisekarte gibst, damit ich was bestellen kann!« Mittlerweile war seine Stimme unangenehm laut geworden, aber Paul ließ sich wie immer nicht aus der Ruhe bringen. Das Gegenteil war der Fall. Er sah Adrian an, zog die Speisekarte an seine Brust und sagte kein Wort. Danach stand er auf und ging Richtung Terrassentür.

»Drehen denn jetzt alle völlig durch?«, fragte Adrian perplex und sah Paul dabei zu, wie er ins Innere der Taverne verschwand.

»Oder du vielleicht?«, fragte ihn Charly. »Und was soll das überhaupt heißen, dass auf niemanden Verlass ist? Was ist mit mir? Ich war die ganze Zeit für dich da, Adrian!« Sie sah ihn eindringlich an. »Manchmal bist du so böse auf die Welt, dass du gar nicht siehst, wie viele Menschen du um dich hast, die sich um dich sorgen!« Charlys Stimme wurde plötzlich sanfter. »Und seit Walter ... also seit er ...«

»Gestorben ist!«, rief Adrian forsch. »Sprich es doch aus, dass er sich aus dem Staub gemacht hat, der Mistkerl ... und mir jetzt auch nicht mehr zur Seite steht! Gerade jetzt, wo endgültig alles den Bach runtergeht!«

»Der Bruder seines Vaters«, sagte Charly leise in unsere Richtung. »Walter war seit dem Tod seines Vaters eine Art Mentor für ihn. Er ist im Juni ganz überraschend …«, sie stockte und traute es sich kaum auszusprechen.

»G e s t o r b e n!«, rief Adrian wieder, als wäre er wütend auf Walter, dass er gestorben war. »Es wird auch nicht besser, wenn du flüsterst und dich nicht traust zu sagen, was Sache ist!«, fuhr er Charly an. »Ihr müsst alle einmal lernen, der Wahrheit ins Auge zu sehen, und nicht immer so zu tun, als wäre alles gut oder schön oder … eine riesige Chance, wie Paul wahrscheinlich sagen würde.«

»Was würde ich sagen?«, fragte Paul, der wieder aus der Taverne zu uns zurückkam. Ohne Speisekarte. Und ohne Essen – was ihm Adrian bestimmt übel nahm.

»Na, du hältst doch alles immer für eine große Chance«, meinte Adrian sarkastisch.

»Nicht alles … aber vieles, ja«, sagte Paul und setzte sich. Ich fragte mich, was er mit der Speisekarte gemacht hatte.

»Und wo hast du überhaupt die Speisekarte gelassen?«, nahm Adrian meinen Gedanken auf und schleuderte ihn Paul gleich als Vorwurf um die Ohren.

»Drinnen«, antwortete Paul und tat so, als wäre das nichts Ungewöhnliches.

»Und ich verhungere hier, oder wie?«

»Ich weiß nicht. Verhungerst du? Wie fühlt es sich denn an?«, wollte Paul wissen.

»Neiin! Einfach nein!!!«, stieß Adrian ungehalten aus. »Komm mir jetzt nicht wieder mit dieser behämmerten Frage: ›Und wie fühlt sich das für dich an?‹« Er verstellte seine Stimme dabei gekünstelt hoch und sie überschlug sich gegen Ende beinahe, bevor er wieder in seine normale Tonlage wechselte. »Du fragst das immer bei Sachen, die sich vollkommen scheiße anfühlen … Na, Paul!

Wie denkst du, wie sich scheiße anfühlt?« Der Ärger quoll förmlich aus seinen Pupillen heraus. »Überraschung! Sie fühlt sich scheiße an!«

»Und wütend?«, fragte Paul ganz ruhig, und ich fragte mich, ob es bald ein zweites blaues Auge geben würde, obwohl Adrian uns allen beteuert hatte, dass er nichts damit zu tun hatte.

»Ja, verdammt! Natürlich macht es mich wütend!«

»Und es macht dich wütend, weil?«

Ich vermutete, dass wir schon lange nicht mehr über die Speisekarte sprachen.

»Na, weil Scheiße mich eben wütend macht!«, rief Adrian und Paul sah ihm nun gefährlich tief in die Augen. »Und warum denkst du, dass das so ist?« Da Adrian keinen Mucks von sich gab, sprach Paul gleich weiter und blieb immer noch vollkommen ruhig dabei. »Vielleicht weil niemand für dich da war, als du es am dringendsten gebraucht hättest?«, fragte er. »Oder weil absolut niemand sich die Mühe gemacht hat, zu sehen, wie es dir mit all dem ging ... und wie du dich dabei gefühlt hast?« Er setzte gleich noch einmal an. »Oder weil sie dich allein gelassen haben – oder wie du es vorher ausgedrückt hast: im Stich!«

Adrian schluckte.

»Haben sie dich im Stich gelassen, Adrian?«, fragte Paul mit Nachdruck.

»Jaaaa!!!!«, brüllte Adrian nun so laut, dass ich erschrak und ein ganzes Stück auf der Bank zurückfuhr.

»Ich verstehe«, sagte Paul. »Und wie fandest du das?«

»Das ist nicht dein Ernst, Paul!« Adrians Lippen bebten mittlerweile.

»Doch. Wie fandest du das, Adrian? Sag es mir!« Paul blieb dabei, obwohl Adrians Augen mittlerweile so weit aufgerissen waren, dass seine Wut Paul jeden Moment um die Ohren zu fliegen drohte.

Aber Adrian sagte nichts. Er hatte anscheinend keine Antwort. Wut war seine Antwort.

»Findest du es ungerecht?«, half ihm Paul auf die Sprünge.

»Ja, scheiße!«, rief Adrian nun. »Das ist es wirklich! Es ist so verdammt ungerecht!!«

»Wann, denkst du, war es denn am ungerechtesten?«

»Im Leben meinst du?«, beruhigte sich Adrian wieder einigermaßen und überlegte. »Oh, das ist schwer zu sagen. Das Leben ist ja meiner Meinung nach ohnehin nicht gerecht – auch wenn sich das einige immer wieder einreden wollen«, er sah zu Charly hinüber und dann wieder zu Paul. »Für manche ja noch viel weniger, wenn wir uns die Welt so ansehen. Aber ich finde, auch bei mir stand Ungerechtigkeit doch immer wieder mal recht hoch im Kurs ... Also, um auf deine Frage zurückzukommen, wann es am ungerechtesten war?« Er überlegte. »... wahrscheinlich damals zu Hause.«

»Wann genau damals? Was würdest du sagen, wie alt du damals warst?«

»Ich weiß nicht ... Vierzehn vielleicht?« Er sah Paul an, als wüsste er die Antwort, und Paul wusste auch schon einiges, aber eben vielleicht noch nicht alles. »Jedenfalls war ich zu jung für die ganze Scheiße. Hat man sich jetzt in dem Alter auch nicht so gewünscht ... eine Mutter, die nicht aus dem Bett kam ... wenn sie denn überhaupt zu Hause war ... und nicht wieder einmal in der Klinik ... Oder einen Vater, der, wenn er denn dann doch einmal da war, stundenlang in der Garage verschwand, wo er an irgendwelchen Autos geschraubt und dabei alles um sich vergessen hat!«

»Alles oder dich? Hat er dich vergessen, Adrian?«

»Ja, verdammt! Mich! Er hat einfach vergessen, dass es mich auch noch gab!«

Paul nickte. »Der vierzehnjährige Adrian von damals hat das, verständlicherweise, bestimmt unglaublich ungerecht gefunden.

Wie, denkst du denn, hat sich diese Ungerechtigkeit für ihn angefühlt ... außer scheiße?«

Adrian grinste kurz. Dann fror seine Miene wieder ein. »Ich konnte einfach nichts dagegen tun!«

»Also hast du dich ausgeliefert gefühlt?«, hakte Paul nach.

Adrian starrte ihn an.

»Oder hilflos?«

»Ja«, sagte Adrian und zum ersten Mal blitzte auch ein Anflug von Hilflosigkeit in ihm auf.

»Und als ich vorhin mit der Karte wortlos verschwand, hat es dich vielleicht daran erinnert, dass dich sowieso immer alle im Stich lassen und niemand auf dich Rücksicht nimmt, weil ...?«

»Sie das alle getan haben!«, schoss Adrian heraus.

»Und auf niemanden Verlass ist«, ergänzte Paul und Adrian verstummte.

»Boah«, fuhr Emma dazwischen. »Jedes Mal, wenn mein Mann das Zimmer verlässt, weil er sich wieder einmal auf keine Diskussion einlässt, fühlt es sich genau danach an.«

Paul nickte und Tom starrte Emma an, als wäre ihm plötzlich auch etwas klar geworden. *Hinterließ er in seiner Frau vielleicht auch jedes Mal ein Gefühl der Verlassenheit, wenn er sich ihren Gefühlen entzog?*

»Vielleicht wartest du nicht erst seit deiner Ehe darauf, dass dir endlich jemand zuhört und dich versteht«, sagte Paul in Emmas Richtung und Adrian wirkte immer noch völlig benommen.

»Jetzt verstehe ich das erst«, stammelte er nach einer Weile. »Dieses verletzte innere Kind kann auch älter sein?«

»Ja«, bestätigte Paul. »Damals mit vierzehn war es anscheinend besonders schwer für dich. Und weißt du was, Adrian?« Paul sah ihn vielsagend an. »Du kannst erst dann heilen, wenn du aufhörst, so zu tun, als wärst du nicht verletzt.« Paul blickte weiter zu uns allen. »Immer dann, wenn euch heute etwas emotional besonders aufwühlt oder mitnimmt, könnt ihr euch fragen: ›Wann ist mir das früher schon einmal passiert und wie alt war ich damals? Wenn ich mich zurückerinnere: Was war die hilfloseste, wütendste, ängstlichste, verlorenste oder traurigste Version von mir?‹ Und dann habt ihr euer inneres Kind, das im dunklen Schatten sitzt und gefühlt schon eine Ewigkeit darauf wartet, dass ihm endlich jemand zuhört.« Er machte eine Pause. »Ihr seid dann wieder beim ewigen Warten angelangt und das hat noch nie jemanden weitergebracht. Aber auch darauf werde ich morgen noch genauer eingehen«, ergänzte Paul, und diesmal horchten alle auf.

Plötzlich wurde mir eines klar: Das alles war gewollt. Paul hatte das alles tatsächlich inszeniert. Er hatte Cleo und Luise die Arme in die Luft strecken lassen, um ihnen zu zeigen, wie anstrengend es war, sich an die Hoffnung zu klammern. Er hatte Adrian die Speisekarte weggenommen, um ihm zu zeigen, wie lange er schon hungrig war und wie hilflos sich das anfühlte, wenn einem jemand die Hoffnung wegnahm, es könnte besser oder der Hunger je gestillt werden. Er wusste, dass auch Emma und Tom sich darin wiedererkennen würden und er uns damit alle zum Nachdenken brachte. Das alles war eben wieder einmal typisch für Paul. Er machte keine halben Sachen, wenn er uns auf ganzer Linie Dinge vor Augen, aber mehr noch direkt ins Herz führte, damit wir dort fühlen konnten, was wir noch lernen durften.

»Ich denke, für heute haben wir genug besprochen. Ich schlage vor, das, was auf den restlichen beiden Karten steht, hören wir uns dann morgen auf dem Boot an«, sagte Paul schließlich. »Adrian, schnapp dir doch noch ein paar Grissini von drinnen, und morgen geht es dann für uns alle raus aufs Meer. Da möchte ich euch wie gesagt ein paar Dinge zeigen, die uns allen auf die eine oder andere Art hilfreich sein könnten.«

»Ich würde aber gerne noch vorlesen, was auf der Karte steht, die ich gezogen habe«, sagte Charly, überzeugt, dass jetzt dafür genau der richtige Zeitpunkt wäre. »Ich denke, es passt wirklich gut zu allem, was wir heute gehört haben, und vielleicht ist es noch wichtig, das zu hören.«

Paul nickte ihr zustimmend zu und Charly klappte ihre Karte auf, blickte zuerst Adrian an, danach zu Rebecca und dann wieder zu uns allen. *»Ich bin bei Weitem nicht so stark, wie alle glauben«*, las sie langsam vor. Dann verstummte sie für einen Moment. »Ach, Leute ... keiner muss das sein«, sagte sie noch und in ihren Augen breitete sich eine verständnisvolle Wärme aus.

Ich schluckte. Es passte wirklich gut. Auch wenn es nicht von Adrian stammen konnte, weil Cleo seine Karte gezogen und bereits vorgelesen hatte, hätte es auch von ihm stammen können.

Oder von mir. Denn ich hatte es geschrieben.

Unsere wahre Stärke
zeigt sich in dem Moment,
in dem wir auch
unsere Schwäche
zulassen.

Du kannst
erst *heilen*,
wenn
du aufhörst
so zu tun,
als wärst du
nicht
verletzt.

AUF MESSERS SCHNEIDE SPAZIERT

Wir trafen uns alle am nächsten Morgen wie vereinbart um 7:30 Uhr in der offenen Lobby, in der sich das Sonnenlicht von Osten direkt vor uns auf den Boden warf, als wäre es bereit für den bevorstehenden Tag. Zu dem Zeitpunkt ahnte noch niemand, wie dunkel es für ein paar von uns noch werden würde. Aber vermutlich hätten wir das auch gar nicht wissen wollen. Ich stellte mir gleichzeitig aber auch die Frage: *Selbst wenn wir immer wüssten, wann es dunkel in uns wird – wären wir jemals bereit dafür?*

Paul hatte uns am Vorabend noch erzählt, dass Francesca, die Besitzerin des Hotels, uns am nächsten Morgen zu ihrem Boot fahren würde, das sie uns für den Tag leihen wollte. Sie wartete bereits vor einem kleinen blitzblauen Minivan auf uns, der schon aufgrund seiner Farbe fröhlicher aussah als wir alle zusammen. Bis auf Francesca und Paul trug der Rest von uns dunkle Sonnenbrillen, obwohl die Sonne auch draußen vor dem Kleinbus noch verhältnismäßig schwach auf uns hinabblinzelte. *Schwach* schien für diesen Morgen mein ganz persönliches Stichwort zu sein. Jedenfalls fühlte ich mich so, und die anderen der Gruppe wirkten auch nicht gerade fitter. Adrian sah aus, als hätte ihn der blitzblaue Bus bereits dreimal überfahren, und Charly war anscheinend schon übel, bevor sie noch eingestiegen war. Die Gespräche über unsere Schatten schienen am gestrigen Abend bei uns allen Spuren hinterlassen zu haben – und das nicht nur in Form von dunklen Augenringen, die wir hinter unseren schwarzen Sonnenbrillen zu verstecken versuchten – sie hatten es sich offenbar auch tief in unserem Inneren gemütlich gemacht, wo sie sich trotzdem schlecht verbergen ließen. Insgesamt erinnerte mich die Schattenarbeit an ein paar offene Baustellen, die nachts besonders großen Lärm machten, uns den wohlverdienten Schlaf raubten und sich die Bauarbeiter am nächsten Morgen wieder viel zu gut gelaunt an die Arbeit machten, obwohl der Rest von einem noch nicht wusste, welches Lid man zuerst auffordern sollte, jetzt nur ja nicht zu kippen.

»Danke, Paul«, sagte Adrian, als wir in den Bus einstiegen, und diesmal sah Paul fragend drein. »Für gefühlte vier Minuten Schlaf«, klärte Adrian ihn auf und warf ihm einen bösen Blick zu. »Ich habe kein Auge zugetan letzte Nacht.« Er sprach das aus, was wir anscheinend alle fühlten.

»Das tut mir leid. Überrascht es dich denn?«, fragte Paul. Im Gegensatz zu uns anderen wirkte er topfit.

»Eigentlich nicht«, antwortete Adrian. »Aber wenn du so fragst, überrascht mich kaum noch etwas.«

»Dabei ist Schlaf so wichtig«, sagte Paul und spazierte gelassen auf Messers Schneide. Ich bewunderte Paul dafür, wie er die Stimmung zwar zu lesen vermochte, aber sie trotzdem immer gekonnt ignorierte, wenn er es gerade für notwendig befand.

»Da sagst du was«, antwortete Adrian und seine Miene verdunkelte sich noch ein ganzes Stück mehr, als er sich gleich in die erste Reihe des Busses in seinen Sitz fallen ließ. Charly verdrehte die Augen und setze sich dann so vorsichtig neben ihn, als hätte sie Angst vor dem Sitz – oder der Fahrt. Paul nahm gleich in der danebenliegenden Sitzreihe Platz. »Wenn noch jemandem leicht schlecht wird«, sagte er etwas lauter in den Bus, »dann setzt euch doch so wie Charly in eine der vorderen Reihen. Es ist wichtig, auf euren Körper zu hören.«

»Ich würde mir wünschen, dass das auch umgekehrt funktioniert und mein Körper auch mal auf *mich* hört«, motzte Adrian und ich wusste immer noch nicht, was mit ihm los war. Charly schnappte sich in der Zwischenzeit eine Tüte aus dem Netz in der Halterung vor ihr und starrte hinein, als meditierte sie mit ihr. Daran änderte sich auch für den Rest der Fahrt nichts, aber es schien ihr zumindest zu helfen, denn nach der letzten Serpentine hob sie wieder ihren Kopf und wirkte sichtlich erleichtert.

»Bist du sicher, dass du die Bootsfahrt schaffen wirst?«, fragte Adrian. »Wie viele Tüten sollen wir mitnehmen?«, scherzte er noch hinterher – aber Charly war offenbar nicht zum Grinsen zumute. Ihr Gesichtsausdruck blieb starr. »Konzentrier dich bitte auf dich und deine Probleme, Adrian«, sagte sie genervt.

Normalerweise war es Charly immer recht, wenn sie etwas mehr Aufmerksamkeit als sonst bekam. Aber auf dieser Reise hielt sie sich bisher schon die ganze Zeit über verdächtig im Hintergrund. Ich fragte mich, was wohl der Grund dafür war und ob Adrian irgendetwas wusste.

»Francesca war so nett und hat uns Frühstück und kalte Getränke eingepackt«, sagte Paul, als wir unten am Hafen angekommen waren, und hob eine große Tasche in die Luft. Zu seinen Füßen stand noch eine Kühltasche.

»Was ist mit Kaffee? Ohne den werde ich nicht wach«, grummelte Rebecca und zog ihre Sonnenbrille etwa zwei Zentimeter an ihrem Nasenrücken hinunter. »Offiziell schlafe ich also noch.«

»Ist an Bord«, beruhigte sie Paul. Rebecca nickte erleichtert und schob ihre Sonnenbrille gleich wieder zurück, bevor wir alle mit unseren Hotelbadetaschen ausstiegen, in die wir ein paar Handtücher, Badehosen, Bikinis und Sonnencreme gepackt hatten. Wenig später standen wir dann wie ein Haufen Pauschaltouristen vor dem schwankenden Hängezugang einer wunderschönen Segelyacht, die viel größer und mondäner aussah, als ich sie mir vorgestellt hatte.

»Herzliche willkommene und buon viaggio auf der Francesca«, sagte ihre gleichnamige Besitzerin, die uns noch bis zum Boot begleitet hatte und nun stolz auf ihre Segelyacht deutete, die in edlem Teakholz und elegantem Dunkelblau vor uns lag und sich in ihrer ganzen Schönheit präsentierte. »Ihr wisste Bescheid mit alle Dinge, die ihr braucht, und falls es gibte Fragen, konnt ihr mich jederzeit ...« Francesca hielt ihren Daumen und den kleinen Finger wie ein Telefon an ihr Ohr. »Aber nicht zu weite hinaus auf die Mare segeln, konnte gefährlich sein ... also torna bene – kommte wieder gut zurück.«

»Beruhigend ... sollten wir etwa nicht zurückkommen?«, flüsterte mir Charly zu.

»Doch«, sagte ich und grinste. »Nur wahrscheinlich stolpern wir dann nicht mehr über unsere eigenen Schatten – also fühlen wir uns dann insgesamt ein wenig freier.«

Charly lachte laut und ich freute mich, dass ich sie nach langer Zeit wieder einmal lachen sah. Adrian ging selbstverständlich als Erster voraus und erkundete das gesamte Deck, inklusive Masten, Segel und Steuer, neben dem sich jede Menge Knöpfe befanden, die er neugierig inspizierte. *Knöpfe drücken – damit kennt sich Adrian aus*, dachte ich noch, als Charly uns alle mit schreckensgeweiteten Augen ansah. »Wir wollen doch nicht ernsthaft Adrian das Steuer überlassen«, sagte sie leise.

»Habe ich gehört!«, rief Adrian vom Steuer zu uns nach vorn. »Ich will euch noch einmal daran erinnern, dass hier zwei Menschen den Segelschein haben!«

»Und du bist keiner davon!«, rief ihm Charly zu und Rebecca streckte ihr wortlos die Packung mit den Tabletten gegen Seekrankheit entgegen. Charly winkte aber ab. »Und überhaupt, Adrian, du weißt genau, was ich meine, setz dich lieber hin«, rief sie in Adrians Richtung. Die beiden wirkten wie ein altes Ehepaar.

»Könntest du bitte nicht so tun, als würde ich heute noch abkratzen«, maulte Adrian und blieb, wo er war. »Und ja, ich weiß, was du meinst, Charly, aber bevor du hier alle weiter beunruhigst, das schaffe ich schon noch.«

Jetzt war ich tatsächlich beunruhigt. Was meinte Charly damit?

»Tom und mich gibt es ja auch noch«, beruhigte uns nun Paul, der sich nicht weiter zu sorgen schien. »Wer macht die Leinen los?« Cleo, Luise und ich kümmerten uns gleich darum und zogen die Bojen ein, während Emma und Rebecca heißen Kaffee in der Kajüte aufbrühten und eine frisch gefüllte Thermoskanne, bruchsichere Tassen und Milch und Zucker für uns an Deck brachten. Paul und Tom gesellten sich indessen zu Adrian ans Steuer, und kurz darauf liefen wir auch schon aus dem Hafen aus. Noch tuckerten wir mit dem kleinen Motor gemächlich dahin. Segeln schien tatsächlich einfach zu sein, wenn man gar keine Segel dafür brauchte, dachte ich noch, als wir an all den Booten vorbeifuhren, die mit ihren sicheren Leinen und den schützenden Bojen gesittet in Reih und Glied im Hafen lagen. Ich fragte mich, ob es im Leben vielleicht auch so war. Hatten wir es uns womöglich schon so bequem in unserem eigenen Hafen gemacht, dass wir vergaßen, immer wieder hinaus aufs offene Meer zu segeln, um herauszufinden, was es noch zu entdecken gab?

Kurz nachdem wir die Ausfahrt durch die Öffnung der breiten Steinmauern des Hafens verlassen hatten und schon ein ganzes Stück aufs offene Meer hinausgefahren waren, blickte Cleo plötzlich von den Wellen weiter zu den Männern nach vorne: »Wohin wollen wir denn überhaupt?«

»Ja, das ist eine sehr gute Frage«, antwortete Paul und blickte zu uns nach vorne. Selbst Adrian und Tom neben ihm sahen überrascht aus. »Wohin wollt ihr denn?«, fragte Paul.

»Wie, wohin wollen wir? Ich dachte, du wüsstest das«, meinte Cleo fast schon vorwurfsvoll, aber auch etwas besorgt.

»Na, raus aufs Meer«, antwortete Rebecca stattdessen. »Entspannt euch hier doch mal und genießt es einfach!«

»Eine schöne Einstellung«, meinte Paul. »Das können wir gerne machen. Aber wäre das dann nicht etwas ungenau? Weil, theoretisch sind wir das ja bereits.«

»Auf dem offenen Meer, meinst du?«, fragte Rebecca und blickte über die Reling. »Ja, ist doch schön hier.«

»Na ja«, mischte sich Charly ein. »Einen Plan brauchen wir schon, sonst fahren wir ja ewig hinaus und wie kommen wir dann wieder zurück?«

»Denkst du jetzt schon wieder ans Zurückkommen, Charly? Wir sind doch gerade erst losgefahren!« Rebecca lachte und schüttelte den Kopf. Ihre dunklen Locken wehten ihr dabei direkt ins Gesicht.

»Was haben wir denn für Möglichkeiten?«, fragte Tom strukturiert und analytisch, wie es sich für einen Arzt gehörte.

»Oh, sehr viele. Um nicht zu sagen: unzählige«, antwortete Paul. »Aber bleiben wir doch mal bei Rebeccas Vorschlag. Wenn wir einfach nur raus aufs Meer wollen: Wie weit hinaus wollen wir dann? Denn streng genommen sind wir da ja schon. Wir haben den Hafen verlassen und da sind wir nun: draußen auf dem Meer. Wie geht es jetzt weiter? Wollen wir weiter? Wie weit ist weit?«

Das waren viele Fragen.

»Wisst ihr denn, wo ihr hinwollt?«, ließ Paul nicht locker. »Und was wollt ihr erleben?« Er wurde konkreter.

»Ich dachte, du hast einen Plan!«, sagte Luise enttäuscht.

»Ja, aber habt ihr keinen?«, fragte Paul zurück.

Hatten wir nicht. Wir hatten uns auf Pauls Plan verlassen. Der sah uns allerdings nur auffordernd an und löste offensichtlich in manchen von uns Druck aus.

»Wollt ihr segeln, auf dem offenen Meer bleiben, in eine Bucht fahren, schwimmen, tauchen, schnorcheln, etwas erkunden, in der Sonne liegen oder in den Schatten? Was wollt ihr?«, half er uns auf die Sprünge. Paul machte uns jede Menge Vorschläge, aber irgendwie wurde es auch nervig. Keine Ahnung: Ja, was wollten wir? Ich war wohl nicht die Einzige, die sich keine Gedanken darüber gemacht hatte und offensichtlich absolut keine Idee hatte, was sie wollte.

»Ich weiß doch nicht mal, was ich in der Früh anziehen soll«, sagte Luise gequält. »Geschweige denn, was ich mit meinem Leben anstellen soll ... Ich weiß nicht, welche Ausbildung ich machen soll, welchen Job ich möchte, ob ich Familie will ... oder überhaupt jemals imstande sein werde, eine ordentliche Beziehung zu führen, die länger als drei Jahre hält ... Ich weiß gar nichts! Also fragt am besten nicht mich! Wäre ich gut in so etwas, würde mein Leben vermutlich deutlich besser verlaufen und ich könnte euch genau sagen, wohin wir mit dem Scheißboot fahren sollen!«

»Ist es denn gleich ein Scheißboot?«, fragte Paul und Luise schien sich zu schämen, was bestimmt nicht Pauls Absicht war.

»Aber hey! Ich weiß zumindest, was ich *nicht* will!«, scherzte nun Emma. »Also das denke ich jedenfalls ...«, sagte sie dann nachdenklich. »Okay, wenn ich so darüber nachdenke, weiß ich anscheinend nicht mal das!«

Paul sagte erst einmal gar nichts zu all dem und begutachtete stattdessen den Kompass. Danach drückte er ein paar Knöpfe und nickte den beiden anderen Männern zu. Er ließ Tom und Adrian allein am Steuer, ging dann nach vorne und stieg wortlos hinunter in die Kajüte, wo er für ein paar Minuten verschwand. Wir sahen uns alle fragend an, schienen aber auch irgendwie erleichtert, dass Paul keine lästigen Fragen mehr stellte, auf die wir ohnehin keine Antwort hatten. Wir gingen vielmehr davon aus, dass er vielleicht doch einen Plan hatte. Auch deshalb, weil Paul immer einen Plan hatte.

Kurz darauf streckte er seinen Kopf aus der Kajüte. »Frühstück?«, fragte er.

Da war er. Pauls Plan. Ein sehr guter, wie ich fand.

»Das ist eine hervorragende Idee!« Auch Adrian war begeistert. Die vielen Entscheidungen, die wir noch gar nicht getroffen hatten, hatten uns anscheinend alle hungrig gemacht. Paul verschwand daraufhin wieder für ein paar Minuten und kam dann mit einer der beiden großen Taschen, die er uns im Bus gezeigt hatte, und ein paar Tellern in der Hand zu uns an Deck.

»Du darfst als Erster aussuchen«, sagte Paul in Adrians Richtung und machte eine Handbewegung, mit der er andeutete, dass er und Tom sich ebenfalls zu uns setzen sollten. Ich sah zum Meer hinaus. Außer uns waren sonst keine anderen Schiffe zu sehen. Anscheinend hatte Paul zuvor bereits den Kurs eingestellt. Einem entspannten Frühstück schien also nichts im Weg zu stehen. Er stellte die Teller auf dem Tisch ab, setzte sich lächelnd zu uns und sah wie ein Magier in seine große Tasche, die neben ihm am Boden stand. Wir warteten alle gespannt, was Paul daraus hervorzaubern würde, während Tom und Adrian sich nun ebenfalls zu uns gesellten. Adrian starrte Paul an. Aber Paul starrte weiterhin in die riesige Tasche. »Gefällt mir! Nur her damit«, forderte Adrian ihn auf, weiterzumachen, und schnappte sich schon mal einen Teller.

»Okay«, antwortete Paul nach einer Weile und streckte seinen Kopf in unsere Richtung, blickte dann aber gleich wieder in seine Tasche. »Was haben wir denn da …« Seine Hand versank im Inneren der Tragtasche. »Einmal Piadina-Fladen mit Feta gefüllt«, fing er an aufzuzählen und hielt Adrian das Teil auf einer Serviette in seiner linken Hand direkt vor die Nase. »Oder Bruschetta mit grünem Pesto und Pinienkernen.« Paul deutete mit seinem Kinn auf eine große Bruschetta, die auf einer weiteren Serviette in seiner rechten Hand lag.

»Das ist einfach!«, sagte Adrian und schnappte sich den Fladen aus Pauls linker Hand. »Diese anderen Dinger sind mir eindeutig zu grün!« Paul legte die andere Serviette auf dem Tisch ab. Mir lief das Wasser im Mund zusammen.

Inzwischen biss Adrian bereits genüsslich in seinen Fladen. »Herrlich«, stieß er begeistert aus und bemerkte erst danach, dass wir anderen noch gar nichts hatten. Es schien ihn aber nicht aufzuhalten.

»Alsooo«, sagte Paul daraufhin und fing gleich darauf an, weiter auszupacken. »Was haben wir da noch alles ...« Er griff wieder in seine Tasche – aber dieses Mal noch vorsichtiger als beim ersten Mal. »Hier ist einmal frisches italienisches Olivenbrot mit Rosmarin und Prosciutto«, sagte er konzentriert. »Dann haben wir da noch Focaccia mit Tomaten, Oliven und Mozzarella gefüllt ... und Taralli mit Fenchel.« Er legte sie nacheinander auf den Tisch, machte eine kurze Pause und beobachtete, wie sehr wir uns freuten, bevor er fortfuhr. »Außerdem gibt es eine köstliche Sfogliatella gefüllt mit Ricotta-Orangencreme – eine frittierte Spezialität aus Neapel«, erklärte er weiter und holte sie vorsichtig aus der Tasche. »Dann gibt es da noch süße Cannoli mit Pistaziencremefüllung ... Flauti mit Nougatcreme ... und diese hier, wartet, wie heißen die noch gleich ... ach ja, Struffoli: Das sind frittierte italienische Teigbällchen in Honig gerollt ...« Es war bemerkenswert, was er alles aus seiner Tasche zog. »Hier haben wir dann noch mehr frittierte Teigkugeln, die sich Zepolle nennen, Bomboloni mit Vanille und italienisches Mandelgebäck; Biscotti di Mandorle, Amarettini, Cantuccini ... und natürlich noch die Bruschetta mit grünem Pesto, die Adrian nicht wollte«, sagte Paul und zeigte auf den Tisch. Er hatte alle Köstlichkeiten vor uns ausgebreitet und sah uns voller Freude an. »Wie ihr seht, habe ich von Francesca eine kleine Einführung in italienische Spezialitäten bekommen. Sie war so nett und hat sie mir aus der Küche für euch mitgegeben.«

»Das ist gemein – ich wusste nicht, dass es auch noch was anderes gibt!«, regte sich Adrian nun auf. »Dann hätte ich wahrscheinlich das mit der Nougatcreme genommen!«

»Die Flauti?«, fragte Emma und lachte. »Die habe ich schon aufgrund des Namens sehr passend gefunden.«

»Das heißt, wir dürfen uns von allem nehmen?«, interessierte sich Rebecca und wollte gerade zugreifen.

»Im Prinzip ja. Aber ...«, setzte Paul an.

»Na klar gibt es ein Aber«, lachte Rebecca und zog ihre Hand wieder zurück.

»Ihr könnt aus allen Speisen hier am Tisch wählen, aber ihr müsst euch für eine davon entscheiden.«

Enttäuschte Gesichter machten sich breit. Und das, obwohl eine riesige Auswahl vor uns lag.

Fällt es uns
immer schwerer,
uns zu entscheiden,
je größer
die Auswahl ist?

QUAL FATAL

»Wie soll man sich denn da bitte entscheiden?«, fragte Luise gequält.

»Du *musst* dich gar nicht entscheiden«, antwortete Paul. »Aber falls du es anders betrachten möchtest, *darfst* du dich entscheiden. Ihr dürft euch alle entscheiden«, warf er einen neuen Perspektivenwechsel ein.

»Nur ich nicht, weil ich ja nicht wusste, dass es noch mehr gibt«, nörgelte Adrian mit vollem Mund – schien seine Piadina aber sehr zu genießen.

»Adrian, bitte, als würdest du mit vollem Mund verhungern«, meckerte Charly und ließ dabei ihren Blick über die italienischen Köstlichkeiten am Tisch schweifen. Es wirkte, als stünde sie unter Zeitdruck.

»Ja, das sagst du *jetzt*!«, protestierte Adrian. »Bis dir andere das wegschnappen, was du immer haben wolltest!«

»Die Geschichte meines Lebens …«, murmelte Luise.

»Oder ihr wartet zu lange, weil ihr euch nicht entscheiden könnt, und geht dann völlig leer aus«, scherzte Rebecca und schnappte sich eines der süßen Cannoli mit Pistazienfüllung.

»Ich hätte noch eine Variante«, stimmte Emma mit ein. »Vielleicht entscheiden wir uns ja doch, haben aber später das Gefühl, die falsche Wahl getroffen zu haben. Und da hocken wir dann, unglücklich über unsere Entscheidung, und verhungern innerlich.« Sie wirkte in sich gekehrt – überlegte dann kurz und nahm sich anschließend ein kleines Stück von einem ganzen Haufen Taralli und legte es auf ihren großen Teller. Dort starrte sie es an, als hätte sie Angst davor.

»Dann gibt es noch die Bescheidenen, die zwar wüssten, was sie wollen, aber glauben, sie müssten sich genügsam zurücknehmen, weil sie nur dann von anderen geliebt werden«, erklärte Paul, ohne jemanden dabei anzusehen. »Oder die Anspruchslosen«, holte er gleich weiter aus. »Die immer anderen den Vortritt lassen, weil sie tief drinnen denken, dass ihnen nichts Besseres zusteht, und die sich mit viel zu wenig begnügen.« Er sah langsam durch die Runde. »Und dann haben wir noch die Abwartenden – die beobachten, was andere tun, weil sie jeglichen Konflikten aus dem Weg gehen wollen, sich aber immer wieder emotional völlig distanzieren, weil es ihnen auf kurz oder lang zu anstrengend wird, ständig darauf zu achten, wie der nächste Schritt der anderen aussehen könnte. Ihre Bedürfnisse bleiben bei dem ganzen Erwartungsdruck, den sie von außen verspüren, aber nur deshalb auf der Strecke, weil sie nie klar sagen, was sie wirklich wollen.« Er machte eine eindrucksvolle Pause und der Rest von uns starrte nun völlig überfordert auf die Auswahl am Tisch. Irgendwie hatte Paul den Druck nun noch mehr erhöht und der Hunger schien uns allen vergangen zu sein.

»Luise, was möchtest du denn?«, fragte Paul und sah vom Tisch weiter in ihre grünen Augen.

»Ich weiß es doch nicht!«, stieß sie aus, als ginge es um Leben und Tod.

»Erinnerst du dich noch, als du anfangs gefragt hast, ob eine große Auswahl immer eine gute Idee wäre, und ich meinte, dass ich darauf später noch eingehen möchte?«

Luise nickte.

»Diese große Auswahl, die ihr hier auf dem Tisch seht, und was ihr dabei empfindet, ist ein gutes Beispiel für ein weit verbreitetes

Phänomen unserer heutigen Zeit.« Er sah durch die Runde. »Ich zähle uns hier zu den Privilegierten dieser Erde, die zwar einerseits in großem Überfluss leben, andererseits aber auch enormen Druck dabei empfinden, eine Entscheidung zu treffen.«

»Aber es ist doch auch nicht leicht!«, rechtfertigte sich Luise.

»Nein, das ist es wirklich nicht«, antwortete Paul milde und sein Verständnis klang sanft in seiner Stimme nach. »Dieser enorme Überfluss, bei dem sich die Tische vor dem riesigen Angebot förmlich biegen, erzeugt so viel Druck in uns, dass wir dann manchmal förmlich innerlich verhungern, weil wir gar nicht mehr wissen, wie wir uns entscheiden sollen. Am Ende entscheiden wir uns dann vielleicht gar nicht, oder wenn wir es doch tun, kann es sein, dass wir einen inneren Kampf mit uns führen, ob wir bei dem großen Angebot nicht vielleicht doch die falsche Wahl getroffen haben.«

»Ich muss sagen, das kenne ich gut«, sagte Tom. »Ich muss beruflich so viele Entscheidungen treffen, dass ich privat manchmal vor einem Regal mit fünfzig verschiedenen Deo-Sorten im Drogeriemarkt stehe und wieder gehe, weil ich mich nicht entscheiden kann.«

»Ja, so geht es ganz vielen Menschen. Dieses Überangebot sieht auf den ersten Blick wie ein großer Vorteil aus. Tatsächlich kann es uns aber völlig überfordern. Und das ist nicht nur bei Deodorants so, sondern auch bei wichtigeren Entscheidungen, wie die Wahl eines Menschen an unserer Seite. Das fängt mit den unzähligen Möglichkeiten an, die wir beim Daten online präsentiert bekommen; oder auch, wenn wir uns *in* Beziehungen die Frage stellen, ob wir bleiben oder gehen sollen, und ständig scheinbar perfekte Beziehungen anderer Menschen gezeigt bekommen. Das Gleiche gilt für die Wahl der Ausbildung und welchen Job wir machen wollen, aber auch weniger wichtige Entscheidungen wie, was wir zu Abend essen wollen oder wohin es als Nächstes in den Urlaub gehen soll. Ob es sich um eine kleine Entscheidung handelt oder um etwas, das maßgeblichen Einfluss auf unsere Leben hat: Dieses Überangebot kann uns tatsächlich völlig lähmen.«

»Ja!«, stimmte Rebecca zu. »Vielleicht liegt es aber auch daran, dass wir uns nicht alles im Leben einfach nach links, rechts, oben oder unten wischen können – obwohl uns das unsere Apps immer vorgaukeln!«

»Ja, das ist tatsächlich so, und genau dieser Illusion ist unser Gehirn ständig ausgesetzt und kann deshalb auch nie wirklich zur Ruhe kommen. Durch die Flut potenzieller Möglichkeiten leben wir in der ständigen Angst, etwas zu verpassen oder die falsche Entscheidung zu treffen – oder sie vielleicht auch bereits getroffen zu haben – und dass noch etwas Besseres auf uns warten könnte. Wenn wir wissen, dass sich gleich mehrere Menschen für etwas interessieren, denken wir, wir müssten schnell zugreifen – sonst würden wir unser Glück verpassen, entscheiden dann aber womöglich sehr unüberlegt oder suchen immer weiter. Paradoxerweise stehen wir immer wieder vor dieser riesigen Auswahl und wissen oft noch viel weniger, was wir wollen. Dann greifen wir gleich beim Erstbesten zu, weil wir denken, dass sonst gar nichts mehr für uns übrig bleibt, oder sind völlig gelähmt und entscheiden uns gar nicht.« Uns blieb allen der Mund offen stehen und selbst Adrian hörte auf zu kauen. Was Paul hier sagte, stand für so viele Entscheidungen, die wir in unserem Leben zu treffen hatten und uns oft gar nicht darüber bewusst waren, warum es uns so schwerfiel oder so großen Druck in uns auslöste.

»Es gibt so etwas wie ein Paradoxon der großen Auswahl«, sprach Paul weiter. »Studien belegen: Je größer die Auswahl, desto schwerer fällt es uns, uns zu entscheiden und letztlich auch zufrieden mit unserer Entscheidung zu sein und sie später nicht zu bereuen. Ihr erinnert euch: Ich habe Adrian zwei Dinge angeboten und er hat sich rasch entschieden. Bei der riesigen Auswahl danach ist es euch schon um einiges schwerer gefallen. Als Adrian bemerkt hat, dass er auch noch andere Möglichkeiten gehabt hätte, hat sich eine gewisse Frustration in ihm eingestellt. Er ist unsicher geworden, ob er die richtige Wahl getroffen hat. Wenn ihr euch in so einer Schleife bewegt, dann könnt ihr nur verlieren. Denn so könnt ihr niemals zufrieden oder gar glücklich sein. Es kann regelrecht zur Sucht werden, danach Ausschau zu halten, was es noch Besseres gegeben hätte oder geben könnte. Es ist eine Endlosschleife mit schlechtem Ausgang.«

»Heißt das dann runtergebrochen: Je mehr Auswahl wir haben, desto unglücklicher sind wir?«, fragte Charly nachdenklich. »Und wenn neue Chancen hinzukommen, setzt uns das eigentlich nur unter Druck und wir denken, das alles gar nicht verdient zu haben?« Sie sagte es in sich gekehrt, als würde sie von sich sprechen. *Wofür musste sich Charly entscheiden?*

»Ich würde es eher so formulieren: Wenn wir ein gewisses Mangelbewusstsein in uns tragen, hilft uns eine große Auswahl nicht weiter – ganz im Gegenteil: Sie verstärkt den Mangel sogar noch. Unbewusst gehen wir vielleicht davon aus, es gar nicht verdient zu haben, und manche trauen sich dann gar nicht, zuzugreifen.« Paul blickte weiter zu Luise und Emma. »Aber auch umgekehrt: Vielleicht nehmen wir alles, was man uns anbietet, und wenn wir merken, dass es uns doch nicht bekommt und wir uns vielleicht viel zu schnell aus einem Mangel heraus entschieden haben, ignorieren wir jedes Gefühl in uns, weil wir Angst haben, wir müssten uns noch einmal dieser enormen Konkurrenz stellen, die eine solche Auswahl mit sich bringt. Das Risiko, wir würden am Ende übrigbleiben, erscheint uns zu hoch. Vielleicht denken wir auch, dass wir froh sein können, überhaupt etwas bekommen zu haben. Und selbst wenn wir schon Bauchschmerzen verspüren und die Auswahl, die wir vorher hastig aus dem Mangel heraus getroffen haben, sich ganz und gar nicht gut anfühlt, bleiben wir womöglich trotzdem bei unserer Wahl. Vielleicht denken wir, es stünde uns nichts anderes zu oder alles, was danach käme, könnte noch viel schlechter sein, und trauen uns deshalb nicht, loszulassen.«

Paul sah Luise an. »Stell dir vor, du schnappst dir ein Flauti mit Nougatcreme, beißt hinein und bemerkst, es schmeckt dir eigentlich überhaupt nicht. Nach einer Weile bekommst du Bauchschmerzen, es treibt dir den Schweiß auf die Stirn und dein ganzer Körper rebelliert und zeigt dir, dass dir diese Nougatcreme gar nicht bekommt. Was tust du?«

»Gibt es jemanden, dem Nougatcreme nicht bekommt?«, lachte Rebecca, aber Luise überlegte bereits. »Ich vertrage keine Nüsse, also wäre das gar nicht so abwegig«, sagte sie. »Und, ich weiß nicht«, sprach sie weiter. »Wenn ich Bauchschmerzen hätte, würde ich wahrscheinlich aufhören zu essen?«

»Ja, aber machst du es? Hörst du auf?«, fragte Paul und Luise verstand nicht, was er meinte – schließlich hatte sie noch gar nicht zugegriffen. »Bei dem Typen, von dem du erzählt hast«, erklärte Paul. »Dem du immer wieder schreibst, obwohl er dir nicht antwortet und du dich dann schlecht fühlst. Hörst du auf?«

Luises Augen weiteten sich. Es schien sich plötzlich Klarheit in ihr auszubreiten und Paul sprach gleich weiter. »Oder denkst du dir: Jetzt ist er schon mal hier und ich habe schon so viel Zeit investiert, da kann ich doch jetzt nicht aufgeben! Nicht wegen dieser dummen Bauchschmerzen, die zwar richtig wehtun, aber die ich ohnehin schon mein Leben lang gewöhnt bin. Vielleicht stillt er ja wenigstens ein bisschen meinen Hunger. Auch wenn es sich schlecht anfühlt ... Das muss an mir liegen. Diese Bauchschmerzen gehören schließlich auch irgendwie dazu und es ist zumindest besser als nichts!«

»Ja! Mit diesem Nichts hast du mich«, sagte Luise leise. »Nichts! Das ist gefühlt alles, was ich habe.« In ihren Augen mischte sich nun auch Traurigkeit hinzu. »Und weil ich nichts habe, klammere ich mich an jede kleinste Kleinigkeit ... auch wenn ich noch so große Bauchschmerzen habe, und ich weiß, dass es noch mehr wehtun wird ... obwohl es schon längst wehtut!« Sie blickte aufs Meer hinaus. »Ständig warte ich darauf, dass ich wenigstens ein bisschen etwas bekomme ... *irgendetwas*!« Sie sah wieder zu uns. »Weil es ETWAS ist! Und weil ETWAS mehr als NICHTS ist! Versteht ihr? Deshalb warte ich ständig, ob ich nicht doch noch etwas bekomme!« Ihre Augen füllten sich mit Tränen. »Das ist doch traurig ... Ich bin traurig! Es tut so scheiße weh.« Sie holte tief Luft. »Und einsam ... einsam bin ich auch. Aber ich weiß nicht, wie ich da rauskommen soll. Aus dieser Isolation! Wie ich das hier loslasse ... alles loslasse; auch die Einsamkeit ... oder den Wunsch, es nicht mehr zu sein.« Luise blickte Paul durchdringend an. »Und was ist, wenn ich loslasse? Kommt überhaupt jemand nach? Ich glaube nicht daran! Aber irgendwie ist es doch auch egal, weil, was ich noch viel schlimmer fände, wäre, wieder jemanden kennenlernen zu müssen. Wieder von vorn zu beginnen. Wieder hinzufallen und mir das Herz aufzuschlagen. Wieder das alles! Vielleicht fällt es mir nur deshalb so schwer, loszulassen! Vielleicht will ich daran festhalten, weil es besser ist als NICHTS. Dieses beschissene NICHTS, das mich nur noch mehr an meine Einsamkeit erinnert.« Sie sah zu Emma. »Weil sich meine Wünsche nicht erfüllt haben, ich keine Familie habe, alleine bin, sich niemand für mich interessiert und dieser eine Typ es nicht mal schafft, mir eine verdammte Nachricht zu schicken ... oder überhaupt: mich zu wollen! Warum will er mich nicht?! Warum will mich keiner?!« Ihre Stimme stolperte und sie versuchte sich zu fassen. »Niemand will mich«, sagte sie dann matt. »Und auch er wieder nicht und wisst ihr, was? Wahrscheinlich will ich diesen Typen gar nicht, weil ich doch eigentlich jemand ganz anderen will. Aber weil er nun mal da ist, denke ich,

ich will ihn. Ich muss ihn wollen. Weil es sonst niemanden für mich gibt.«

»Und wen willst du? Wie ist so jemand?«

Luise sah Paul abwesend an. »Ich weiß nicht …«, sagte sie und dachte angestrengt nach. »Wahrscheinlich jemanden, der sagt: ›Hey, du musst keine Angst haben, Luise. Ich will das mit uns. Ich schreibe dir, weil ich weiß, dass es dir wichtig ist.‹« Sie überlegte weiter und wirkte, als würde sie in eine andere Welt eintauchen. »Jemand, der sagt: ›Ich will dich. Nicht nur, wenn du bist, wie ich dich haben möchte. Ich liebe dich auch an schlechten Tagen – dann, wenn du es gerade selbst nicht kannst. Ich gehe nirgendwohin. Ich bin da. Ich bleibe. Aber nicht nur, wenn es mir passt. Immer! Und ja, wir werden nicht immer gleicher Meinung sein, aber es ändert nichts daran. Wir werden diskutieren, vielleicht auch streiten, aber zwischen uns – da wird es gut sein. Hörst du?! Du bist sicher, Luise. Du musst dir nicht ständig Sorgen machen. Du musst mich nicht überzeugen, dass ich dich lieben kann! Denn ich liebe dich bereits und daran ändert sich nichts.‹« Luise sah hinaus zu den Wellen. Es hörte sich wie ein Versprechen an, das sie dem Meer verraten hatte. Danach sah sie wieder zu Paul. »Wie ist so jemand?«, sagte sie und es machte sich wieder Verzweiflung in ihr breit. »Wo ist so jemand? Und warum nie bei mir?!« Luise liefen nun dicke Tränen über die Wangen.

»Genau das, was du beschrieben hast«, sagte Emma leise, »das will ich auch.«

Müssen wir erst erkennen,
dass wir mehr verdient haben,
damit wir aufhören, uns mit
zu wenig zufrieden zu geben?

MANGEL AN DER ANGEL

»Aber meistens ist doch gerade das besonders spannend, was wir *nicht* haben können«, sagte Charly. »Ich kenne das noch von Konstantin. Je weniger von ihm kam, desto mehr wollte ich ihn und desto härter habe ich um ihn gekämpft.«

»Das gilt auch für Jobs und alles, was man plötzlich nicht mehr haben kann«, murmelte Adrian.

Paul nahm ein Gebäck vom Tisch und hob es weit in die Luft, als hielte er eine Trophäe in der Hand. Danach sah er Luise an. »Diese Sfogliatella mit Ricotta-Orangencreme ist eine ganz seltene italienische Spezialität«, erklärte er. »Francesca meinte, dass sich alle darum reißen werden.« Er hielt es Luise direkt unter die Nase. »Hier, probier mal ein Stück«.

»Ich?«, fragte Luise verunsichert.

»Ja, du«, antwortete Paul und nickte ihr aufmunternd zu.

Luise sah uns verlegen an. Sie schien sich gar nicht sicher zu sein. »Streng genommen vertrage ich eigentlich auch keine Zitrusfrüchte«, murmelte sie verhalten, griff aber schließlich doch zu und nahm einen kleinen Bissen von dem Gebäck. An den Seiten quoll die Cremefüllung in dicken Wellen heraus. Es sah köstlich aus.

»Und, wie schmeckt es dir?«, fragte Paul und alle Blicke waren auf Luise gerichtet. Der ganze Tisch schien plötzlich diese

Sfogliatella haben oder zumindest einmal davon probieren zu wollen. Luise nickte ein paarmal. Vielleicht wollte sie nicht mit offenem Mund sprechen oder sie war sich immer noch nicht sicher.

»Gut«, sagte Paul und nahm ihr die Süßigkeit mitsamt der Serviette wieder weg. Luise sah ihn verdutzt an. Paul hatte sie ihr einfach aus der Hand gezogen, und da saß sie nun: mit etwas Zucker um die Mundwinkel, aber völlig leeren Händen und wusste nicht, was sie sagen sollte.

»Schade, ich weiß«, meinte Paul. »Jetzt hättest du bestimmt gern noch mehr davon?« So gemein kannte ich Paul gar nicht. Es passte überhaupt nicht zu ihm. »Wenn ihr merkt, dass jemand oder etwas sehr beliebt, nie ganz oder nicht mehr verfügbar ist, ist die Wahrscheinlichkeit hoch, dass ihr es unbedingt haben wollt«, sprach er weiter. »Ihr haltet es dann für etwas ganz Besonderes. Nicht nur du, Luise – ich wette auch einige andere am Tisch wollten plötzlich davon probieren und haben sich geärgert, nicht eher zugegriffen zu haben.« Ich musste grinsen, da einige Blicke am Tisch Bände sprachen. Vor allem Adrian schien es gar nicht zu mögen, nicht der Erste gewesen zu sein oder erst gar nicht die Wahl gehabt zu haben. »Auch hier steckt ein gewisses Mangeldenken dahinter«, erklärte Paul weiter. »Und es wird durch das Gesetz der Verknappung noch verstärkt. Denn wer sagt, dass es nicht noch andere Sfogliatelle unten in der Kajüte gibt? Oder ihr eigentlich etwas ganz anderes wollt?« Er blickte wieder zu Luise. »Wenn ihr etwas nicht haben könnt oder ihr immer nur ein kleines Stück davon bekommt, dann wird der Wunsch danach aber umso größer. Besonders dann, wenn ihr ohnehin schon ein ganzes Leben lang das Gefühl hattet, zu kurz gekommen zu sein.« Er sah zu Adrian und danach wieder zu Luise und Emma. »Tatsächlich gibt es aber immer einen Grund, warum euch jemand so wenig anbietet. In der Werbeindustrie steckt dahinter eine Manipulationstaktik, die eine gewisse Begierde schafft, die ich anderen Menschen gar nicht unterstellen möchte. Zumindest geschieht sie meist nicht mit Absicht. Oft liegt es daran, dass diese Menschen gar nicht *bereit* sind, mehr zu geben, und euch daher auch nicht mehr geben *können*, weil sie ebenfalls von einem inneren Mangel angetrieben sind, der ihnen mit großer Wahrscheinlichkeit gar nicht bewusst ist. Es ist aber auch nicht eure Aufgabe, ihnen das bewusst zu machen, denn das kann jeder nur für sich selbst herausfinden. Die Tatsache, dass es zu wenig ist, solltet ihr aber sehr ernst nehmen. Sonst kann es förmlich zu eurer Droge und damit zu einer Sucht werden, mit dem Ball der großen Hoffnung in den Armen und dem bereits bekannten Schmerz im Bauch vor einem ewigen Wunschtraum zu sitzen und zu wissen, dass er sich nicht erfüllen wird – ihn aber vielleicht gerade deshalb noch mehr zu wollen.« Er sah nun zu uns allen. »Ihr habt es wahrscheinlich bereits erraten: Das ist natürlich nicht nur bei italienischem Gebäck der Fall. Immer wenn sich eine Möglichkeit vor euch verschließt oder eine gewisse Verknappung stattfindet und ihr das Gefühl habt, etwas oder jemanden nicht haben zu können, kann es sein, dass euer Interesse plötzlich besonders steigt. Ihr denkt dann, den Kampf, den ihr früher nicht gewonnen habt, dieses Mal endlich gewinnen zu können. Und auch hier ist es wieder euer Unbewusstes, das euch antreibt.« Paul blickte wieder zu Emma und Luise. »Sich für nicht verfügbare Menschen zu interessieren, bedeutet ein sicheres Spiel zu spielen.«

»Wie bitte?«, stieß Luise aus und riss die Augen weit auf. »Das ist doch das Gegenteil von sicher?! Er hat mir schon wieder nicht geantwortet, obwohl ich ihm geschrieben habe! Was soll denn daran bitte sicher sein?!«

»Die Frage ist vielmehr: Warum hast du ihm schon wieder geschrieben?«, wollte Paul wissen.

»Weil ich ihm erklären wollte, wie es mir damit geht, wenn er immer wieder abtaucht.«

»Und wie lange erklärst du ihm das schon?«

Luise senkte den Kopf. »Ja, okay, vielleicht schon einige Male.« Paul nickte. »Kann es sein, dass dieser Wunsch, dich zu erklären und endlich verstanden zu werden, vielleicht auch schon länger zurückliegt?«, fragte er und Luise und Emma hingen beide an seinen Lippen. »Was denkst du? Hat dein Vater dich denn verstanden? Hat er reagiert und dir geantwortet, wenn du ihm versucht hast zu erklären, wie es dir geht?« Luise schossen wieder die Tränen in die Augen. »Und hättest du dir damals vielleicht auch mehr Verständnis gewünscht und kämpfst heute immer noch darum?« Sie schluckte und nur wenig später zerplatzten dicke Tropfen auf ihren Knien.

»Du bewegst dich auf sicherem Terrain. Das alles kennst du bereits. Würdest du jemanden daten, der wirklich verfügbar wäre, müsstest du dich mit deinem Schmerz auseinandersetzen und dich deiner Einsamkeit von damals stellen. Nicht verfügbare Menschen zu daten kann eine sehr gute Ablenkung von dieser tiefen inneren Einsamkeit sein, und sie verhindert, dass du diese Einsamkeit tatsächlich spüren musst. In deinem Fall ist die Zurückweisung vorhersehbar. Sie liegt gewissermaßen auf der Hand und damit auch in deiner Kontrolle. Aber stell dir vor, wie gefährlich es wäre, dich auf jemanden einzulassen, der all das ist, was du vorher beschrieben hast. Und dann würde dich dieser Mensch verlassen.« Er sah Luise durchdringend an. »Der Schmerz der Zurückweisung wäre noch viel, viel größer. Dieser alte Schmerz, von deinem Vater verlassen worden zu sein, ist so groß, dass du alles tust, um ihn zu vermeiden, und deshalb spielst du lieber ein sicheres Spiel mit kalkulierbarem Schmerz.«

»Aber mein Vater hat mich doch gar nicht verlassen«, stammelte Luise.

»War er denn da, als du ihn gebraucht hast?«, fragte Paul und sah ihr tief in die Augen. Anschließend drehte er sich zu Adrian. »Oder hat er dich im Stich gelassen?« Adrian schluckte und Paul wandte sich wieder Luise zu. »Sich auf Menschen einzulassen, die ohnehin nicht bereit sind, beschützt euch vor einem noch viel größeren Schmerz, dem ihr euch nicht stellen wollt. Und jemand, der sich nie einlässt, hat einen Vorteil: Er kann euch nicht verlassen.«

Luise hörte plötzlich auf zu weinen und schwieg. Die Klarheit schien sie wie ein Windstoß vom Meer erfasst und etwas in ihrer Seele wachgerüttelt zu haben.

»Beim Daten – aber auch bei anderen Entscheidungen, wie der Wahl eurer Ausbildung, eines Jobs, eines neuen Wohnorts oder welche Veränderung gerade ansteht – entscheiden sich viele Menschen häufig für das geringste Übel. Sie wählen das Angebot, das gerade da ist und ihnen nicht ganz so schlimm erscheint, wie das, was sie bisher erlebt haben. Das hat aber nichts mit einer weisen Wahl oder einer wohlüberlegten Entscheidung zu tun. Wenn ihr euch für etwas entscheidet, nur weil es euch am wenigsten furchtbar erscheint, könnt ihr davon ausgehen, dass ihr euch auch selbst furchtbar findet – sonst würdet ihr euch etwas anderes zutrauen. Und genau daran solltet ihr arbeiten, dann fangt ihr auch an, bessere Entscheidungen zu treffen.«

»Und wie weiß ich, ob ich gerade eine richtige Entscheidung treffe?«, fragte Rebecca. »Manchmal habe ich das Gefühl, dass ich keine Ahnung mehr habe, ob ich mich auf mein Bauchgefühl verlassen kann, wenn es mir zu etwas rät, oder ob es doch nur wieder ein altes Muster ist, das ich wiederhole.«

»Eine sehr gute Frage«, antwortete Paul. »Ich empfehle euch, eine Liste zu machen und all die Dinge aufzuschreiben, die euch für eure Wahl wichtig sind. Fühlt in euch hinein, was euch bisher geschadet hat und ihr nicht mehr wollt, und entscheidet euch ab nun klar und konsequent dagegen. Dann überlegt, was ihr wirklich braucht und in Zukunft die bessere Alterative sein könnte. Brecht das Angebot dann anhand dieser Kriterien herunter und reduziert es auf zwei, maximal drei Optionen und versucht in euch hineinzuhören, was sich am besten anfühlt. Wenn es zu dem Zeitpunkt nur eine Möglichkeit gibt, seid ehrlich zu euch, ob sie wirklich dem entspricht, was ihr wollt. Und dann: Entscheidet euch. Solltet ihr euch für etwas oder jemanden entscheiden, ist es wichtig, dass ihr euch ganz auf eure Wahl einlasst und sie ausprobiert. Seht sie als Chance. Aber nicht als die einzige auf dieser Welt. Denn das ist sie nicht. Wenn ihr jemanden kennenlernt, dann spürt in euch hinein, wie es sich anfühlt, Zeit mit diesem Menschen zu verbringen. Es kann sein, dass ihr gut über einen Menschen *denkt*, aber euch schlecht mit diesem Menschen *fühlt*. Das Gleiche gilt für Ausbildungen, Jobs, Hobbys und sämtliche anderen Erfahrungen. Probiert, wie sich eure Wahl anfühlt und was sie mit euren Gedanken und eurem Körper macht. Gestattet euch, Erfahrungen zu sammeln, aber auch, neue Entscheidungen zu treffen. Fühlt es sich nicht richtig an, dann ist es ein guter Indikator, dass es vermutlich auch nicht richtig ist. Fühlt es sich allerdings nur ungewohnt an, weil euer ganzes System diese neue Realität nicht gewöhnt ist und ihr euch deshalb ängstlich fühlt – dann stellt euch der Angst. Denn es kann auch sein, dass euer Nervensystem ein Leben lang Stress und Drama gewohnt war und Sicherheit euch ein unangenehmes Gefühl gibt, weil ihr Sicherheit bisher noch nie erleben durftet.«

»Genau so ging es mir anfangs mit Philipp! Ich dachte, nur weil die Aufregung und der Kick fehlen, ist es nicht richtig mit ihm.«

»Und dann bist du draufgekommen, dass alles in dir auf Kampf programmiert war und du diesen Kampf mit Liebe verwechselt hast«, antwortete Paul. »Was du aber eigentlich gebraucht hast, war Sicherheit – und daran musstest du dich erst gewöhnen. Irgendwann hast du wahrscheinlich erkannt, dass es gar nicht langweilig mit ihm war, sondern sicher. Darauf muss man sich aber erst einlassen.« Charly nickte zustimmend und Paul blickte weiter zu Luise.

»Wenn du denkst, ein Problem zu haben, dann hast du auch eines. Und damit meine ich, dass es völlig normal ist, ein Problem damit zu haben, wenn jemand ständig abtaucht, sich nicht meldet, keine Verbindlichkeit eingehen will und sich immer alles offenlässt. Statt dich zu fragen, was *er* braucht, und du dich weiterhin für ihn verdrehst, damit er dich endlich liebt, wäre es viel wichtiger, dich zu fragen: Was brauche *ich*?« Er machte eine Pause. »Und weißt du, was?«

Luise sah Paul fragend an.

»Das weißt du bereits. Du hast es vorher bis ins kleinste Detail beschrieben. Du fühlst dich in Beziehungen eher ängstlich und unsicher – und das ist aufgrund deiner Geschichte auch vollkommen verständlich. Daher brauchst du jemanden, der dir Sicherheit gibt und Verständnis für deine Angst hat. Und weißt du, was du am allermeisten brauchst?«

Luise sah ihn immer noch fragend an.

»Dass du dieses Verständnis auch für dich selbst hast. Erinnere dich, wie du es vorher beschrieben hast: *Hey, du musst keine Angst haben, Luise. Ich will das mit uns. Ich will dich. Nicht nur, wenn du bist, wie ich dich haben möchte. Sondern immer. Ich liebe dich auch an schlechten Tagen – dann, wenn du es selbst gerade nicht kannst ... Ich gehe nirgendwohin. Ich bin da und ich bleibe.* Er sah ihr tief in die Augen. »All diese Dinge, die du gesagt hast, haben dir einen wesentlichen Hinweis gegeben.« Er hielt kurz inne. »Du denkst, es ist dein Wunsch, dass dieser Typ dir das alles sagt. Und ja, so jemanden gibt es und es wird nicht der sein, der sich nicht bei dir meldet. Denn wäre er es, würde er sich melden. Was aber wirklich dahintersteckt – und das ist noch viel wichtiger –, ist der tiefe Wunsch der kleinen Luise in dir, dass du immer für sie da bist, sie nie verlässt und ihr genau diese Dinge sagst und auch einhältst.« Er blickte zu uns allen. »Deshalb rate ich euch: Schreibt auf, was es ist, was ihr euch so dringend von anderen Menschen wünscht, und dann richtet diese Worte an euch selbst und fangt an, euch diese Wünsche zu erfüllen.« Er sah Adrian an. »Das gilt auch für alles, was du dir von deinen ehemaligen Vorgesetzten oder anderen Menschen in deinem Arbeitsumfeld gewünscht hättest.« Paul blickte in die Runde. »Oder auch das, was ihr euch von euren Eltern, Geschwistern, in euren Partnerschaften oder vielleicht sogar von Wildfremden wünscht. Dann nehmt diese Liste und erfüllt eurem inneren Kind diese Wünsche. Der Fünfjährige, die Vierzehnjährige – oder wie alt auch immer ihr damals wart – sehnen sich danach, weil ihre Wünsche damals enttäuscht wurden. Schenkt eurem inneren Kind die Liebe, das Verständnis, die Aufmerksamkeit, die Zuwendung, den Respekt, die Gerechtigkeit und all das, was ihr im Außen sucht und euch so sehr von anderen wünscht. Denn nur so schöpft es wieder Vertrauen in euch und die Welt. Seid dieser Mensch für euch. Dieses verletzte innere Kind ist ein Teil von euch und will gesehen, gehört und verstanden werden.« Er hielt kurz inne. »Wann habt ihr euch das letzte Mal mit Liebe betrachtet, euch zugehört, in euch hineingespürt, was ihr euch wirklich wünscht, tiefes Verständnis für euch gehabt und euch respektiert und deshalb aufgehört, um die Anerkennung und Liebe anderer zu kämpfen? Vielleicht habt ihr euch schon viel zu lange selbst im Stich gelassen. Ihr musstet es damals, weil die Situation es euch nicht erlaubt hat, für euch da zu sein. Ihr musstet euch nach den anderen richten. Aber heute dürft ihr neu entscheiden. Entscheidet euch für euch.«

»Aber ich habe meine Kündigung doch nicht entschieden! Ich hatte überhaupt keine Wahl!«, platzte es aus Adrian heraus.

»Das stimmt, das hattest du nicht. Und was die Entscheidungen anderer Menschen anbelangt, haben wir auch tatsächlich keine Wahl. Es kann zwar sein, dass wir uns selbst unbewusst für etwas oder jemanden entschieden haben, von dem wir tief im Inneren wussten, dass es nicht gut für uns ausgeht. Aber davon einmal abgesehen: Wenn euch jemand vor die Tür setzt, verlässt, verletzt, ungerecht behandelt, nicht respektiert, nicht wertschätzt oder auch sonst nicht gut zu euch ist, mag es deren Schuld sein – aber es ist eure Verantwortung, wieder glücklich zu werden. Es ist euer Leben, für das ihr voll und ganz die Verantwortung tragt, und eure Entscheidung, alles zu tun, um euren Frieden wiederzufinden und neue Entscheidungen zu treffen. Nicht jeder Mensch wird euch die Wahrheit erzählen. Seid trotzdem ehrlich zu euch selbst. Nicht alles im Leben ist gerecht. Sorgt – soweit es in eurer Macht steht – trotzdem für Gerechtigkeit und wählt auch euer Umfeld danach. Nicht alle Menschen, denen ihr eure Liebe schenkt, werden diese Liebe erwidern. Wenn ihr trotzdem daran festhaltet, wäre es, als würdet ihr mit leerer Angel am Schiffsrand sitzen und hoffen, dass ihr satt werdet. Lasst los. Aber hört nicht auf, an die Liebe zu glauben und sie euch selbst zu schenken.« Paul sah uns alle einzeln nacheinander an.

»Lasst nicht andere Menschen über euer Leben bestimmen. Sonst sitzt ihr ein Leben lang da und beschwert euch darüber, wie sie sich entschieden haben, und vergesst, eure eigenen Entscheidungen zu treffen. Sich nicht zu entscheiden, ist auch eine Entscheidung. Das gilt für Menschen, die sich nicht für euch entscheiden – aber auch für euch selbst. Wenn ihr dort bleibt, wo andere sich gegen euch entscheiden, entscheidet ihr euch ebenfalls gegen euch selbst.« Er zeigte nach hinten zum Steuerstand. »Seht ihr das Steuer und den Kompass dort drüben?« Wir nickten. »Es hilft nichts, wenn ihr auf dem offenen Meer treibt und darauf wartet, dass ein anderes Schiff euch rammt und euch in eine Richtung stößt. Ihr müsst selbst wissen, wohin ihr wollt, und euer Steuer danach ausrichten. Und das führt uns zu den zwei wohl wichtigsten Fragen: *Was will ich? Und worauf warte ich eigentlich?*«

Sich nicht
zu *entscheiden*,
ist auch eine
Entscheidung.

OH, EIN HAI

»Es stimmt wirklich«, sagte Charly, schnappte sich eines der Struffoli und betrachtete das Teigbällchen, das sie vor sich auf den Tisch gelegt hatte. »So oft lassen wir andere entscheiden und denken, wir hätten gar keine Wahl.« Ich nahm es zum Anlass, mir ein Biscotto di Mandorle zu nehmen, und Cleo schnappte sich das Bombolono mit Vanille. Nur Tom schüttelte den Kopf, als ihm Paul auffordernd zunickte.

»Aber ist es denn nicht auch so, dass uns das Leben ohnehin irgendwann dazu zwingt, eine Entscheidung zu treffen, wenn *wir* es nicht tun?«, fragte Charly. »Ich denke nur an diesen Kritiker, der nichts anderes zu tun hatte, als ständig über mich als Schauspielerin herzuziehen. Erinnert ihr euch noch? Einige Menschen dachten vielleicht, dass ich wegen ihm eingeknickt bin und deshalb die Schauspielerei vorerst an den Nagel gehängt habe. Aber das stimmt nicht. Es kam irgendwann der Punkt, an dem ich mir dachte: Willst du das wirklich, Charly? Willst du ständig auf irgendeiner Bühne und immer im Mittelpunkt stehen und dabei dem Urteil anderer ausgeliefert sein, die überhaupt keine Ahnung davon haben, wer du wirklich bist, und alles infrage stellen, was du nach außen präsentierst? Möchtest du wirklich für immer diese Zielscheibe sein, denn das bist du, wenn du in der Öffentlichkeit stehst – auch dann, wenn du das gar nicht möchtest.« Sie überlegte. »Ich frage mich im Übrigen immer noch, wie sich jemand überhaupt das Recht herausnimmt, über die Leistung oder generell das Talent eines anderen Menschen zu urteilen. Weil, jetzt mal ehrlich: Könntest du es besser?! Stehst du da oben und gibst alles? Hast du jede Faser deines Seins in das investiert, wofür du brennst – oder gefällt es dir einfach, etwas anderes schlecht zu machen, um dich dann selbst nicht so schlecht zu fühlen, weil du nie den Mut hattest, dir deine eigenen Träume zu erfüllen?!« Sie sah aufs Meer hinaus und dann wieder zu uns. »Solche boshaften Angriffe sind zwar hart, aber sie können einem auch die Augen öffnen und Klarheit verschaffen. Das Leben zwingt einen dann vielleicht, sich die Frage zu stellen, ob man das alles überhaupt noch möchte, was es für einen Sinn im Leben macht und ob es nicht vielleicht auch noch einen anderen gibt.« Sie lächelte. »Das war der Moment, in dem ich beschlossen habe, eine Ausbildung zur Kindergärtnerin zu machen, und ich habe es bisher keine Sekunde bereut. Ganz im Gegenteil: Ich liebe es!«, sagte sie und biss genüsslich in ihr Teigbällchen.

»Weil Kinder *nicht* scheiße sein können und dir ebenfalls Blödsinn um die Ohren werfen werden?«, grollte Adrian mit dem Liebreiz eines Bulldozers. »Kinder sind doch auch nur kleine Menschen und damit von Grund auf schon eine Gefahr.«

»Adrian, bitte! Sie sind zumindest in den meisten Fällen um einiges weniger verdorben als Erwachsene ... Wenn man bei manchen Menschen überhaupt von *Erwachsenen* sprechen kann«, sagte sie und grinste. »Was ich sagen möchte: Ich hätte das alles vielleicht noch ein Leben lang weitergemacht und darauf gewartet, dass ich endlich glücklich bin. Aber dieser zugegebenermaßen äußerst unsympathische Vollidiot hat mich letztendlich indirekt dazu gezwungen, mir die Frage zu stellen, was ich wirklich will. Und vielleicht ist es bei dir jetzt genauso!«

»Oder du hast wegen der vertrottelten Meinung eines Vollidioten das aufgegeben, was du am meisten geliebt hast«, murmelte

Adrian, aber er schien Charly nicht damit zu treffen. Wahrscheinlich hatte seine Aussage mehr mit ihm als mit ihr zu tun.

»Das habe ich nicht«, antwortete sie ganz ruhig. »Ich habe nur begriffen, dass ich nicht meinen Beruf, sondern *mich* am meisten liebe … Und habe mich neu entschieden.«

»Ja, vielleicht warten wir manchmal viel zu lange und unternehmen nichts, auch wenn wir gar nicht mehr glücklich sind«, sagte Emma gedankenversunken. »Wahrscheinlich wollen wir einfach nur diesen doofen Schmerz vermeiden, vor dem wir Angst haben, und lassen deshalb nicht los. Also wisst ihr, was ich meine: Vielleicht vermeiden wir dadurch aber auch unser wahres Glück.«

»Mein wahres Glück ist es also, jetzt zu Hause zu sitzen und Däumchen zu drehen«, bemerkte Adrian sarkastisch.

»Und meines ist es, mit jemandem verheiratet zu sein, der sich vor der Hochzeit völlig danebenbenimmt und nach der Hochzeit verschwindet.« Cleos Schultern fielen ein.

»Das Leben bringt uns immer wieder Turbulenzen und wir können uns ein Leben lang darüber beklagen«, erwiderte Paul. »Oder wir nutzen sie als Chance. Denn so unangenehm diese Turbulenzen auch sind, sie rütteln uns meistens auch wach und zwingen uns, neue Entscheidungen zu treffen und herauszufinden, welche Richtung wir danach einschlagen wollen und was uns wirklich wichtig ist. Andere Menschen können dafür der Auslöser sein oder uns den Anstoß geben, aber im Grunde haben sie wenig damit zu tun. Wie sich andere entscheiden, uns zu betrachten, hat rein gar nichts damit zu tun, wer wir wirklich sind. Es verrät viel mehr über ihre eigenen Schatten, denen sie sich selbst irgendwann stellen können. Was gut und richtig für euch ist, könnt aber nur ihr selbst für euch entscheiden. Wenn ihr Kritik von anderen bekommt, hinterfragt, ob es sich dabei um etwas handelt, das euch weiterbringt, oder ob sie einem versteckten Schatten der anderen

Person entspringt, den sie euch versucht überzustülpen. Inspiration wird niemals mit scharfem Unterton oder Abwertung daherkommen – vielmehr ist es ein Hinweis dafür, dass dieser Mensch sich noch nicht mit seinen eigenen Themen auseinandergesetzt hat. So hart das Urteil anderer manchmal sein kann, ist es auch eine gute Übung, bei euch zu bleiben und euch anzusehen, was es mit eurem eigenen Schatten anstellt.« Paul sah zu Charly hinüber. »Letztendlich hat dir dieser Mensch dazu verholfen, deinen Weg zu finden. Musst du ihn deshalb mögen oder gut finden, was er getan hat? Natürlich nicht. Aber wenn du die Erkenntnis für dich daraus ziehen konntest, dass du in der Vergangenheit viel zu viel Wert darauf gelegt hast, um die Anerkennung anderer zu kämpfen, und damit einen neuen Weg einschlagen konntest, war es ein verstecktes Geschenk. Wirklich angegriffen fühlen wir uns nämlich immer nur dann, wenn wir irgendwo tief in uns selbst eine Unsicherheit tragen, die wir uns genauer ansehen sollten. Denn überleg mal – hätte dieser Kritiker geschrieben, ›Carlottas sieben Hände haben mir überhaupt nicht gefallen‹, hättest du dir vermutlich an den Kopf gegriffen, aber es wäre dir vollkommen klar gewesen, dass du keine sieben Hände hast und du wüsstest, dass es sich dabei um eine unangebrachte Aussage und völligen Unsinn handelt. Vielleicht hättest du dich gewundert, wie jemand auf eine derart absurde Idee kommen konnte, aber du hättest bestimmt nicht an dir gezweifelt, weil es offensichtlich nicht der Wahrheit entspricht. Höchstwahrscheinlich hättest du die Sache dann relativ rasch abgehakt und sie hätte dich nicht weiter tangiert.« Er sah zu uns allen. »Übrigens auch ein gutes Beispiel dafür, dass es nie angebracht ist, den Körper oder das Aussehen eines anderen Menschen zu kommentieren.«

»So wahr«, stimmte Rebecca zu. »Unser Körper geht doch überhaupt niemanden etwas an, außer uns selbst! Warum denken manche

Menschen eigentlich, sich das Recht herausnehmen zu können, eine Meinung darüber zu haben! Hätte ich einen Euro für jedes Mal bekommen, bei dem mein Aussehen Thema für andere war, könnte ich einen hübschen Urlaub auf den Malediven buchen. Wenn ich gerne wüsste, wie du meine Brüste oder meinen Hintern findest, sag ich Bescheid. Sonst lass es, bitte. Danke!«

»So ist es. Das ist eine Grenzüberschreitung, die niemandem zusteht«, stimmte ihr Paul zu und blickte dann wieder zu Charly. »Wenn wir also wieder zu deinem Kritiker von damals zurückkommen, dann ist seine Beurteilung aus einer subjektiven Wahrnehmung heraus entstanden, die er in eine allgemeine Wahrheit verpackt hat – was schon deshalb nicht stimmen kann, weil eine subjektive Meinung nie eine Allgemeingültigkeit haben kann. Dass dich seine Kritik so hart getroffen hat und wir generell manchmal dazu neigen, die negativen Äußerungen anderer Menschen stärker zu gewichten als die positiven, gibt Aufschluss über die Härte deines eigenen inneren Kritikers. Ich erinnere mich noch gut, dass wir damals viel darüber gesprochen haben und du festgestellt hast, dass du deinen Beruf vielleicht gerade deshalb gewählt hast, *damit* dir die Welt deinen Wert spiegelt, den du zum damaligen Zeitpunkt noch nicht sehen konntest. Du hast dann aber für dich erkannt, dass es unmöglich ist, von allen gemocht oder für gut befunden zu werden.« Er wandte sich uns allen zu. »Es wird immer Menschen geben, die euch oder das, was ihr tut, nicht mögen werden. Die Gründe sind dabei gar nicht wichtig, weil sie bei den Menschen liegen, die über euch urteilen. Wenn wir uns aber davon abhängig machen, von allen gemocht zu werden, stehen wir auf verlorenem Posten. Es sollte vielmehr eine Erinnerung daran sein, dass etwas in euch der negativen Wahrnehmung mehr Glauben schenkt als all dem Positiven, das in euch steckt und das ihr euch dann wieder bewusst machen könnt.«

»Aber was, wenn es einfach nur ungerecht ist?! Ich kenne doch das Positive! Ich habe einen richtig guten Job gemacht und wurde trotzdem gefeuert!«, hielt Adrian entgegen.

»*Richtig gut* gibt es objektiv gar nicht. Das ist immer Ansichtssache«, erwiderte Paul knapp und Adrian sah ihn böse an. »Die Beurteilung, ob etwas *richtig* und *gut* oder auch *richtig gut* ist, wird immer subjektiv bleiben«, erklärte Paul ganz ruhig weiter. »Wenn du die Konzernrichtlinien aus eigenen ethischen Überzeugungen hinterfragt und nicht befolgt hast, ist das für dich richtig und gut. Für den Konzern ist es falsch und schlecht, und nur weil sie dich daraufhin entlassen haben, war dein Handeln nicht weniger richtig und auch nicht weniger gut. Es bedeutet vielmehr, dass du nun die Chance hast, in Zukunft eine Aufgabe zu wählen, hinter der du wirklich stehen kannst, und du am Ende vielleicht draufkommst, dass du zu viel Energie darauf aufgewendet hast, dir und anderen deinen Wert durch deine Leistung zu beweisen. Statt jetzt ewig böse auf die Welt zu sein, dass dir das passiert ist, und darauf zu warten, was das Leben dir als Nächstes anbietet, liegt es in deiner Hand, dich neu zu entscheiden und das zu tun, was du wirklich willst und sich richtig anfühlt – ohne, dass dich weiterhin ein Schatten antreibt, der um die Anerkennung anderer buhlt.«

»Ich habe nicht gebuhlt, ich bin ja nicht dumm und auch kein Opfer!«, protestierte Adrian.

»Das hat nichts mit Dummheit zu tun. Wir alle tappen immer wieder einmal in die Falle und halten uns zu lange damit auf, was wir für ungerecht halten, statt unsere Situation und unser Umfeld zu ändern. Genau das entlässt uns dann aus der jeweiligen Opferrolle, weil wir wieder die Kontrolle übernehmen, statt uns weiterhin ungerecht behandelt und ohnmächtig zu fühlen.«

»*Entlässt,* soso ... na, entlassen haben sie mich, das stimmt!«, hüstelte Adrian weiter.

»Schaut mal, ein Delfin!«, rief Cleo plötzlich ganz aufgeregt und fuchtelte wild mit den Armen in der Luft, als wollte sie dem Delfin zuwinken. Aus dem Augenwinkel sah ich seine Flosse aus dem Meer ragen, die gleich darauf wieder im Wasser versank.

»Wahrscheinlich ein Hai, den du nur wieder für einen Delfin hältst«, sagte Adrian. »Vielleicht willst du ihn ja heiraten!«

Diesmal warf Cleo ihm den bösen Blick zu.

»Na, ist doch wahr! Ihr haltet alle immer für so unglaublich süß! Dann wollt ihr sie streicheln, bis sie euch den ganzen Arm abbeißen und wundert euch, warum es dann wehtut. Glaubt mir, so süß sind diese ganzen Lebewesen auf der Welt gar nicht. Weder die auf zwei Beinen noch die da draußen im Meer!«

»Adrian! Musst du immer vom Schlimmsten ausgehen?«, sagte Charly verärgert und hielt sich gleich darauf die flache Hand gegen den Mund, als wäre ihr wieder übel. »Immerhin haben wir alle unsere Badesachen eingepackt, damit wir später ins Meer gehen können – also mach uns doch nicht solche Angst!«, stammelte sie hinter vorgehaltener Hand.

»Weil dann weniger passiert, wenn du keine Angst hast? Glaubst du, der Hai denkt sich daraufhin: Ah, die liebe Charly hat Angst, also lasse ich sie besser in Ruhe? Das funktioniert doch auch sonst nicht. Ich kann dir sagen, das Leben ist ein einziges Haifischbecken. Und es *ist* angsteinflößend!«

»Passieren denn bessere Dinge, wenn du Angst hast und mit dem Schlimmsten rechnest?«, fragte Paul und die Flosse bewegte sich im nächsten Moment wieder wie ein Halbmond aus dem Wasser.

»Es ist übrigens ein Delfin«, stellte Paul fest und Charly atmete erleichtert auf.

»Siehst du!«, trällerte sie in Adrians Richtung und freute sich sichtlich. »Also doch süß! ... Aber das verstehst du wieder nicht, weil du die ganze Welt für böse hältst.«

»Es wäre schon sehr ungewöhnlich gewesen, hier in dieser Gegend auf einen Hai zu stoßen«, sagte Paul mit beruhigender Stimme. »Nicht unmöglich, aber doch sehr unwahrscheinlich. Davon abgesehen, ist es kein sonderlich hilfreicher Zugang, jedes Tier, das euch im Wasser begegnet, für eine lebensbedrohliche Gefahr zu halten. Etwas anderes wäre es natürlich, wenn wir uns mitten in der *Shark Alley* – einem Jagdrevier für Haie vor der Küste von Gaansbai in Südafrika – befänden, wo die Tiere extra mit Fischblut angelockt werden. Sich in solchen Gefilden ins Wasser zu schwingen und zu erwarten, dass nichts passiert, wäre tatsächlich sehr gefährlich.« Er sah in Adrians Richtung. »Vielleicht hast du dich in dem Unternehmen, von dem du erzählt hast, in so einer *Shark Alley* befunden. Die Frage ist, was dich dazu bewogen hat, dich dort hinzubegeben, und ob es nicht eine gute Sache ist, dass du dich jetzt wieder von dort wegbewegst. Denn auch wenn du das eigentlich gar nicht wolltest, könnte es dir letztendlich sogar das Leben retten oder zumindest von erheblichem Vorteil sein.«

Adrian blieb stumm und Paul fuhr gleich fort. »Was allerdings nicht funktionieren würde, ist, mit Haien in Delfinsprache zu kommunizieren und zu erwarten, dass sie euch verstehen oder ihr sie davon überzeugen könnt, dass ihr Verhalten ungerecht war.« Er blickte Adrian tief in die Augen. »Du kannst deinen ehemaligen Konzernvorgesetzten noch so lange erklären, dass ihre Entscheidung nicht richtig war. Sie werden es nicht verstehen. Und wenn doch, war es trotzdem das, was sie wollten.« Paul blickte weiter zu Luise. »Was allerdings auch nicht hilfreich wäre, ist, euch jeden Hai als Delfin schönzureden und mit ihm spielen zu wollen, obwohl sein Naturell dem eines Jägers entspricht. Ihr wundert euch hinterher dann, warum euch ein Arm fehlt, obwohl ihr doch nur gute Absichten hattet. Die hatte der Hai aber auch, denn genau das ist sein Naturell.« Luise musste grinsen. »Manche Haie werden euch sogar weismachen wollen, dass sie Delfine sind, weil es ihnen gewisse Vorteile bringt«, sprach Paul weiter. »Oder ihr verdrängt die Tatsache, dass es sich um Haie handelt, obwohl ihr tief drinnen genau wisst, dass sie gefährlich für euch sind, ihr aber an das Gute in ihnen glauben oder – noch gefährlicher – einen davon auf magische Weise in einen Delfin verwandeln wollt.«

Luise lachte. »Ja, das habe ich oft versucht, und so wirklich gut funktioniert hat es nicht!«

Paul nickte. »Du kannst ihm also noch so viele Nachrichten schreiben, in denen du ihm erklärst, was ein Delfin machen würde und warum es völlig verkehrt ist, sich wie ein Hai zu verhalten. Er wird es nicht verstehen – und er wird dich auch dann nicht verstehen, wenn du es ihm immer und immer wieder erklärst.« Paul wandte sich wieder Adrian zu. »Es bedeutet aber auch nicht, dass nur, weil du in der Vergangenheit eine schlechte Erfahrung mit Haien gemacht hast, sich ausschließlich Haie da draußen im Meer tummeln und überall Gefahr lauert. Wenn du davon ausgehst, verwechselst du am Ende alle Delfine mit Haien und verpasst damit die schönen Momente, die dir die Delfine geschenkt hätten. Immer das Schlimmste zu erwarten, beschützt euch nicht davor, auch wenn das die Intention dahinter ist.« Er blickte Adrian noch einmal tief in die Augen. »Zweckpessimismus ist eine Schutzstrategie, die du dir wahrscheinlich über die Jahre angeeignet hast, um dich davor zu bewahren, erneut verletzt zu werden. Vielleicht ist aber dein eigentliches Problem, dass du nicht aufhörst, nach einem Problem zu suchen. Du hast am eigenen Leib erfahren, dass du Schlechtes damit nicht verhindern kannst. Wenn du immer vom Schlechtesten ausgehst, siehst du möglicherweise auch da Probleme, wo gar keine sind, es aber eigentlich gut werden könnte.«

Das

Schlimmste

zu erwarten,

BESCHÜTZT

dich *nicht*

davor.

ENDLICH WIEDER NORMAL SCHEISSE

»Ja, klar, warten wir nur alle darauf, dass es gut wird. Klappt bestimmt!«, sagte Adrian sarkastisch.

»Von Warten hat niemand gesprochen. Aber statt dich noch länger darauf zu konzentrieren, wie schrecklich es ist – verrate uns doch mal lieber: Was willst du?«

»Ich kann euch verraten, was ich will«, stieß Adrian aus und seine Pupillen zogen sich zu kleinen Stecknadelköpfen zusammen. »Ich will, dass es endlich wieder normal scheiße wird!«

Wir mussten alle lachen. Auch wenn Adrian es wahrscheinlich ernst gemeint hatte.

»Das würde also bedeuten, dass wir statt die Segel zu hissen und uns dahin zu bewegen, wo wir eigentlich hinwollen, lieber weiterhin an mehr oder weniger derselben Stelle auf dem offenen Meer treiben sollen und uns wundern, warum wir nicht vorankommen«, blieb Paul völlig ernst. »Denn das ist genau das, was du erwartest: nichts anderes, als du bisher in deinem Leben erlebt hast.«

»Und nicht mal auf den Delfin haben wir uns konzentriert und jetzt ist er auch schon wieder weg!«, seufzte Luise enttäuscht.

Tom zog wieder eine seiner buschigen Augenbrauen nach oben. »Kurze Zwischenfrage«, sagte er plötzlich, und mir fiel jetzt erst auf, dass er sich die meiste Zeit über eher still verhalten hatte.

»Was ist eigentlich, wenn *ich* der Hai bin?« Er sah Paul dabei direkt in die Augen. »Denn ich befürchte das, wenn ich ganz ehrlich bin.«

»Na, dann hast du Glück gehabt, weil du andere killst und nicht sie dich«, antwortete Adrian stattdessen.

»Spitze, Adrian!«, schüttelte Charly wild den Kopf. »Das würde bedeuten, dass Haie es besser machen ...« Sie drehte sich zu uns. »Ich weiß ja nicht, wie es euch geht – aber mir sind Delfine wesentlich sympathischer ... Also nichts gegen Haie ... aber ich muss jetzt nicht unbedingt mit ihnen spielen, wenn ihr versteht, was ich meine.«

»Ich wollte das anscheinend«, sagte Adrian. »Aber jetzt mal ehrlich: Haie sind eben einfach die Stärkeren!«, warf er ein. »Und bei uns Menschen ist das doch nicht anders. In der heutigen Zeit zählst du einfach zu den Gewinnern, wenn du ein Hai bist. Die Guten kommen doch nirgendwo hin. Ganz im Gegenteil: Wenn sie etwas am System verändern wollen, wird ihnen der Schädel abgerissen und sie werden schlicht und einfach eliminiert.« Er drehte sich zu Tom. »Also gratuliere zum Hai-Status! Die haben es definitiv leichter im Leben!«

»Und warum hältst du dich für einen Hai?«, fragte Paul in Toms Richtung.

»Na ja ... würdet ihr meine Frau fragen, dann würde sie euch das wahrscheinlich bestätigen. Jedenfalls würde sie dasselbe wie Emma sagen. Ich bin eben ein Einzelgänger, der gern irgendwo in den Tiefen des dunklen Meeres dahingleitet und meistens gar keine Lust hat, im Rudel zu schwimmen.«

»Wie wahr«, stammelte Emma und es war nicht klar, ob sie damit Haie an sich meinte oder ihren Ehemann.

»Die meisten Menschen sind mir jedenfalls am liebsten, wenn sie bei mir auf dem OP-Tisch liegen und sich still verhalten«, sagte Tom und grinste.

»Ich muss euch enttäuschen«, erwiderte Adrian. »Aber eure Theorie, dass Haie Einzelgänger sind, entspricht gar nicht der Wahrheit«, klärte er die beiden auf. »Ich habe letztens erst einen Artikel gelesen, dass Haie sehr wohl Beziehungen zu anderen Haien aufbauen und sie auch aufrechterhalten. Und wenn man sich diese Konzernhaie ansieht, dann kann ich das nur bestätigen, denn sie treten auch in ganzen Schwärmen auf und tun sich bei der Jagd zusammen.«

»Wie auch immer«, sprach Tom weiter. »Jedenfalls sind Haie auch dafür bekannt, dass sie ihre Umgebung erst einmal ganz genau scannen und abwarten ... bevor sie ...« Tom stockte.

»Bevor sie was?«, fragte Paul nach.

»Angreifen und zubeißen. Wisst ihr, ich möchte das eigentlich vermeiden. Ich will nicht zum Angriff ausholen. Aber es läuft wirklich schon sehr lange nicht gut und ich weiß, dass ich irgendwann einfach zuschnappen und weg sein werde.«

»Und warum, denkst du, ist das so?«

»Na, weil es früher oder später so kommen wird! Die Alternative ist, dazubleiben und die Füße stillzuhalten. Denn wenn ich mich trenne, weiß ich, wie viele Menschen ich dadurch verletzen würde, und das wollte ich bisher vermeiden.«

»Und du denkst, dass du so niemanden verletzt?«, fragte Paul.

»Wie meinst du das?«

»Du meinst, indem du abwartest, verschonst du jemanden?« Er machte eine Pause. »Zu warten und sich anderen oder der Situation zu entziehen, ist für andere ein Zeichen, dass du nicht weißt, was du willst, oder dich nicht traust, es dir einzugestehen. Das ist nicht nur für dich, sondern auch für andere sehr belastend, die sich deiner Unentschlossenheit ausgeliefert fühlen, weil sie spüren, dass du dir nicht sicher bist. Da wären wir wieder bei *normal scheiße*, wie es Adrian nennen würde. Aber das kann ja nicht das Ziel sein.«

»Aber wäre es dann nicht auch ihre Aufgabe, sich dagegen zu entscheiden?«, wollte Rebecca wissen. »Eben gegen jemanden, der nie Konflikte eingeht, sich aber sonst völlig distanziert?«

»Ein guter Punkt«, bestätigte Paul. »Hier treffen aber meist zwei Menschen aufeinander, die an alten Mustern festhalten, und beide wollen keine Entscheidung treffen. Eine Person beklagt sich dann ständig und fordert ein, zieht aber nie Konsequenzen, und ihr Gegenüber hält hin und entzieht sich emotional völlig. So eine Dynamik der ständigen Kritik und des Rückzugs kann sich über Jahre ziehen. Die meisten Menschen fordern lieber eine Entscheidung von anderen, als selbst eine zu treffen. Das macht sie dann aber auch zu Wartenden. Und so warten alle darauf, dass sich etwas ändert, und was, denkt ihr, ändert sich?« Paul machte eine kurze Pause: »Genau: nichts.« Danach sah er wieder zu Tom. »Warten hilft dir überhaupt nicht dabei, die richtige Entscheidung zu treffen. Ganz im Gegenteil: Es kommt zu keiner. Es ist einfach zu denken, dass sich alles von selbst löst und du dann weißt, was zu tun ist, oder du damit niemanden verletzt. Aber meist ist es genau umgekehrt: Durch Warten gaslightet ihr andere, aber auch euch selbst, und entfernt euch von einer Lösung. Doch in allererster Linie entfernt ihr euch von euch selbst.« Paul blickte wieder in die Runde. »Wenn ihr wartet, zweifelt ihr an euch. Ihr redet euch aus eurer Verantwortung und Intuition. Euer Warten entwickelt eine Diskrepanz zwischen dem Teil in euch, der entscheiden will, und dem, der ständig auf den Pausenknopf drückt. Damit untergrabt ihr eure eigene Kraft und fühlt euch völlig zerrissen.« Er blickte zu Tom und dann weiter zu Emma. »Eine Entscheidung zu verschieben, kann aber bedeuten, dass irgendwann die Umstände oder andere Menschen entscheiden und ihr am Ende wieder nicht das bekommt, was ihr wollt.« Sein Blick endete bei Adrian. »Und manchmal wartet ihr so lange, bis ihr irgendwann vom Leben geschubst werdet und ihr nicht mehr selbst bestimmt, wie es weitergeht, sondern das Leben übernimmt.«

»Aber wie weiß ich denn, ob ich bleiben oder gehen soll?!«, fragte Emma ganz verzweifelt. »Ich habe genau wie Tom das Gefühl, dass ich gar keine andere Wahl habe als abzuwarten, bis ich endlich herausgefunden habe, was ich will!«

»Und du wartest darauf, dass dir diese Entscheidung zufliegt, weil du Angst hast, sie selbst zu treffen. Du willst zwar alles richtig machen, aber durch dein Warten verhinderst du, herauszufinden, was das Richtige ist.« Paul blickte wieder in die Runde. »So befindet ihr euch in der ständigen Vermeidung, aber die eigentliche Lösung wäre, Vermeidung zu vermeiden.«

Emma schmunzelte und Paul lächelte ihr sanft zu. »Vermeidung ist zwar durchaus verlockend, aber sie führt euch garantiert in den Schmerz. Würden wir hier auf dem Schiff vermeiden, uns für eine Richtung zu entscheiden und sie einzuschlagen, würden wir irgendwann gegen ein anderes Schiff, einen Felsen oder eine Hafenmauer krachen. Und das nur, weil ihr euch nicht getraut habt, euch für eine Richtung zu entscheiden und den Kurs entsprechend immer wieder neu einzustellen. Mit eurer Vermeidung wolltet ihr einen solchen Crash ursprünglich wahrscheinlich sogar verhindern, weil ihr euch und andere nicht verletzen wolltet. Aber letztlich steuert ihr genau darauf zu.«

»Gar nicht einfach, es hängt so viel dran«, stammelte Tom.

»Ja, es hängt viel dran. Aber es hängt noch mehr dran, wenn ihr alles in euch verleugnet. Am schwersten wiegen die Entscheidungen, von denen ihr wisst, dass ihr sie treffen solltet, aber euch nicht traut, sie zu treffen. Sie haben das größte Gewicht und es lastet auf euren Schultern, bis ihr die Entscheidung getroffen habt.« Paul sah Richtung Steuer und dann wieder zu uns. »Wir bezahlen für unsere Unentschlossenheit – manchmal nicht gleich, sondern erst später. Und was sie euch in jedem Fall schon für den Moment kostet, ist euren inneren Frieden.« Er sah zum Meer und ich spürte plötzlich, dass eine Brise aufzog. Noch war der Wellengang zwar moderat und die Sonne strahlte unbeeindruckt weiter auf uns herab, aber ich merkte, dass Paul etwas vorhatte. »Wie geht es dir mit deiner Übelkeit, Charly? Fühlst du dich seekrank?«, fragte er.

»Nein, Gott sei Dank nicht. Es geht mir überraschend gut, danke«, versicherte Charly.

»Das freut mich«, antwortete Paul und wandte sich wieder uns allen zu. »Stellt euch trotzdem einmal kurz vor, Charly wäre tatsächlich seekrank und sie könnte ihre Übelkeit kaum aushalten. Könnte das Schiff dann etwas dafür? Oder die Wellen und das Meer?« Er schüttelte den Kopf. »Nein«, bestätigte er sich selbst. »Ein Schiff ist dafür gebaut, jede Welle zu nehmen, auch wenn sie noch so ungestüm ist. Es wäre aber trotzdem keine gute Idee für Charly, auf dem Schiff zu bleiben. Sie ist dann vielleicht einfach nicht für diese Fahrt gemacht. Vielleicht braucht sie den sicheren Boden unter ihren Füßen. Vielleicht hat sie früher schon einmal zu hohen Wellengang erlebt und fühlt sich deshalb nicht mehr sicher. Oder ihr ist schlicht und einfach wohler ohne Wellengang. Für manche mag Segeln toll sein. Für andere ist es die reinste Höllenfahrt. Es bedeutet dann nicht, dass Segeln etwas Schlechtes ist. Es bedeutet nur, dass ihr euch nicht zwingen solltet, ein Leben lang auf einem Boot zu bleiben, wenn euch die ganze Zeit kotzübel ist. Sich zu etwas zu zwingen, das sich nicht richtig für euch anfühlt, und dort zu verharren, wäre keine gute Entscheidung. Es ist vollkommen okay, von Bord zu gehen, wenn euch der Wellengang zu hoch ist und ihr die Fahrt nicht vertragt.« Er sah weiter zu Adrian. »Und manchmal seid ihr vielleicht verärgert darüber, dass jemand anderer euch aus dem Boot gekickt hat, obwohl sich die Fahrt schon lange nicht mehr gut angefühlt hat.«

»Weil es eben ... und ja, ihr seht es bestimmt kommen ... einfach *ungerecht* war!«, scherzte Adrian.

»Wäre es denn dir gegenüber gerecht gewesen, wenn du in einem Job geblieben wärst, der gegen all deine Werte verstößt?«, stellte Paul wieder eine seiner rhetorischen Fragen. »Und weil du vorhin von Gewinnern gesprochen hast und so viele Menschen das Gefühl haben, sie würden verlieren und andere gewinnen: Ihr könnt nicht gewinnen, wenn ihr da bleibt, wo man euch nicht haben möchte. Ihr könnt auch nicht gewinnen, wenn ihr euch selbst übergeht oder euch für andere verdreht und euch jeden Tag gegen euch entscheidet. Ihr werdet erst gewinnen, wenn ihr aufhört, euch selbst zu verlieren.«

Adrian riss die Augen auf. Sein Mund blieb aber verschlossen. Anscheinend hatte Paul uns alle sprachlos gemacht, denn niemand sagte mehr etwas. Ich spürte, wie seine Worte noch für eine Weile in uns allen nachhallten, bevor er wieder das Wort ergriff. »In welchem Teil eures Lebens erwartet ihr, dass jemand anderer für euch sorgt, euch rettet oder eure Probleme löst?« Er ließ seinen Blick langsam durch die Runde schweifen. »Egal, ob es sich um eure Arbeit, eure Beziehungen, eure Eltern, Familie, eine Freundschaft, euren Körper, eure Gesundheit oder eure Finanzen handelt: Wenn ihr darauf wartet, dass jemand anderer sich darum kümmert und es für euch löst oder euch aus der Situation befreit, dann verleugnet ihr euch selbst und habt einen Teil von euch verlassen. Niemand anderer kann das für euch lösen, auch wenn ihr es euch noch so sehr wünscht. Denn was ihr wirklich wollt, und was euch glücklich macht, könnt immer nur ihr selbst für euch herausfinden, und ihr seid es auch, die entscheiden, wie die Lösung und der Weg dahin aussehen. Wir können jetzt noch ewig hier auf dem Meer treiben und uns darüber beschweren, dass wir nicht vorankommen. Ihr könnt darauf warten, dass jemand kommt und euch rettet, obwohl ihr gar nicht gerettet werden müsst. Ihr könnt immer anderen oder dem Leben die Entscheidung überlassen, oder ihr findet endlich selbst heraus, was ihr wollt, und bewegt euch darauf zu.«

»Ich habe von der Blauen Grotte im Nordwesten der Insel gehört. Die soll richtig beeindruckend sein. Ich glaube, ich würde gern dort hin!«, sagte Charly.

»Die Grotta Azurra, meinst du? Die stand tatsächlich auch auf meinem Plan. Also, wie sieht es aus, Charly: Glaubst du oder weißt du, dass du dorthin möchtest?«

»Weiß man denn je, was man will, oder findet man es erst heraus, wenn man dort ist?«

»Und genau darauf wollte ich hinaus. Wie sieht es mit allen anderen aus, seid ihr einverstanden?«

Es hörte sich abenteuerlich und geheimnisvoll an, daher nickte ich und sah im Augenwinkel, wie auch alle anderen nickten. Alle bis auf Emma. Sie starrte mit schreckensgeweiteten Augen ins Leere. Irgendetwas in ihr schien Angst zu haben. Paul bemerkte es auch und sah sie fragend an, aber Emma nickte schnell. Höchstwahrscheinlich nicht, weil sie es wollte, sondern weil sie es bereits ein Leben lang gewohnt war, zu nicken.

»Okay, worauf warten wir? Lasst uns die Segel hissen und zu dieser Grotte segeln!«

Lassen wir *lieber*
andere entscheiden,
damit wir uns danach
nicht *schuldig* fühlen?

Am schwersten
wiegen die
Entscheidungen,
von denen du weißt,
dass du sie treffen
solltest,
dich aber *nicht*
traust,
sie zu treffen.

WAS WILL ICH?

Paul ging nach hinten zum Steuer und stellte den Motor ab. Er starrte für eine ganze Weile aufmerksam auf den Bordcomputer und winkte Tom und Adrian zu sich herüber. Sie schienen gemeinsam den Kurs zu besprechen, drückten dabei ein paar Knöpfe und gingen dann weiter vor zum Mast. Dort banden sie die Leinen los und das riesige Segel zog mit einem lauten flatternden Geräusch wuchtig in die Höhe und spannte sich dann bauchig im Wind. Das Schiff machte einen kurzen Ruck, legte sich ein wenig zur Seite und nahm sofort Fahrt auf. Schon zogen wir in hoher Geschwindigkeit los.

»Ist das nicht ein bisschen schnell?«, fragte Emma panisch und krallte sich an der Reling fest.

»Nein, das gehört so«, beruhigte sie Rebecca.

»Aha«, stöhnte sie. »Um ehrlich zu sein, habe ich Angst vor dem Meer«, flüsterte sie in unsere Richtung, während ihr winzige Salztropfen ins Gesicht hüpften, als forderten sie Emma zum Tanz auf. »Aber in der Grotte ist es bestimmt noch um einiges schlimmer«, sagte sie besorgt und ließ sich sichtlich nicht von der Leichtigkeit der Tropfen mitreißen. »Da ist es auch noch so eng und dunkel ... richtig beklemmend.« Sie ließ ihre Schultern sinken. Für den Moment schien sie einzig und allein der Reling zu vertrauen, denn sie klammerte sich noch fester an sie, während sie ihren Blick starr auf den Rettungsring neben ihr gerichtet hielt.

»Warum hast du denn nichts gesagt?«, fragte Cleo und im selben Moment kamen Paul und die anderen vom vorderen Mast zurück. Durch den Wind hatte er sie aber anscheinend nicht gehört. Cleo stupste Emma sanft von der Seite an und warf ihr einen auffordernden Blick zu. Doch Emma schüttelte den Kopf. »Alles gut«, sagte sie und lächelte in Pauls Richtung, als wäre nichts. Die Angst stand ihr dennoch drohend auf der Stirn.

»Die Anfahrt zur Grotta Azzurra dauert noch etwa eine Stunde. Da wir nun den Kurs eingestellt und die Segel gehisst haben, steuern wir direkt auf unser Ziel zu. Es ist außerdem ein schönes und wie ich finde auch sehr passendes Bild für all die Entscheidungen, die ihr in eurem Leben trefft, um dahin zu gelangen, wo ihr hinwollt, und damit eure Richtung im Leben bestimmt. Um solche Entscheidungen treffen zu können, braucht es aber vorher Klarheit. Und deshalb habe ich mir etwas für euch überlegt. Es scheint mir der perfekte Zeitpunkt zu sein, dass ihr etwas für euch herausfindet.«

Er sah in fragende Gesichter.

»Ich schlage vor, dass ihr euch für den Rest der Fahrt gedanklich einem Bereich eures Lebens widmet, der euch derzeit am meisten Sorgen bereitet.« Wir streckten alle gebannt unsere Köpfe in Pauls Richtung. »Vermutlich werden sich eine Menge Gedanken melden, was euch an eurer Situation nicht gefällt. Die ignoriert ihr für den Moment bitte und fragt euch stattdessen: *Was will ich?* Danach schreibt ihr es auf diese kleinen Zettel.« Seine rechte Hand versank kurz darauf in seiner rechten Hosentasche. Er raschelte ein wenig und holte einen Stapel kleiner weißer Zettel hervor. Danach bückte er sich wieder hinunter zu der großen Tasche neben dem Tisch und zog ein paar Stifte aus dem Seitenfach.

»Witzig. Wenn wir wüssten, was wir wollen, würde es uns ja keine Sorgen bereiten«, stöhnte Tom.

»Na ja«, entgegnete Rebecca. »Manchmal wissen wir vielleicht, was wir wollen, aber nicht, wie wir es anstellen sollen.«

»Oder wir wissen, was wir wollen, aber es will *uns* nicht«, maulte Adrian und Luise nickte im Gleichtakt.

»Dann überlegt euch gut, ob es wirklich das ist, was ihr wollt. Oder ob ihr es vielleicht nur deshalb wollt, weil es nicht verfügbar für euch ist. Denn wollt ihr wirklich jemanden oder etwas, das euch nicht will?«, fragte Paul zurück.

»Vielleicht haben wir manchmal aber auch gar keine Ahnung mehr, ob es überhaupt gut ist, etwas zu wollen«, murmelte Cleo und diesmal nickte auch Charly.

»Das passt richtig gut zu dem Geheimnis, das ich gestern gezogen habe!«, meinte Emma als Nächstes. »Ich habe die Karte zwar nicht mit, aber ich weiß noch genau, was draufstand, weil es mich seither wirklich beschäftigt.« Wir blickten sie alle neugierig an. »Darauf stand: *Ich habe etwas Unüberlegtes getan, das meine ganze Zukunft beeinflusst, und ich weiß nicht, was ich jetzt tun soll.*«

»Hört sich an, als hätte jemand einen Mord begangen«, sagte Adrian ernst.

»Gut, dass du nicht wieder vom Schlimmsten ausgehst!«, antwortete Charly und brachte einige von uns zum Lachen.

»Also ich muss sagen, es bringt mich eher zum Nachdenken«, blieb Emma ernst. »Denn genau davor habe ich Angst. Was, wenn ich etwas Unüberlegtes tue und es hinterher bereue?«

»Aber vielleicht gibt es nichts zu bereuen«, erwiderte Paul. »Ich kann all das, was ihr gerade erwähnt habt, sehr gut verstehen. Aber es bringt euch in die Angst und damit in die Unsicherheit und weg von eurer Entscheidung. Distanziert euch für einen Moment von allem, was euch von eurer Klarheit abhält. Es geht nicht darum, was euch in der Vergangenheit Schlechtes widerfahren ist und dass es ungerecht war oder ihr traurig darüber seid, was passiert ist oder wie es gerade ist. Es geht auch nicht darum, was alles Schlechtes in der Zukunft passieren könnte und ob ihr euch dabei auf eure negativen Erfahrungen stützt. Vergesst bitte für den Moment, dass ihr keine Konflikte eingehen wollt, euch vielleicht der Mut fehlt, ihr euch nicht vorstellen könnt, wie das alles aussehen soll, oder ihr denkt, dass es nicht möglich für euch ist. Es geht jetzt ausschließlich darum, *was* ihr wollt und *dass* ihr es wollt. Was das für euch ist, müsst ihr euch aber erst einmal eingestehen. Seid dabei radikal ehrlich zu euch. Seid so ehrlich zu euch, dass es euch vermutlich Angst macht. Denn aller Voraussicht nach wird sich die Angst melden. Aber dann sprecht mit ihr. Sagt ihr, wie freundlich ihr es von ihr findet, dass sie euch beschützen möchte, und wie gut sie es bestimmt mit euch meint, aber dass sie sich für den Moment zurücklehnen darf, weil ihr jetzt das Steuer übernehmt und nicht mehr sie.« Er sah uns nacheinander an. »Das Thema ist nicht, *wie* ihr es bekommt oder *warum* ihr es nicht bekommen könntet und *was* euch alles zurückhält, im Weg steht oder sonst irgendwie hinderlich erscheint. Es geht einzig und allein darum, herauszufinden, was ihr wirklich wollt. Das *Wie* ist für den Moment nicht wichtig.« Er teilte die kleinen weißen Zettel einzeln an uns aus und legte dann die Stifte auf den Tisch. »Passt gut auf eure Zettel auf und haltet sie fest, damit sie der Wind nicht schon davonträgt, bevor ihr herausgefunden habt, was ihr wollt«, sagte er noch, und es schien mir auch generell ein Hinweis für unser Leben zu sein.

Wir hielten die kleinen Zettel trotzdem noch wie Fremdkörper in unseren Händen. Ich hatte das Gefühl, dass wir alle viel mehr Ahnung davon hatten, was wir *nicht* wollten, als davon, was wir wollten. Aber war das denn nicht die wichtigste Frage überhaupt, und warum schien sie plötzlich so groß?

»Wahnsinn, ist das schwer«, ächzte Emma. »So eine kleine Frage, mit so einer großen Wucht.« Sie starrte auf das kleine Stück Papier vor sich. »Was will ich?«, sagte sie dann nachdenklich. »Es fühlt sich so an, als hätte ich mich das in meinem Leben so überhaupt noch nie gefragt.« Sie sah zu uns allen. »Was wollen die anderen? Ja! Was erwarten sie von mir? Auch ja. Was brauchen sie? Da bin ich vorn dabei! Aber was will *ich*? Schwierig!«

»Das ist tatsächlich so«, antwortete Paul. »Den meisten Menschen bereitet diese Frage große Schwierigkeiten. Sie erscheint ihnen zu groß und deshalb stellen sie sie sich erst gar nicht. Wir neigen eher dazu, vor Problemen wegzulaufen, als auf die Lösung zuzulaufen. Und weglaufen kann auch bedeuten, vor jenen Gefühlen wegzulaufen, die eine Entscheidung mit sich brächte. Was wir dabei aber vergessen, ist, dass wir sie bereits die ganze Zeit als Schatten in uns tragen. Herauszufinden, was wir wollen, brächte uns näher an die Handlung, aber davor haben wir Angst. Außerdem hat uns bisher auch meistens niemand beigebracht, wie wegweisend diese Frage ist. Die wenigsten hatten jemanden in ihrem Leben, der ihnen erklärt hat, dass sie sich erst die Frage stellen sollten, wohin sie wollen, um überhaupt die Möglichkeit zu schaffen, tatsächlich dahin zu gelangen.« Er sah durch die Runde. »Wenn wir Kinder sind, heißt es: ›Tu dies nicht, mach das nicht, es ist gefährlich ... Nein!‹ Nur selten werden wir gefragt: ›Was willst du?‹ Und da uns diese Frage so fremd ist, stellen wir sie uns später meist gar nicht. Manchmal auch deshalb nicht, weil wir uns selbst nicht trauen. Denn auch das hat uns kaum jemand beigebracht. Wir denken dann vielleicht: *So wie mein Leben bisher verlaufen ist, stehen die Chancen sehr hoch, dass ich es vermassle. Aber wenn ich etwas vermassle, das ich wirklich will, dann ist das richtig schmerzhaft – daher versuche ich es erst gar nicht und bleibe bei dem, was ich habe, denn das tut weniger weh.* Sie lassen es von vornherein bleiben, denn es ist weniger schmerzhaft, etwas nie zu bekommen, weil man es gar nicht probiert hat, als etwas zu verlieren, was einem wirklich etwas bedeutet.

Wer es erst gar nicht versucht, kann auch nicht scheitern. Und so fällt es vielen schon schwer, auch nur gedanklich dahin zu gehen.« Er machte eine Pause. »Wir können aber nie erreichen, was wir wirklich wollen, bevor wir nicht herausgefunden haben, was das ist. Denn wenn ihr nicht wisst, was ihr wollt, wie soll das Leben es euch dann zeigen? Und damit meine ich nicht das, was euch vertraut ist, weil ihr es aus der Vergangenheit kennt, oder die Hoffnung, an die ihr euch klammert, weil sie euch ablenkt. Ich meine auch nicht das, was ihr von anderen erwartet, um ein Loch in euch zu stopfen. Es ist der tatsächliche Wunsch: Das will ich! So will ich mich fühlen. *Das* will ich leben. Losgelöst von allem, was ihr bisher dachtet zu wollen. Oder was euch eingeredet wurde, was ihr wollen sollt – und von dem ihr angenommen habt, dass es richtig für euch wäre, weil ihr euch nicht mehr zugetraut habt.«

»Aber ich wusste doch, was ich wollte, bis man es mir weggenommen hat!«, protestierte Adrian.

»Ist das so?«, fragte Paul. »Wolltest du tatsächlich für ein Unternehmen arbeiten, das weder dich noch deine Werte respektiert?« Adrian verstummte und Emma und Luise horchten gleichzeitig auf. Vielleicht galt das, was Paul gesagt hatte, nicht nur für Vorgesetzte in Konzernen, sondern auch für all jene, deren Wertschätzung wir hinterherjagten und dabei schon lange aus der Puste gekommen waren.

»Was noch wichtig ist«, fuhr Paul fort: »Ihr solltet versuchen, ohne *kein, aber* und *nicht* auszukommen und völlig bei euch zu bleiben. Macht euch unabhängig von dem Verhalten anderer. Sowohl von dem, was sie sich von euch wünschen, als auch davon, was ihr euch von ihnen wünscht. Es geht jetzt rein darum, wie *ihr* euch fühlen und was *ihr* erreichen und somit leben wollt. Achtet auch auf euren Körper, denn er wird euch dabei Hinweise geben.«

»Na, auf den ist derzeit reichlich wenig Verlass«, meinte Adrian.

»Ich glaube, da könntest du dich irren. Ich denke sogar, er ist dir behilflicher, als dir wahrscheinlich bewusst ist. Unser Körper weist uns auf vieles hin, noch bevor wir ihm zuhören oder ihm Beachtung schenken.«

Adrian verstummte wieder und starrte bockig auf sein kleines Stück Papier, als wollte er es direkt in die Wellen schmeißen und weiter seinem Zweckpessimismus frönen, der ihn aber wahrscheinlich überhaupt erst so tief in seine Frustration gebracht hatte. Wenn er ohne *kein und aber* und all das, was er *nicht* haben wollte, auskommen musste, was würde dann noch von dem Zweifel übrigbleiben? Oder war es gerade der Zweifel, der uns davon abhielt, dahin zu gelangen, wo wir hinwollten, und hinderte er uns daran, die Wellen zu genießen, die uns dorthin trugen?

Niemand sagte mehr etwas. Mittlerweile war nur noch das sanfte Plätschern der Wellen zu hören, die sich immer wieder leicht schäumend neben uns aufbäumten, mit sanftem Druck gegen die Seiten unseres Schiffes schlugen, es schaukelnd hin und her wiegten und uns dabei dennoch immer weiterbrachten.

»Was willst du?«, riefen die Wellen förmlich neben mir. Lag die Antwort vielleicht tief unten am Meeresgrund, gleich neben unseren Schatten und Geheimnissen, und mussten wir davor noch etwas in uns befreien, bis die Wellen uns die Antwort an die glitzernde Oberfläche spülten? Gaben unsere Schatten und Geheimnisse uns womöglich einen Hinweis darauf, was wir uns so sehnlichst wünschten?

»Denkt daran«, sagte Paul noch. »Wenn ihr ohne Segel auf dem offenen Meer treibt, ist jeder Wind Gegenwind. Herauszufinden, was ihr wollt, bedeutet, euer inneres Segel zu entdecken. Nur so könnt ihr es auch hissen und entsprechend Kurs auf euer Ziel nehmen.«

FÜR EIN

Schiff

OHNE

SEGEL

IST JEDER

WIND

Gegenwind.

GEFÄHRLICH EHRLICH

Ich weiß es einfach nicht!«, stieß Cleo plötzlich aus und die Verzweiflung sprang förmlich zwischen ihren zusammengezogenen Augenbrauen hervor. Wir sahen alle von unseren leeren Zetteln auf. So wie es aussah, hatte aber auch sonst noch niemand eine Antwort auf Pauls Frage gefunden.

»Ich weiß nicht, was ich will oder was ich tun soll! Ich habe so ein inneres Segel einfach nicht!«, stöhnte Cleo. »Dabei sollte ich doch eigentlich der glücklichste Mensch der Welt sein! Das ist es doch, was die Welt gerade von mir erwartet ... aber ich fühle es einfach nicht! Ich bin es *wieder* nicht! Ich habe das Gefühl, ich weiß überhaupt nichts mehr!«

»Das ist gut«, sagte Paul mit sonorer Stimme und unsere Blicke waren nun alle mit großen Fragezeichen auf ihn gerichtet. »Ja«, wiederholte er nochmals und nickte. »Immer dann, wenn wir keine Ahnung mehr haben, was wir wollen oder tun sollen – also wenn wir schlicht und einfach nicht mehr weiterwissen –, sind wir genau an dem Punkt angekommen, an dem wir die Chance haben zu erfahren, was wirklich unsere Aufgabe ist. Wenn wir nicht mehr wissen, in welche Richtung wir uns bewegen sollen, beginnt unsere eigentliche Reise.«

Das hörte sich nicht nur wunderschön, sondern auch richtig magisch an. Pauls Worte hatten zumindest etwas Erleichterndes. War es vielleicht tatsächlich so, dass wir immer wieder im Leben an den Punkt kommen mussten, wo wir nicht mehr wussten, was wir wollten oder wofür wir uns entscheiden sollten, um uns wieder selbst zu begegnen und zu spüren, wohin die Reise gehen sollte? Ich gab zu, dass das in Cleos Fall so kurz nach ihrer Hochzeit von außen betrachtet ein wenig ungünstig erschien. Allerdings hatten wir längst von Paul gelernt, dass es nie darum ging, was andere von unserem Leben hielten, sondern einzig und allein darum, was für uns richtig war.

Cleo starrte plötzlich in Adrians Richtung: »Er hat es wieder getan, oder?«, fragte sie zögerlich, und alles an dem Satz irritierte mich. *Dass es um Leo ging, war klar. Aber was hatte er getan ... was wusste Cleo ... und warum sprach sie von »wieder«?*

»Sogar am Abend vor unserer Hochzeit ... wie kann er nur.« Sie sagte es in monotonem Tonfall, ohne Adrians Antwort abzuwarten, und starrte dabei ins Leere, dann auf ihren Zettel und danach wieder zu Paul. »Was für eine Reise«, sagte sie noch und machte eine ironische Anspielung darauf, was Paul gerade gesagt hatte.

»Im Grunde ist aber nichts passiert«, beschwichtigte Adrian und ich hatte seine Stimme schon lange nicht mehr so sanft erlebt. Ganz offensichtlich hatte er Mitgefühl für Cleo.

»Aber er hätte es getan«, erwiderte sie harsch und ihre Augen wirkten leer. »Wenn du nicht ...«, sie stockte.

»Ich habe nichts mit seinem blauen Auge zu tun!«, unterbrach Adrian sie gleich. »Das möchte ich hier ein für alle Mal klarstellen!« Er sah uns alle eindringlich an. »Habe ich ihm die Leviten gelesen und ihn angebrüllt: Ja! Hat er zurückgebrüllt? Auch das! Es war so viel Alkohol im Spiel und er war total betrunken ... Plötzlich ist er auf mich zu getorkelt, hat die Balance verloren und dann ist er gestürzt. Ich habe ihn nicht geschlagen! Ich habe ihn noch nicht mal berührt! Leo hat sich das Auge selbst bei seinem Sturz auf der Tischkante verletzt!«

»Könnte uns hier bitte mal jemand aufklären, wie es überhaupt dazu gekommen ist?! Was, zum Teufel, ist denn passiert?«, stellte Charly nun endlich die Frage, die uns vermutlich allen auf der Seele brannte.

»Er hat eine andere Frau angegraben ... und wollte sie ins Bett kriegen«, sagte Cleo, als wäre sie dabei gewesen, und sah dann gedankenverloren zum Meer hinaus. Sie wartete Adrians Antwort erst gar nicht ab. Doch seine Stille bestätigte ihre Vermutung.

»Er hat bitte was?!«, rief Emma und ihr Gesicht lief vor Ärger purpurrot an. »Das ist nicht sein Ernst!!«

»Doch, ist es«, sagte Cleo gefasst und sah wieder zu uns allen. Sie klang, als wäre es das Normalste der Welt und als hätte sie nichts anderes von ihm erwartet. *War das etwa Cleos Normalität und hatte sie uns nur nie davon erzählt?* Wie hätte sie es sonst erraten können? Schließlich war es bestimmt nichts, wovon man einfach mal eben so in der Nacht vor seiner Hochzeit ausging. »Und hättest du ihn nicht abgehalten«, sprach Cleo ruhig weiter, »dann hätte er wahrscheinlich auch die Nacht mit ihr verbracht.« Sie wirkte stoisch, richtig abgeklärt.

»Also das weiß ich nicht«, beschwichtigte Adrian sofort. Aber alles an seinem Blick verriet, dass er es nicht ausschließen konnte und sich für seinen Freund schämte. Wir alle wussten, wie sehr Adrian Ungerechtigkeit hasste, und es rührte mich fast ein wenig, wie sehr er für Cleo eingestanden war und Leo die Leviten gelesen hatte.

»Was ist bitte falsch mit jemandem, der einen Abend vor der Hochzeit eine andere Frau anbaggern muss?«, regte sich Emma auf. »Das ist ja schrecklich!«, sagte sie mitleidig in Cleos Richtung, aber ich war nicht sicher, ob Cleo Mitleid gebrauchen konnte. Mitgefühl, ja. Aber Mitleid schien die Sache gerade nur noch schlimmer zu machen.

»Bestätigung«, erwiderte Cleo. »Sie brauchen eben alle diese fucking Bestätigung«, sagte sie nüchtern. »Es geht doch immer nur darum! Dabei hat er sie jeden einzelnen Tag von mir bekommen«, schob sie noch leise hinterher. Und es stimmte. Cleo tat tatsächlich alles für ihre Männer – wahrscheinlich sogar *zu* viel. Sie hatte Leo immer umschmeichelt und ihn in den Himmel gelobt. Aber ob das ihre Aufgabe war? Es schien fast so, als hätte sie ihm das gegeben, was sie sich selbst am meisten wünschte.

»Alle?!«, entrüstete sich Adrian. »Als bräuchten wir alle eure Bestätigung!«, sagte er noch und Charly legte den Kopf schief zur Seite.

»Na ja, was stand denn da noch auf deiner Karte, Adrian?«, stichelte Cleo gleich zurück. »Magst du denn nicht mal mit der Sprache rausrücken, bevor du hier so unschuldig tust?«, ließ sie ihre eigene Verletzung ausgerechnet an dem aus, der für sie eingestanden war.

»Womit denn?!«, funkelte Adrian sie an und sprühte ihr seinen Zorn förmlich ins Gesicht. »Womit, denkst du denn, soll ich herausrücken?« Er stierte Cleo vorwurfsvoll an. »Dass ich endlich mal eine Frau kennengelernt habe, die ich so toll fand und ich mich richtig in sie verliebt habe ... also so *richtig* richtig!« Seine Augen weiteten sich vor Wut. »Dass sie mir aber erst ein paar Wochen später diese klitzekleine Kleinigkeit verraten hat, dass sie eigentlich seit fünf Jahren einen festen Freund hat?! ... Oh ... und nicht zu vergessen, dass ich kurz darauf meinen Job und eigentlich alles verloren habe, was mir je wichtig war, weil sie mir gesagt haben, dass sich unsere Wege hier besser trennen?! ... Oder dass ich dann, als ich die Tür hinter mir zugemacht hatte, so heftige Schmerzen in meiner Brust gespürt habe, dass ich überhaupt keine Luft mehr bekommen habe und dachte, ich hätte einen Herzinfarkt und würde gleich verrecken! Meinst du das?!« Seine Stimme überschlug sich.

»Oder meinst du doch eher meinen Körper, der mich auf einmal wie alle anderen im Stich lassen wollte und ich dachte, ich wäre gleich mausetot ... War es das, was du gemeint hast, Cleo?! ... Bin ich deswegen jetzt der Böse?! Ist es das, was du sagen wolltest?!!«

»Eine Panikattacke ... du hattest eine Panikattacke«, flüsterte Charly und sah uns alle an.

»Oh ... das wusste ich nicht ...«, stammelte Cleo und es tat ihr sichtlich leid. »Aber da stand doch, dass du eine *Affäre* hattest, und da dachte ich ...«

»Ja, vielleicht denkt ihr Frauen einfach manchmal zu viel«, fuhr sie Adrian an. »Und manchmal eventuell auch zu wenig, wenn es darum geht, vernünftige Entscheidungen zu treffen!«

Das hatte gesessen. In alle Richtungen.

»Okay«, übernahm nun Paul. »Hier scheinen gerade einige Dinge hochzukommen. Das ist in Ordnung, aber natürlich auch schmerzhaft. Lasst uns bitte trotzdem nicht verallgemeinern und von eigenen schmerzlichen Erfahrungen Rückschlüsse auf die Allgemeinheit ziehen. Denn genau das tun wir oft im Leben.« Er sah langsam durch die Runde. »Es ist daher ein gutes Beispiel dafür, dass manche Menschen starke Trigger in uns auslösen können, die dann unseren eigenen Schatten aktivieren. Immer wenn sich Annahmen wie ›Alle Frauen, Männer oder alle Menschen sind so und so‹ in euch ausbreiten und in einer negativen Schlussfolgerung enden, dann könnt ihr allerdings ganz sicher sein, dass sie schon vor langer Zeit in euch getroffen wurden – meist aufgrund einer, vielleicht auch mehrerer negativer Erfahrungen, die euch dazu bewogen haben, genau das für die Realität zu halten. *Alle* wäre allerdings ein Trugschluss und eine Verallgemeinerung, die gar nicht stimmen kann. Die Gefahr einer solchen Annahme ist, dass ihr damit eure Wirklichkeit konstruiert und unbewusst nur noch mehr dieser Erfahrungen anzieht und sie unbewusst wählt, weil ihr sie für die einzig gültige Wahrheit haltet. Ihr projiziert dann die Vergangenheit auf euren jetzigen Moment und somit auch auf eure Zukunft und erlebt noch mehr dessen, was ihr unbedingt vermeiden wolltet. Es wiederholt sich dann für euch.«

»Wie wahr. Es wiederholt sich«, sprach Cleo langsam nach und wirkte, als hätte sie resigniert. »Immer und immer wieder wiederholt sich dieselbe verdammte Scheiße. Und jedes Mal denke ich: Dieses Mal! Ja, dieses Mal ist es anders! *Er* ist anders ... *Alles* ist anders! Ich darf endlich glücklich sein!«

Paul sah sie verständnisvoll an. »Das Problem könnte sein, dass du dir das so sehr wünschst und es dir deswegen auch immer wieder vorsagst, aber tief drinnen nicht wirklich daran glaubst. Dein Schatten ist wahrscheinlich um einiges lauter: *Ha, als ob*!, ruft dann alles in dir. *Natürlich ist es nicht anders! Es kann gar nicht anders sein! Es war so und wird auch immer so bleiben!* Dieser Schatten wird immer stärker sein als der Wunsch, solange du die Verantwortung abgibst und hoffst, dass jemand anderer ihn auflösen kann und dir endlich gibt, wonach du dich schon ein Leben lang sehnst. Er überschattet dadurch sprichwörtlich alles. Deine Wünsche, deine Wahl, deine Realität. Und so sitzt dein inneres Kind im Dunkeln und die kleine Cleo fragt sich dann: ›Aber warum bist *du* denn nicht da für mich? Warum warten wir die ganze Zeit auf jemand anderen, der uns rettet und uns von dem Schmerz erlöst – warum kannst *du* mich denn nicht lieben?‹«

»Und wenn ich das der kleinen Cleo gesagt hätte ... hätte Leo mich dann etwa nicht betrogen? Auch die Male zuvor nicht?!«, fragte Cleo und die Skepsis in ihrer Stimme verriet, dass es sich um eine rhetorische Frage handelte.

»Die Frage ist viel eher, warum dein Wunsch so groß ist, mit jemandem für immer zusammenzubleiben, der sich anscheinend nicht zum ersten Mal so verhalten hat. Und ich meine das nicht als Vorwurf, sondern als ernst gemeinte Frage, die du dir stellen kannst, wenn du dazu bereit bist. Leo ist nicht da, daher möchte ich ihn hier auch außen vor lassen. Warum er es getan hat, hat etwas mit seinem eigenen Schatten zu tun, den er sich ohne Zweifel ansehen sollte.« Er blickte Cleo tief in die Augen. »Ich weiß nicht, ob du schon dazu bereit bist, aber wir könnten gemeinsam einen Blick darauf werfen, worum es hier bei dir geht. Denn das ist momentan das Einzige, was du dir ansehen und auch für dich ändern kannst. Jedenfalls sagt die Entscheidung, dass du denkst, so etwas ertragen zu müssen, sehr viel darüber aus, was noch in dir heilen darf.« Paul blickte weiter zu Adrian. »Ich denke sogar, dass euch beide ein ähnlicher Schatten antreibt und sich dahinter auch ein ähnlicher Wunsch verbirgt.«

»Was du nicht sagst«, sagte Adrian spöttisch. »Ich denke eher, Cleo und ich haben äußerst unterschiedliche Wünsche. Also mein Wunsch zu heiraten ist jedenfalls in etwa so groß wie der, in diesem Moment den Motor des Bootes wieder anzustellen, mich direkt darunter ins Wasser zu werfen und mich von der Turbine in kleine Stücke schreddern zu lassen.« Er meinte es ernst und blieb es auch. »Wogegen Cleo das schon ein paar Mal probiert hat und es weiterhin für eine richtig gute Idee hält.«

»Ein sehr eindrucksvolles Beispiel, das du hier gewählt hast, Adrian«, fand Paul und blieb ebenfalls ernst. »Es gibt uns einen sehr deutlichen Hinweis darauf, dass du sowohl eine Beziehung als auch die Ehe für äußerst gefährlich, ja, nahezu lebensbedrohlich hältst.«

»Na, geht es ihr denn gut?«, fragte Adrian scheinheilig und sah dabei in Cleos Richtung.

»Geht es dir denn besser?«, fragte Paul zurück und wartete die Antwort erst gar nicht ab. »Auch wenn andere ein Spiegel für unseren eigenen Schmerz sein können, zahlt es sich immer aus, bei sich zu bleiben. Denn nur bei euch selbst könnt ihr auch etwas ändern.«

»Also bitte, dann verrate uns doch, was wir beide gemeinsam haben«, sagte Adrian widerwillig.

»Das wüsste ich auch gern«, grummelte Cleo. Offensichtlich sprachen gerade ihre trotzigen inneren Kinder, die sich nicht leiden konnten. Vielleicht auch gerade deshalb, weil sie irgendetwas im jeweils anderen triggerten.

»Ich kann euch jedenfalls schon eines über eure Trigger verraten«, erklärte Paul und sah in die Runde. »Immer dann, wenn eine Aussage oder das Verhalten eines anderen Menschen eine besonders heftige Reaktion in euch auslöst, zeigt es euch, dass es noch etwas in euch zu heilen gibt und ihr noch nicht ganz frei seid.«

Cleo, Adrian und auch Tom horchten auf. Aber eines war klar: Es betraf uns alle.

»Ihr könnt euch dann die Frage stellen«, sprach Paul weiter: »Welche Lektion steckt hinter meiner Reaktion? Was will mir mein Schatten sagen und was gibt es hier noch zu lernen? Denn wenn es euch aufregt, wütend, traurig oder handlungsunfähig macht, zeigt es immer, dass eine Wunde noch nicht verheilt ist, sondern noch weit aufklafft. Sonst wäre eure Reaktion nicht so stark. Schmerzhaft ist es nur dann, wenn jemand seinen Finger in eine offene Wunde legt. Wäre sie bereits verheilt oder gäbe es gar keine Wunde, würde es in dem Moment auch nicht wehtun.«

»Bitte, dann sag mir, was ich lernen darf, wenn mein Ehemann einen Abend vor unserer Hochzeit versucht, eine andere Frau ins Bett zu kriegen?«

Wenn wir
nicht mehr
wissen, in
welche *Richtung*
wir uns
bewegen sollen,
beginnt unsere
eigentliche Reise.

SICHER NICHT SICHER

Es ist die Sicherheit, die ihr im Außen sucht, weil ihr sie früher nicht hattet und deshalb heute nicht spüren könnt.« Paul ließ seinen Blick durch die Runde schweifen. Zuletzt hielt er bei Cleo. »Es gab eine Zeit, in der du dich nicht sicher fühlen durftest, und genau aus diesem Grund ist diese Sicherheit heute dein größter Wunsch.« Er sah wieder zu uns allen. »Es bleibt aber bei dem Wunsch. Denn nichts im Außen wird euch im Innersten heilen. Im Gegenteil, wenn ihr eure Sicherheit von anderen abhängig macht, dann wird der Schatten in euch immer weiter auf Gefahrensuche sein und ihr werdet euch nie sicher fühlen. Keine Beziehung, Hochzeit, Textnachricht, Geld – auch kein Job, Erfolg und keine Anerkennung dieser Welt wird den Schatten jemals in euch verblassen lassen können. Das alles wird ihn vielleicht für kurze Zeit erhellen, und ihr werdet kurz Erleichterung empfinden und aufatmen, aber sobald jemand den Scheinwerfer wieder von euch wegzieht, seid ihr dem Dunklen wieder hilflos ausgeliefert. Und genau das spürt ihr die ganze Zeit tief in euch drinnen. Es ist dann aber genau jener Teil, der überzeugt davon ist, dass ihr den Erfolg, die Beförderung, Liebe, Hochzeit, Textnachricht oder was auch immer es sein mag, womit ihr den Schatten zu überdecken versucht, gar nicht verdient habt. Und so bleibt das Gefühl, nicht gut genug zu sein, bestehen, weil es sich tief in euren Schatten eingeprägt hat. Ihr fühlt euch dann euren Partnerinnen und Partnern, Vorgesetzten oder anderen Menschen vollkommen ausgeliefert, denn sie entscheiden darüber, ob ihr diese Sicherheit fühlen dürft oder nicht, und wehe, jemand nimmt sie euch weg, dann erscheint euch der Schatten noch dunkler als je zuvor. Diese Sicherheit, die ihr in anderen sucht, lässt euch zu lange in Beziehungen, Jobs oder Situationen bleiben, in denen ihr nicht glücklich seid, weil ihr denkt, sie sonst nie wieder finden zu können. Dabei handelt es sich um eine Scheinsicherheit, der ihr hinterherjagt, weil sie euch nie ganz sicher ist. Denn wirklich sicher seid ihr erst dann, wenn ihr beginnt, euch diese Sicherheit selbst zu geben. Sonst bleiben andere Menschen die Ausrede dafür, euch nicht dem Teil in euch zu widmen, der eigentlich schmerzt, und euch auf die Suche danach zu machen, was ihr wirklich wollt und braucht. Wenn ihr euch eurem eigenen Schatten stellt und nicht mehr um die Liebe, Aufmerksamkeit oder Anerkennung anderer buhlt, fühlt ihr euch von ganz anderen Dingen und Menschen angezogen, weil es nicht darum geht, dass sie etwas in euch stillen sollen, um das ihr euch selbst vergessen habt zu kümmern.«

»Hätte ich dann Leo vielleicht gar nicht in mein Leben gezogen?«

»Du wärst ihm wahrscheinlich trotzdem begegnet, da er ein Freund von Adrian und Tom ist. Die Frage ist, ob überhaupt ein Mann oder ganz generell ein Mensch so eine große Anziehung auf dich haben würde, wenn du diese große Angst, allein zu sein, ablegen könntest und nicht mehr das starke Bedürfnis verspüren würdest, dich durch jemand anderen endlich sicher zu fühlen. Du würdest dir dann genauer ansehen, warum dich jemand interessiert und ob er wirklich zu dir passt. Dein ganzes Nervensystem ist aber Gefahr gewohnt, daher ist es auch wie ein Radar auf der Suche nach erneuter Gefahr, die sich paradoxerweise gleichzeitig sehr anziehend anfühlt, weil du sie mit Liebe assoziierst.«

»Das heißt, ich habe den falschen Mann geheiratet«, sagte Cleo und ließ die Schultern sinken.

»Nein, das habe ich nicht gesagt. Du hast es dir mit deiner Wahl zwar nicht leicht gemacht. Aber das wolltest du zu dem Zeitpunkt vermutlich auch gar nicht. Zumindest nicht bewusst. Du hast aber jetzt die Chance, dir ganz genau anzusehen, was er in deinem Schatten hervorruft, und wenn ihr beide gewillt seid, euch dem Dunklen zu stellen, gäbe es auch die Möglichkeit, alte Muster hinter euch zu lassen und gemeinsam zu wachsen. Ich will aber ganz ehrlich sein: Das ist nur möglich, wenn beide bereit sind, sich ihre Schatten ganz genau anzusehen, volle Verantwortung zu übernehmen und auch gemeinsam wachsen zu *wollen*. Ist das nicht der Fall, hilft auch kein Gelübde, auch wenn du dir dadurch vielleicht Sicherheit erhofft hast. Es helfen auch kein Kampf und keine Überredungskunst. Wir können anderen Menschen immer nur so tief begegnen, wie tief sie sich selbst begegnet sind. Stellt euch vor, ihr taucht auf zwanzig Metern unten im Meer und der andere schnorchelt gemütlich oben an der Oberfläche. Ihr werdet euch nicht treffen und deshalb auch keine gemeinsame Lösung finden, weil ihr euch gar nicht wirklich begegnet. Ihr solltet aber auch niemanden anklagen, der schnorchelt und das Tauchen nie gelernt hat und deswegen gar nicht weiß, wie es unter der Oberfläche aussieht.« Paul blickte weiter zu Luise. »Du würdest dann aber nicht mehr sagen: ›Er hat mich geghostet‹ und tausend Gründe dafür suchen, warum du es in deinen Augen wieder nicht wert warst, geliebt zu werden, sondern würdest dir sagen: ›Er ist nicht, was ich brauche.‹ Denn wenn du schon am Anfang weißt, dass ihr euch nicht begegnet, was machst du dann mit einem Schnorchler, wenn du tauchen willst? Hörst du den Unterschied? Es bringt dich aus dem Gefühl, ausgeliefert zu sein, in die eigene Entscheidungskraft. Du würdest dann auch nicht die Coole spielen, die dem Schnorchler erklärt, dass ihr schnorcheln völlig ausreicht, weil du genau wüsstest, dass das nicht stimmt und es dir nicht genug ist. Du würdest auch nichts vorspielen, weil du so nur in ein Spiel einwilligst, das du gar nicht spielen möchtest. Stattdessen würdest du ihm ganz ruhig erklären, dass es dir wichtig ist, dass er sich bei dir meldet, und wenn er es nicht tut, wüsstest du, dass ihr einfach nicht zusammenpasst, und die Sache wäre abgehakt. Du würdest dich aber nicht fundamental in deiner Sicherheit bedroht fühlen, ob er sich meldet oder nicht, weil du dir diese Sicherheit bereits selbst gibst und sie in dir gefunden hast. Du würdest dich auch nicht weiterhin erklären, weil du das bereits getan hast. Und was du auf gar keinen Fall tun würdest, ist, dadurch deinen Wert infrage zu stellen«, er blickte durch die Runde. »Ihr alle würdet euren Wert nicht infrage stellen, nur weil andere Entscheidungen treffen, die ihr nicht nachvollziehen könnt und es auch nicht müsst. Versteht mich nicht falsch: Natürlich fühlt es sich übel an, betrogen, verlassen, geghostet, gekündigt, nicht gehört oder nicht gesehen zu werden. Aber solange ihr denkt, es wäre eure Schuld, wird es euch den Boden unter den Füßen wegziehen, obwohl es in Wahrheit nur bedeutet, dass ihr nun wisst, dass ihr etwas Besseres verdient habt. Wenn sich danach nichts ändert, könnt ihr die notwendigen Konsequenzen ziehen. Denn im Grunde habt ihr nicht Angst davor, euren Job, eure Ehe, Partnerschaft oder diesen einen Menschen zu verlieren, sondern ihr habt Angst vor dem *Gefühl*, das ihr dann empfinden müsstet, weil es euch an das schlimmste Gefühl in euch erinnert, das ihr schon einmal erleben musstet. Und da – genau da – habt ihr euren Schatten, vor dem ihr schon ein Leben lang davonlauft und alles ertragt, nur weil ihr Angst habt, dass ihr dieses Gefühl, das ihr schon einmal erlebt habt, wieder fühlen müsst. Aber ich verrate euch nun etwas, das ihr tief in euch bereits wisst: So wie ihr hier alle vor mir sitzt, habt ihr es damals überstanden, und auch wenn es euch große Angst bereitet, ist genau das der Beweis, dass ihr in Sicherheit seid.

Es zeigt euch, dass ihr es überlebt habt und auch wieder überleben werdet, weil die Sicherheit sich in euch selbst befindet. Wenn ihr das erkennt und die Angst loslassen könnt, dann seid ihr frei. Trigger – so unangenehm sie sich auch anfühlen – sind also in Wahrheit vor allem eines: eine Chance. Das fühlt sich natürlich erst einmal nicht danach an. Aber sie zeigen euch genau, wo ihr eure inneren Taschenlampen hinhalten und wovon ihr euch noch befreien dürft.«

»Mir kommt überhaupt vor, die meisten Menschen nehmen die Dinge zu persönlich. Warum beziehen eigentlich immer alle alles auf sich?«, fragte Tom.

»Ein interessanter und wichtiger Punkt«, antwortete Paul. »Sobald wir es *persönlich* nehmen, hat es auch mit unserer *persönlichen* Geschichte zu tun. Es heißt auch: Ist die Reaktion in uns hysterisch, ist es historisch. Mit hysterisch sind hier vor allem überreizte Emotionen gemeint. Reize, die uns unser Nervensystem übermittelt, weil es bereits eine vorausgehende, also historische Erfahrung gibt, die uns erneut in den Schmerz bringt.«

»Ja, aber das ist doch anstrengend! Ich kann es meiner Frau doch gar nicht recht machen! Wenn ich später nach Hause komme, heißt es, dass ich zu wenig Zeit für sie und die Kinder habe. Wenn ich dann aber doch mal da bin, mache ich alles falsch! Dann wirft sie mir vor, ich würde die Dinge absichtlich dort hinlegen, wo sie auf gar keinen Fall hingehören, und ich hätte überhaupt keine Ahnung, weil ich nie da bin! Und wenn ich dann am Handy bin, weil ich diese ganzen Vorwürfe nicht mehr aushalte, steckt gleich eine andere Frau dahinter! Es ist doch eigentlich egal, was ich mache, ich mache es falsch. Oder nein, besser noch: Ich mache es *absichtlich* falsch! ... Weil, na klar, ich mache in meinem Leben alles nur, um meiner Frau zu schaden. Genau deshalb mache ich es! Was für eine Logik!«

»Wenn wir in einem alten Schmerz sind, verlässt uns die Logik. Es ist tatsächlich so, dass wir das Verhalten anderer zu oft auf uns selbst beziehen. In Partnerschaften geschieht das noch häufiger, weil hier unsere Trigger besonders schnell aktiv werden. Sie sind dann immer ein Hinweis auf unaufgelöste Themen. Was denkst du denn, was deine Frau in diesen Momenten fühlt?«

»Na ja, nichts Gutes.«

»Und was, würdest du sagen, hält sie dann für die Wahrheit?«

»Dass ich sie nicht liebe und sie immer zu kurz kommt … Und dass es meine Schuld ist.«

»Und statt den Raum zu verlassen und sie mit ihrem Schatten zurückzulassen, was könntest du in solchen Momenten stattdessen tun?«

Tom überlegte. »Ich weiß nicht; sie vielleicht fragen, warum sie das denkt?«

»Ja. Das könntest du. Vermutlich würde sie dir dann aber sagen: ›Weil du nie da bist! Weil du es falsch machst! Weil du keine Rücksicht nimmst!‹«

Tom sah Paul wie einen Geist an, der abends mit ihnen im Wohnzimmer saß.

»Das brächte euch aber nicht weiter.«

»Eben. Deshalb lasse ich es«, gab ihm Tom recht.

»Du könntest sie stattdessen fragen, wie sie sich gerade fühlt. Wahrscheinlich würde sie dir antworten, dass sie sich traurig, wütend, verzweifelt, nicht respektiert oder allein fühlt. Dann wäre es wichtig, ihr dieses Gefühl nicht abzusprechen, sondern ihr den Raum dafür zu geben. Denn genau das fühlt sie in diesem Moment. Das anzuerkennen hat etwas Erleichterndes. So fühlt sie sich gesehen und gehört.«

»Und dann?« Toms Stimme klang skeptisch.

»Und dann fragst du sie, was sie braucht.« Paul drehte sich zu uns allen. »Genau dasselbe gilt übrigens auch für euer inneres Kind, wenn es gerade getriggert wurde. So könnt ihr liebevoll für euch da sein, eure Gefühle annehmen und euch danach fragen, was ihr in dem Moment wirklich braucht.«

»Und was ist, wenn ich brauche, dass sie nicht alles so persönlich nimmt?«, fragte Tom spitz.

»Seid ihr denn Fremde?«

Tom sah Paul fragend an.

»Auch wenn es nicht immer hilfreich ist, ist es doch sehr nachvollziehbar, dass sie Dinge persönlich nimmt«, erklärte Paul. »Dass sich deine Frau ansehen sollte, was bei ihr dahintersteckt, und sie in diesen Moment ihr eigenes inneres Kind liebevoll in den Arm nehmen sollte, ist wichtig und auch unumgänglich. Aber wenn du es schaffst, sie ebenfalls in den Arm zu nehmen, und ihr Verständnis entgegenzubringen, wäre das eine große Hilfe. Durch dein Mitgefühl kann sie besser lernen, auch mit sich selbst ins Mitgefühl zu gehen. Solange wir uns aber in Partnerschaften immer fragen, wo denn nun das Verständnis des jeweils anderen bleibt, bevor wir selbst damit beginnen, wird niemand damit anfangen und wir drehen uns im Kreis.«

»Aber es hat doch nicht immer etwas mit ihr zu tun!«

»Das stimmt. Aber sobald es etwas in ihrem Schatten auslöst, betrifft es eure Ehe, und wäre es da nicht der bessere Zugang, einander zu unterstützen und damit näher an die Lösung zu kommen, als sich als Feinde zu betrachten, in die Anklage zu gehen oder wegzulaufen?«

»Kann sein.« Tom wirkte nachdenklich. »Ich muss sagen, ich habe auch schon Dinge gemacht, auf die ich nicht gerade stolz bin. Ich glaube, dass ich einen recht großen Schatten in mir trage, der mich antreibt, und manchmal frage ich mich, ob er mich nicht vielleicht sogar in eine falsche, womöglich auch richtig dunkle Richtung gesteuert hätte, wenn ich unter anderen Bedingungen aufgewachsen wäre.«

»Wie meinst du das genau?«, hakte Paul nach.

»Na ja «, antwortete Tom und räusperte sich, während sein Blick langsam zu Cleo schweifte. »Vielleicht machen wir ja alle mal Dinge in unserem Leben, die wir später bereuen, und manchmal haben sie weniger mit anderen zu tun, als sie denken.«

»Ja, aber diese *Dinge*, wie du sie nennst, haben auch Auswirkungen auf andere!«, protestierte Cleo. »Sie haben Konsequenzen! Und sie verletzen.« Ihre Augen füllten sich mit Tränen. »Vielleicht solltet ihr euch das einmal vorher überlegen. Denn so ganz stimmt es eben nicht, dass sie gar nichts mit uns zu tun haben!«

Tom nickte wieder und sah dann zu Paul. »Was ich aber eigentlich sagen wollte: *Ich* war das.« Er machte eine Pause und lenkte damit die ganze Aufmerksamkeit auf sich. Alle Augenpaare waren nun auf ihn gerichtet. »Ich habe immer wieder Geld gestohlen. Und ich weiß, dass das falsch war, aber ich habe es nicht getan, um jemandem damit zu schaden.«

»Du hast bitte *was*?«, rief Adrian und riss seine Augen weit auf. »Dreht denn jetzt die ganze Welt am Rad?! *Du* warst das?! Der noble Herr Doktor der Privatklinik stiehlt neuerdings Geld?«

»Und behauptet auch noch, er hätte niemandem damit geschadet!!«, schob Cleo hinterher. »Du hast ihnen was weggenommen!« Sie war wütend, genau wie Adrian. Charly und Emma auf der anderen Seite sahen eher bestürzt drein, Luise starrte ins Leere, ich hielt den Atem an und Rebecca ... Rebecca lachte.

»Ist dein Hirn irgendwie unter der OP-Lampe geschmolzen?«, regte sich Adrian weiter auf. »Mit meinen griechischen Wurzeln würde ich nicht so leicht damit davonkommen wie du! Da kann man sich ausmalen, was es dann gleich hieße!« Er blickte mit eingefrorener Miene zu Rebecca, als wäre sie mitschuldig, weil sie gelacht hatte. »Macht man das denn jetzt so in euren elitären Idiotenkreisen?«, schoss er wieder in Toms Richtung.

»Jetzt krieg dich hier mal wieder ein, Adrian«, blieb Tom ganz ruhig. »Es ist ja nicht so, dass ich das letzte Woche gemacht hätte. Ich war ein Kind. Ich habe als Kind manchmal Geld gestohlen.«

»Seht ihr«, sagte Rebecca und grinste. »Erst zuhören, dann urteilen.« Sie warf Adrian einen rügenden Blick zu, bevor sie sich wieder Tom zuwandte. »Von deinen Eltern, oder wie?«

»Ja, auch.«

»Wie, auch?«, blieb Adrian im Verhörmodus.

»Na ja, manchmal auch von anderen.«

»Von Kindern?!«

»Ich war ja selbst noch ein Kind.«

»Ja, schon. Aber was ist da bitte schiefgelaufen?! Dass noch etwas aus dir geworden ist, ist dann ja fast schon wieder beachtlich, das muss man dir lassen!«

»Ich sage ja, mein Schatten ist eventuell ein wenig größer«, rechtfertigte sich Tom.

»Manchmal ist es einfacher, andere zu verurteilen, als sich seinem eigenen Schatten zu stellen«, übernahm Paul und meinte wohl nicht nur Adrian damit. »Wir empören uns gerne darüber, welche unglaublichen Taten andere sich leisten, statt uns anzusehen, warum sie so viel in uns auslösen und wo wir selbst nicht hinsehen wollen. Ich möchte außerdem betonen, dass es einen großen Unterschied macht, ob ein Kind Geld stiehlt, das sich seiner Handlungen und vor allem auch der Auswirkungen darüber noch nicht bewusst ist, oder ein Erwachsener. Die Motive sind dabei meist sehr unterschiedlich. Auch wenn Kinder bereits sehr früh ein moralisches Empfinden entwickeln und auch schon sehr früh spüren, ob etwas ihnen gehört oder nicht.«

»Und was war dann bitte das Motiv?«, wollte Adrian wissen.

»Da gibt es mehrere Möglichkeiten. Es kann sein, dass ein Kind auf ein unerfülltes Bedürfnis aufmerksam machen möchte und mit dem Diebstahl eine Ausdrucksmöglichkeit findet«, erklärte Paul. Vielleicht sind die Eltern sehr distanziert und dem Kind fehlt die Aufmerksamkeit oder Nähe. Es kann aber auch genau umgekehrt sein und einen Wunsch nach mehr Autonomie darstellen, weil es selbst entscheiden möchte, was es haben will. Wichtig wäre auch hier, dem Kind immer erst zuzuhören, Empathie zu schenken und das unerfüllte Bedürfnis herauszufinden und dann die Führung zu übernehmen, wie es in der Zukunft besser ginge – und einen neuen Weg als Lösung zu finden. Genau dasselbe gilt für euer inneres Kind, wenn es aufschreit, rebelliert oder gerade in euch kämpft. Es komplett übernehmen und alles durchgehen zu lassen, wäre der falsche Weg. Das wäre, als würdet ihr euer inneres Kind mitten auf dem offenen Meer allein die Segel hissen und das Steuer übernehmen lassen und dabei zusehen, wie es kentert oder in ein anderes Boot kracht. Es aber zu beschimpfen, zu bestrafen oder schreiend unten in die Kajüte zu sperren und zu ignorieren, ohne sein Verhalten zu hinterfragen, oder eurem inneren Kind Schuldgefühle zu machen, wäre ebenfalls kontraproduktiv, denn die hat es in den meisten Fällen bereits, wenn es sich ertappt fühlt oder bereits selbst ein schlechtes Gewissen hat, weil es spürt, dass etwas am eigenen Verhalten nicht richtig war. *Richtig* und *Falsch* ist aber gerade bei Kindern auch immer etwas, das ich hinterfragen würde – und damit meine ich auch eure inneren Kinder. Statt euch für eine Reaktion oder Handlung zu verurteilen, fragt euch stattdessen: ›*Warum kam es dazu? Was hat sich das Kind in mir dadurch erhofft und welchen Wunsch wollte es dadurch erfüllt bekommen?*‹ Das wird euch in jedem Fall mehr weiterbringen, als es einsam und verlassen sitzen zu lassen, damit es sich erst recht wieder schlecht fühlt und zum Rundumschlag ausholt.«

Wir können
anderen Menschen
immer nur so tief
begegnen, wie wir
uns selbst
begegnet sind.

FALSCH VERBUNDEN

Kannst du heute sagen, was damals dahintergesteckt hat?«, fragte Paul in Toms Richtung.

»Ich denke, diese bunte Welt der Spielwarengeschäfte und Süßigkeitenläden hat mich als Kind unglaublich fasziniert. Wahrscheinlich hatte ich damals schon diesen starken Wunsch nach den schönen Dingen im Leben und wollte mehr davon«, antwortete Tom.

»War es denn nicht schön genug, so wie es war?«, wollte Paul wissen.

Tom wirkte nachdenklich. »Ich weiß nicht. Aber ich fand sehr spannend, was du vorhin über den Wunsch nach Autonomie gesagt hast. Ich denke, ich wollte mich schon als Kind von niemandem begrenzen lassen. Ich wusste zwar, dass es nicht richtig war, Geld von anderen zu stehlen, aber es war mir eben zu wenig und ich hatte keine Angst. Ich kenne das Gefühl noch nicht einmal heute. So eigenartig das vielleicht klingen mag, aber ich weiß nicht, wie es sich anfühlt, Angst zu haben.«

»Wie bitte?!«, stieß Emma aus und musste lachen. »Von welchem Stern bist *du* denn eigentlich und kannst du mir vielleicht dein Geheimnis verraten?« Sie sah Tom dabei grinsend an, aber es blitzte auch blanke Neugierde durch ihre Pupillen. »Wenn ich weniger Angst hätte, würde sich wahrscheinlich mein ganzes Leben zum Positiven wenden«, sagte sie überzeugt. »Denn wenn ich ehrlich bin, habe ich das Gefühl, mein Leben besteht ausschließlich aus Angst. Genau wie ich. Alles ist eine einzige Aneinanderreihung von Angst! Der Angst, zu gehen. Der Angst, etwas Neues zu wagen. Der Angst, das Richtige zu verpassen. Der Angst, das Falsche zu tun.« Sie sah kurz auf die Wellen hinaus und dann wieder zu uns. »Ich habe einfach eine riesige Angst vor allem ... auch vor *dem* hier«, sie deutete mit dem Zeigefinger Richtung Meer. Danach schwenkte sie zu Paul. »Wenn ich ehrlich bin, habe ich jetzt schon Angst davor, was du später mit uns vorhast und ob wir vielleicht ins Meer müssen.« Emmas Augenbrauen schoben sich weit nach oben. Danach blickte sie wieder zu Tom. »Also komm schon, verrate mir dein Geheimnis! Wie ist es, keine Angst zu haben, und wie stellst du das genau an?!«

»Ich kann es dir leider nicht sagen«, antwortete Tom geradeheraus. »Das ist nichts, was ich mir ausgesucht habe. Die hat sich einfach nie bei mir gemeldet«, grinste er.

»Oder du hast die Angst irgendwo tief in deinen Schatten verdrängt und von da aus ist sie dir gar nicht bewusst, aber hält dich trotzdem auf ihre Art gefangen«, hielt Paul dagegen.

»Willst du mir etwa Angst machen, Paul?«, scherzte Tom.

»Ganz und gar nicht. Aber es sind gerade die Dinge, die wir nicht fühlen wollen, die uns am meisten steuern. Oder anders ausgedrückt könnte man auch sagen: Nicht was wir fühlen steuert uns, sondern was wir *nicht* fühlen. Und vielleicht ist das bei dir die Angst, die du auf gar keinen Fall fühlen möchtest und die du deshalb irgendwo ganz tief in deinem Schatten vergraben hast. Von da aus kann es aber sein, dass sie dich sogar noch stärker antreibt als Emma. Da dir deine Angst aber nicht bewusst ist, konntest du bisher auch noch nichts gegen sie unternehmen.«

»Na, das klingt ja aufmunternd«, witzelte Tom, aber es war ihm anzusehen, dass Paul seine Aufmerksamkeit geweckt hatte.

»Hinter der vermeintlichen Unverletzbarkeit könnte sich eine Urangst vor dem Unberechenbaren und vor Veränderung verbergen. Als Bewältigungsstrategie entwickeln manche Menschen dann eine Art Hochmut und es kann zu einer Verhärtung oder Erstarrung kommen, die auch einen gewissen Starrsinn nach sich zieht. Der dahinterliegende Wunsch ist dabei immer, sich schützen zu wollen, denn dadurch wird die Angst nicht gefühlt. Das heißt aber nicht, dass sie nicht tief in dir verankert und trotzdem da ist.« Paul sah kurz zu Adrian und dann wieder zu Tom. »Menschen, die eine solche Schutzstrategie gewählt haben, denken oft, sie hätten gar keine Angst. Die Angst wird dann durch einen sehr klugen und geschickten Lebensstil kompensiert. Tief drinnen kann sich dadurch aber ein Gefühl von Einsamkeit einstellen und die Annahme, ohnehin von niemandem verstanden zu werden. Die Einsamkeit und tiefe Überzeugung, mit allem allein zu sein, werden dann ebenso stark unterdrückt und in ein vermeintliches Freiheitsgefühl umgewandelt. Dieser fast schon überzogen starke Wunsch nach Freiheit zeigt sich dann auch in einer gewissen Härte nach außen. Was im Schatten aber trotzdem immer mitschwingt, ist ein Gefühl der Verlassenheit, das als höchste Bedrohung von außen empfunden wird und das es um jeden Preis zu verhindern gilt. Die Angst vor einer Verletzung und dem Unberechenbaren wird damit bekämpft, alles immer so rasch wie möglich wieder in den Griff zu bekommen und die Fassade der Unverletzbarkeit damit weiter aufrechtzuerhalten. Sie kann sich manchmal sogar in einer erhöhten Risikobereitschaft in gewissen Lebensbereichen äußern und wird dann beispielsweise in Extremsportarten wie Bungee-Jumping ausgelebt. Andere suchen den Nervenkitzel vielleicht im Motorsport oder im Klettern. Trotz dieser Kompensationen ist der Wunsch nach Sicherheit im Leben aber enorm groß.« Paul sah Tom nun direkt in die Augen. »Wenn schon die Welt da draußen unsicher ist, möchtest du dir zumindest selbst der Anker sein. Du willst demnach nichts Beängstigendes fühlen. Wie geht es dir damit bei deinen Operationen?«

»Ich muss zugeben, ich mag es am liebsten, wenn alles in gewohnten Routinen verläuft. In der Chirurgie empfinden manche meiner Kolleginnen und Kollegen auftretende Komplikationen als besondere Herausforderung und damit als etwas Spannendes. Ich mag das gar nicht.«

»Das dachte ich mir. Du hast die Angst tief in deinen Schatten verdrängt, und sie fühlen zu müssen, versuchst du in jedem Fall zu vermeiden. Alles, was nicht planbar ist, wird innerlich abgelehnt.« Er wandte sich nun sowohl Tom als auch Adrian zu. »Dafür seid ihr beiden bestimmt sehr gut darin, rasche Entscheidungen zu treffen, die euch dann die gewünschte Erleichterung bringen. Wenn das aber nicht möglich ist, weil andere es nicht zulassen und ihr das Risiko in der Zukunft aufgrund nicht kalkulierbarer Faktoren nicht abschätzen könnt, weckt das ein starkes Gefühl der Verunsicherung. Der Kontrollverlust bringt dann eine gewisse Form der Erstarrung mit sich und führt auch körperlich zu Verspannungen der Muskulatur, einem verkrampftem Kiefer oder einer verspannten Stirn. Wenn die Gefühle zu lange im Schatten gefangen gehalten und verdrängt werden, suchen sie sich oft auch einen radikaleren Weg nach draußen, und das wiederum kann sich dann auch in einem massiven körperlichen Zusammenbruch äußern. Euer Körper hindert euch dann regelrecht daran, weiterhin ein Leben zu führen, das ihr eigentlich hasst.«

Adrians Augen weiteten sich.

»Sich von jemandem im Stich gelassen zu fühlen, stellt eine ganz besondere Bedrohung dar, deshalb ist manchmal später der Wunsch sehr groß, lieber selbst zu verlassen als verlassen zu werden«, sprach Paul ruhig weiter. »Das gilt für Partnerschaften und Freundschaften und trifft auch auf den Arbeitsplatz zu. Bis es aber zu dem Entschluss gekommen ist, einen Menschen oder eine Situation zu verlassen, wird meist verbissen am Jetztzustand festgehalten. Selbst dann, wenn ihr eigentlich schon lange keine Freude, sondern vielmehr eine gefühlte Abhängigkeit empfindet, die euch im tiefsten Inneren widerstrebt.« Nun horchte auch Emma auf. »So kommt es dann oft zum sturen Festhalten an einer alten Lebenssituation, weil die Anstrengung, sich in etwas Neuem einrichten zu müssen, zu groß erscheint. Die Angst vor Veränderung kann bei manchen Menschen auch zur Selbstsabotage führen, bei der aufopfernd dagegengehalten wird, bis der Schmerz zu groß ist.« Paul sah wieder zu Adrian und Tom. »Oder sie äußert sich in völligem inneren Rückzug und Erstarrung. Die Lösung wäre aber, sich gerade in dieser starren Lebensansicht auf echte Nähe, Wärme und Lebendigkeit einzulassen, damit das System wieder erweichen kann. Der erste Schritt ist dabei, sich all das erst einmal selbst zu geben, denn der körperliche Einfluss der Psyche wird sehr häufig unterschätzt. Er existiert aber tatsächlich in beide Richtungen: So hat die Psyche Auswirkungen auf euren Körper – aber ihr könnt durch euren Körper auch Einfluss auf eure Psyche nehmen und bei Triggern entsprechend gegensteuern. Das können Atemtechniken sein, wie die 4-7-8-Methode, mit der ihr bei auftretender Angst oder dem Gefühl des völligen Ausgeliefertseins vier Sekunden einatmet, sieben Sekunden den Atem anhaltet und acht Sekunden ausatmet. Damit könnt ihr euer Nervensystem beruhigen und euch vor überschnellen Reaktionen bewahren und euch auch wieder aus der Starre holen. Aber auch eure Ernährung, sportliche Aktivitäten, Meditationen oder Spaziergänge in der Natur können den notwendigen Ausgleich schaffen, wenn ihr merkt, dass euer inneres System völlig überlastet ist und ihr euch von euch selbst entfernt habt. Körperliche

Bewegung hilft generell, die Erstarrung zu lockern und zumindest vorübergehend Entspannung herbeizuführen. Wenn ihr kontinuierlich dranbleibt, kann aus diesem vorübergehenden Zustand auch eine neue Realität werden. Es klingt vielleicht einfach. Aber manchmal liegt genau in dieser Einfachheit und der Achtsamkeit im Moment die Lösung.« Paul blickte weiter zu Cleo und Luise. »Es gibt verschiedene Formen der Angst, die euch in Schach halten können und eurem Glück massiv im Weg stehen. So kann die Angst vor Wertlosigkeit beispielsweise zu übermäßig selbstlosen und manchmal auch selbstbestrafenden Handlungen führen, die oftmals in Selbstaufgabe enden, und ihr euch dadurch selbst verliert. Oder aber die Angst vor Unzulänglichkeit führt euch zu Selbstverleugnung, die ein gewissermaßen unterwürfiges Verhalten mit sich bringt und sich damit am anderen Ende der Selbstliebe befindet. Bei anderen wiederum äußerst sich die Angst vor einem Mangel in unersättlicher Gier, die sowohl finanzieller als auch körperlicher Natur sein kann, oder die Angst vor Versäumnis führt zu übertriebener Ungeduld. Wenn wir einen Teil in uns verleugnen, dann bringt er uns rasch ins andere Extrem und damit ins komplette Gegenteil, weil wir das jeweilige Gefühl um jeden Preis vermeiden wollen. Angetrieben werden wir meist davon, dass wir uns wieder mehr spüren wollen, letztendlich entfernt es uns aber noch weiter von uns selbst.« Paul machte eine kurze eindrucksvolle Pause und alle Augenpaare waren gebannt auf ihn gerichtet. »Das Leben ist unberechenbar, und auch wenn das den meisten Menschen widerstrebt, ist die Annahme dieser Tatsache die Voraussetzung, sich ganz darauf einzulassen. Wer sich nie ganz einlässt, kann zwar nicht verlassen oder enttäuscht werden, aber nimmt sich damit auch selbst die Lebendigkeit und Lebensfreude. Sich nicht einzulassen, betrifft im Übrigen auch eure Wahl in Partnerschaften.« Er sah Luise tief in die Augen.

»Denn wie verbunden ihr euch fühlt, wenn es gar keine Verbindung gibt, sagt eine Menge über euer Bindungsverhalten.«

»Falsch verbunden, sozusagen«, scherzte Adrian und wurde dann ganz still, als wäre auch ihm gerade etwas klar geworden. Paul blickte ihn und Cleo an und nickte. »Genau. Ihr seid dann nicht mit euch selbst verbunden. Auch das gibt Hinweise auf euer Bindungsverhalten. Denn wenn ihr an der Vorstellung einer Zukunft festhaltet, die im Moment gar nicht existiert, weil ihr der Realität nicht ins Auge sehen wollt, lasst ihr euch auch nie ganz ein. Ihr blendet dann Dinge aus, die nach außen schwer zu übersehen sind, aber für die ihr regelrecht blinde Flecken entwickelt, weil euch die Vorstellung so viel besser als die Realität erscheint. Eine Beziehung ist aber immer nur so gut wie der Ist-Zustand und nicht wie der Wunschtraum eines möglichen Potenzials, das vielleicht nie eintritt. Ich halte es daher für wichtig, euch vielmehr immer das jetzige Verhalten, die Eigenschaften und Werte eures Gegenübers anzusehen und euch zu fragen: Wenn alles genau so bleibt, wie es derzeit ist, oder es sich in Zukunft sogar um zwanzig Prozent verschlechtert – schaffe ich es dann, mit diesem Menschen glücklich zu sein?« Er machte eine Pause. »Und genau dann befindet ihr euch in der momentanen Realität mit dem Ausblick auf eine realistische Zukunft. Natürlich ist es immer möglich, dass sich beide weiterentwickeln, aber die meisten Menschen gehen bereits mit diesem Veränderungswunsch in eine Verbindung oder Partnerschaft und denken, dass sich bestimmt noch etwas beim anderen ändern wird. Wir alle wissen aber aus eigener Erfahrung, wie schwierig es ist und wie viel Zeit und Mühe es kostet, seine eigenen Muster zu durchbrechen und etwas zu verändern. Das von anderen Menschen zu fordern, ist daher ein waghalsiges Ziel, vor allem, weil wir gar nicht wissen, ob der Wunsch beim Gegenüber tatsächlich besteht. Umso wichtiger ist es daher, für euch herauszufinden, was ihr von euch selbst wollt. Wie möchtet ihr euch fühlen und welche Veränderung wollt ihr in euch selbst anstoßen? Denn nur da könnt ihr ansetzen. Natürlich kann eine solche Veränderung in der Dynamik dann in der Folge zu zwei Dingen führen: Entweder ihr trefft euch nicht mehr in euren Vorstellungen und ihr begreift, dass ihr etwas anderes braucht, oder es löst auch im anderen etwas aus, das euch wieder näher zueinander führt. Sich Letzteres aber als Ziel zu setzen und es nur deswegen zu tun, wäre kein guter Ansatz. Es geht in erster Linie darum, euch eurem eigenen Schatten zu widmen, wirklich ehrlich zu euch selbst zu sein und eure eigenen Muster zu durchbrechen. Bevor ihr das nicht getan habt, wird sich auch im Außen wenig ändern, und wenn doch, wird es nur von kurzer Dauer sein. Tief verankerte Muster und Überzeugungen führen euch immer wieder zu ähnlichen Handlungen und Entscheidungen und somit auch zu immer wiederkehrenden ähnlichen Ergebnissen.«

»Aber ich habe doch nicht entschieden, mich in eine vergebene Frau zu verlieben!«, hielt Adrian dagegen.

»Hast du nicht?«, fragte Paul. »Oder könnte es sein, dass du im Inneren gespürt hast, dass sie nicht ganz verfügbar ist, und du dich vielleicht genau deshalb in sie verliebt hast?«

Adrian verstummte und Luise starrte ins Leere.

»Und wie es aussieht, kann auch jemand nicht verfügbar sein, den man gerade erst geheiratet hat«, sagte Cleo monoton.

Wenn unsere Vorstellung besser als die Realität ist, sind wir dann blind für unser wahres Glück?

Nicht was
wir *fühlen*
steuert uns,
sondern
was wir
nicht fühlen.

CALVIN-JUSTIN RAUBT MIR DEN FRIEDEN

Manchmal flüchten wir uns in die Vorstellung, wie etwas sein oder noch werden könnte, weil uns die Vorstellung weniger bedrohlich erscheint als die Realität. Es ist einfacher, sich die Dinge schönzureden, als sie zu ändern«, erklärte Paul weiter. »So hoffen wir darauf, dass etwas von außen geschieht oder andere sich endlich ändern und dann alles besser wird. In Beziehungen nehmen wir dadurch eine passive Rolle ein, in der wir uns zwar vielleicht beschweren oder unzufrieden sind, aber uns in Wahrheit selbst nie ganz einlassen und dadurch echte Verbindung vermeiden. Wir suchen uns vielleicht sogar schon im Vorhinein bindungsunwillige oder nie ganz verfügbare Menschen, weil wir aufgrund schlechter Erfahrungen selbst nicht ganz verfügbar sind und uns schützen wollen. In anderen Bereichen stecken wir uns vielleicht unrealistische Ziele oder bleiben auch beruflich in einem toxischen Umfeld, damit wir uns später sagen können, wir hätten gewusst, dass wir scheitern oder uns wieder jemand ablehnen würde. Etwas in unserem Schatten versucht uns an unserem Glück zu hindern, um wieder da zu sein, wo wir immer waren: in der Wiederholung der Vergangenheit. In der immer gleichen Gegenwart und damit auch in einer relativ vorhersehbaren Zukunft.« Pauls Worte rauschten gemeinsam mit den Wellen auf uns zu und ich hatte das Gefühl, sie bewegten etwas in uns. »Manchmal steht euch euer Schatten dabei im Weg, gesehen zu werden«, sprach er weiter. »Oder er hindert euch an eurem Erfolg oder an einer tiefen, erfüllenden Beziehung, weil die Angst zu groß ist, dass ihr am Ende verletzt werden könntet. Macht euch aber bewusst, dass euch euer Schatten Lügen über die Realität erzählt. Er spielt euch den Ball der Hoffnung zu und stülpt den Mantel der Täuschung über Menschen und Dinge, die euch nicht guttun, und redet sie euch schön, weil sie euch Gefühle bringen, die ihr bereits kennt. Umgekehrt redet er euch aber auch Menschen und Dinge schlecht, die ihm langweilig oder völlig verkehrt erscheinen – allerdings nur deshalb, weil sie ihm nicht vertraut sind und er sie dadurch als nicht kalkulierbar einstuft und ablehnt. Es ist auch euer Schatten, der tiefe innere Überzeugungen in sich trägt wie: *Niemand ist mehr ehrlich ... Alle sind nur auf ihren Vorteil aus ... Es gibt doch gar keine guten Menschen ... Beziehungen sind immer ein Kampf ... Alle Guten sind ohnehin vergeben ... Ich kann mich auf niemanden verlassen ... Es sind doch alle gleich ... Sie lassen mich früher oder später ohnehin im Stich ... Es ist niemandem zu trauen ... Ich darf nicht sein, wie ich bin ... Alle wollen mich verändern ...* oder welche Überzeugungen sich sonst im Laufe der Jahre in eurem Schatten eingewoben haben, und daraus eine alles übergreifende Schlussfolgerung resultiert, die lautete: *Warum sollte es besser werden?*« Paul sah uns alle einzeln an. »Und es stimmt«, sagte er und wir sahen ihn verdutzt an. »Es kann gar nicht besser werden, wenn ihr diese inneren Überzeugungen in euch tragt – auch wenn sie gar nicht wahr sind. Was noch erschwerend hinzu kommt, ist, dass sich in eurem Schatten auch jede Menge Lügen über euch selbst verbergen. Er breitet sie weit in euch aus und führt euch zu dunklen Überzeugungen wie: *Ich habe doch gar nichts Besseres verdient ...*

Ich bin nicht wichtig ... Ich kann gar nichts ... Ich bin falsch ... Mich kann niemand lieben ... Ich bin einfach nicht liebenswert ... Niemand sieht mich ... Keiner will mich ... Egal, was ich tue, es ist falsch ... Ich bin nicht gut genug und werde es auch nie sein.« Paul blickte durch die Runde. »Es sind fatale Lügen, die ihr schon lange in euch tragt und für die Wahrheit haltet. Im Schatten eingebettet stecken all eure Überzeugungen und größten Ängste, die sich unbewusst in euch festgekrallt haben. Von da aus ziehen sie euch wie ein Sog in die Tiefe, aber gleichzeitig schieben sie euch auch innerlich an und bestimmen eure Richtung. Denn alles, was ihr vermeiden wollt, übt noch eine stärkere Macht auf euch aus.«

»Das heißt, das Dunkle treibt uns stärker an als das Gute?«, fragte Emma und sah Paul mit großen Augen an, wirkte aber auch nicht sonderlich überrascht dabei.

»Zumindest glauben wir dem Dunklen oft mehr, vor allem dann, wenn wir der Dunkelheit schon öfter begegnet sind.«

»Das erklärt dann ja einiges«, maulte Adrian. »Vom Leben in die Traufe, oder wie? Da hab ich anscheinend einfach mal unbewusst mein Leben vermasselt. Es kann dann ja auch nie besser werden, wenn mich mein Schatten auf Schritt und Tritt verfolgt!«

»Dein Schatten verfolgt dich nicht«, antwortete Paul. »Er gehört zu dir. Du kannst ihn sogar für dich nutzen, und genau darum geht es.« Paul blickte weiter zu uns allen. »Euer Schatten hat euch bisher angetrieben, vielleicht sogar beherrscht, aber nur deshalb, weil er euch nicht bewusst war und ihr euch dem Dunkeln nicht stellen wolltet. Das ist auch nichts Ungewöhnliches, den meisten Menschen geht es so. Solange ihr aber denkt, dass euer Schatten euch verfolgt, und ihr nicht erkennt, dass er ein Teil von euch ist, wird er weiterhin eure Entscheidungen und damit auch euer Leben bestimmen.« Er wandte sich wieder Adrian zu. »Das allerdings für nicht veränderbar zu halten, würde bedeuten, dass du das Steuer bewusst abgibst und es damit nicht in deiner Hand läge, Dinge zu ändern oder sie sogar in eine viel bessere Richtung zu lenken, als du dir bisher zugetraut hast.«

»Es sind aber die anderen, die mir zu wenig zutrauen! Ich traue mir ehrlich gesagt jede Menge zu«, widersprach Adrian.

»Welche anderen?«, fragte Paul ganz ruhig.

»Na, die Haifisch-Gang und die Frau, die ich getroffen habe und mit der ich dachte, endlich mal glücklich zu sein!«

»Dann traust du dir aber wenig zu«, entgegnete Paul. »Willst du denn Menschen in deinem Leben haben, die dich gar nicht zu schätzen wissen und nicht in ihrem haben wollen? Traust du dir denn nicht mehr zu?« Paul sah Adrian provokant in die Augen.

»Okay. Eins zu null für dich, Paul. Da hast du nen Punkt.«

»Das Leben ist aber kein Wettkampf«, erwiderte Paul langsam. »Es dreht sich nicht alles um Leistung oder darum, zu gewinnen. Manchmal seid ihr so stark darauf konzentriert, anderen beweisen zu wollen, dass sie im Unrecht sind und ihr ein Gewinn für sie seid, dass ihr vergesst, dass es später gar nicht mehr wichtig sein wird.«

»Was wird später nicht mehr wichtig sein?«

»Wenn du glücklich bist, wird es dir nicht mehr wichtig sein, was sie über dich denken oder was sie dann für sich erkannt haben. Du wirst keine Zeit dafür haben, darüber nachzudenken, was sie aus der Sache mitgenommen haben. Du bist dann zu beschäftigt damit, glücklich zu sein.«

Adrian schwieg. Es schien eine stumme Zustimmung zu sein.

»Wenn wir akzeptieren, dass wir manchmal eben auch verlieren, werden wir unbesiegbar. Dann müssen wir unseren Wert nicht mehr beweisen, nicht um Anerkennung betteln oder in den Kampf ziehen, damit andere erkennen, was wir zu bieten haben. Wir wissen es einfach und stellen es auch nicht infrage, nur weil es jemand anderer nicht sehen kann. Wir haben dann auch nicht permanent

Angst, etwas falsch zu machen, nicht gesehen, gehört, respektiert oder geliebt zu werden, und müssen diese Angst auch nicht überkompensieren.« Paul blickte in Rebeccas Richtung. »Die Angst, uns selbst zu verlieren, bestimmt uns dann nicht mehr. Eine Angst, die sich in manchen Momenten geradezu lebensbedrohlich anfühlen kann und in der wir uns erst recht wieder verlieren. Bis wir sie loslassen, untergraben wir damit aber nur unsere eigene Lebendigkeit und verschließen uns am Ende ganz.« Paul ließ seinen Blick wieder durch die Runde schweifen. »Denkt dabei an eine Muschel«, sagte er und unsere Augen folgten ihm hinaus aufs Meer und wieder zurück zu uns aufs Boot. »Muscheln leben tief unten am Meeresgrund und werden zwischen ein- und fünfhundert Jahre alt. Einige von ihnen haben daher eine Menge Erfahrung gesammelt«, fügte er hinzu und lächelte. »Wie ihr alle wisst, ist ihre äußere Schale leblos und hart. Sie besteht aus zwei Klappen, die mit einem elastischen Band und einem verzahnten Scharnier als Schloss miteinander verbunden sind. Wenn wir sie allerdings genauer betrachten, bemerken wir bald, dass der innere Teil ihrer Schale eine wunderschöne glänzende Perlmuttschicht trägt. Gegen das Licht gehalten, schillert sie in den buntesten Farben.« Er lächelte wieder. »Die Schale dient der Muschel zum Schutz. Aber selbst in ihrem Inneren – da, wo ihr weicher Muschelkörper liegt –, wird ihr zarter Körper von einem Mantel umschlossen, der die Muschel noch zusätzlich schützt. Die Muschel weiß ganz genau, wann sie sich zu öffnen oder zu verschließen hat. Je nach Bedarf zieht sie dann im tiefsten Inneren ihre starken Schließmuskeln zusammen und klappt ihre Schale zu. So kann sich die Muschel teilweise oder wenn nötig auch vollständig von der Außenwelt abschotten. Sie wehrt damit drohende Gefahr ab und zieht sich immer wieder in ihre eigene Dunkelheit für ihr Wachstum zurück. Das ist nicht nur sinnvoll, sondern eben manchmal auch lebensnotwendig.«

»Ganz schön schlau, die Muschel«, scherzte Rebecca. »Ich muss sagen, das ist auch *mein* liebster Ort. Allein mit mir, hinter der Schale. Da, wo mir niemand meinen Frieden raubt.«

»Dabei wäre es wichtig, nicht zu vergessen, dass euch niemand anderer euren Frieden rauben kann, solange ihr diesem Menschen nicht die Erlaubnis dazu erteilt.«

»Die Erlaubnis?«, fragte Rebecca ungläubig und alle horchten auf. »Als ob ich einen Einfluss darauf hätte, was ein x-beliebiger Calvin-Justin so tut oder von sich gibt!«

»Natürlich nicht. Aber wenn es dich stört, wäre das genau der richtige Zeitpunkt, es wie die Muschel zu machen: deine Schale kurz zu verschließen und dich zu fragen, warum du einem Calvin-Justin die Erlaubnis erteilst, dir deinen inneren Frieden zu rauben. Dazu könntest du auch Nein sagen und damit aufhören, ihn als Ausrede zu benutzen, dir einzureden, dass es nur Calvin-Justins da draußen gibt. Denn damit würdest du deinen Fokus nur weiterhin auf diese selbst gebastelte, aber auch sehr limitierende Wahrheit richten, die dir bestätigt, dass es viel besser ist, sich erst gar nicht mehr zu öffnen und einzulassen. Stattdessen könntest du deine Schale wieder aufmachen, sobald die Calvin-Justin-Muschel vorbeigezogen ist, und nach Muscheln Ausschau halten, die auf derselben Wellenlänge mit dir schwimmen.«

Rebecca blieb der Mund offenstehen. Und Cleo, Luise und sogar Emma schien es ähnlich zu ergehen. Manchmal sah die Realität eben doch anders aus, als wir sie uns einzureden versuchten.

»Und natürlich macht das niemand bewusst. Weder ihr noch andere. Wir alle denken, wenn wir es in dem Moment fühlen, dann ist es die Wahrheit. Aber wir müssen aufhören, Gefühle mit Tatsachen zu verwechseln. Denn manchmal täuschen wir uns auch selbst«, sprach Paul weiter. »Wenn sich so ein altes Gefühl in euch meldet, dann ist es ein Zeichen, dass andere in dem Moment euren Schatten aktivieren. Ihr könnt euch dann auch vorübergehend schützen, genau wie die Muschel. Es ist aber wichtig, dass ihr euch genau anseht, was sich in der Dunkelheit bei euch meldet und welcher Schatten sich hier zeigen möchte. Sich hingegen für immer zu verschließen, wäre kein hilfreicher Weg. Denn auch die Muschel öffnet ihre Schale immer wieder. Ihre Öffnung hängt dann aber von der Wassertemperatur ab. In wärmeren Gewässern ist sie um einiges aktiver und öffnet sich häufiger – ein gutes Sinnbild dafür, weise zu wählen, in welchem Umfeld ihr euch öffnen wollt. Es macht durchaus Sinn, erst einmal in Erfahrung zu bringen, ob euch jemand die nötige Wärme entgegenbringt oder ob ihr immer wieder eiskalt abgewiesen werdet und euch jemand gar nicht zu schätzen weiß. Dann dürft ihr euch fragen, warum ihr eure Schale für diesen Menschen noch öffnet.« Ich spürte mich nicken und sah, dass die meisten von uns dasselbe taten.

»Aber auch bei den Muscheln kann es passieren, dass ein ungewollter Fremdkörper zwischen den Mantel und ihre Schale dringt. Die natürliche Reaktion mancher Muscheln ist es daraufhin, den Fremdkörper mit Perlmutt zu überziehen, bis daraus eine Perle entsteht. Was diese Muscheln dann machen, ist nichts anderes, als alles, was in ihr Inneres eingedrungen ist und sie verletzt hat, mit einer wunderschönen glänzenden Schicht zu überziehen und sich so davor zu schützen. Vielleicht kommt daher auch der Spruch: Jede Perle eine Träne. Das ist natürlich ein Prozess. Eure Traurigkeit wird sich nicht gleich in etwas Schönes verwandeln. Es braucht seine Zeit. Ihr habt aber letztlich immer die Chance, etwas sehr Wertvolles daraus zu ziehen, das sich in der Form von Wachstum und Heilung zeigt und etwas Schönes in euch hinterlässt. So ist es auch bei der Muschel. Auch wenn es zu einem Angriff kommt, bleibt ihr Innerstes dabei unversehrt. Wenn sich die Muschel danach wieder öffnet, ist das Risiko, verletzt zu werden, zwar immer da, aber sie versteht es – im Fall des Falles –, etwas Wundervolles daraus entstehen zu lassen. Ganz wichtig dabei aber ist: Sie verschließt sich nicht für immer. Sie öffnet sich nach einer Weile wieder, um sich zu nähren, ihr Wesen in die Welt zu tragen oder einfach schwerelos im Meer zu gleiten und sich weiterzubewegen.«

Paul blickte weiter zu Adrian. »Ihr sucht dann auch nicht Ersatzsicherheit in überdurchschnittlicher Leistung oder dem Drang, euch ständig beweisen zu müssen, sondern erkennt, dass ihr euch hin und wieder auch entspannen und vertrauen könnt, wenn ihr eure Richtung kennt und euch bewusst wird, dass ihr gar nichts tun müsst für euren Wert.«

»Witzig, Paul. Nichtstun ist genau das, was man sich wünscht, wenn man seinen Job gerade verloren hat«, brummte Adrian.

»Oder es ist genau das, was man braucht, um nicht im selben Hamsterrad weiterzulaufen, bis man umkippt, weil man es selbst nicht geschafft hat, Ruhe zu geben.«

»Ich hasse Ruhe.«

»Ich weiß. Ruhe würde bedeuten, dass du dich deinem eigenen Schatten stellen und dich womöglich mit deinen Gefühlen auseinandersetzen müsstet.«

»Aber Gefühle sind doch auch manchmal falsch, das hast du selbst gerade gesagt!«

»Ja, sie können uns falsche Tatsachen vorgaukeln. Wenn du dich beispielsweise gut fühlst, weil du dich ablenkst, dann entspricht das nur deshalb einem guten Gefühl, weil du ein schlechtes damit unterdrückst. Es ist ein Bewältigungsmechanismus, und leider bewundern wir in unserer Gesellschaft oft Menschen, die immer beschäftigt und damit sehr erfolgreich sind, statt uns Sorgen zu machen, welches Gefühl sie gerade in sich betäuben. Wie du gemerkt hast, schleudert es dir den ganzen Dreck aber von unten dann früher oder später ohnehin um die Ohren, weil vielleicht jemand anderer den Schlamm am Meeresgrund aufwühlt und dich dazu zwingt, dich damit auseinanderzusetzen. Dann geschieht genau das, was du beschrieben hast: Du bekommst keine Luft mehr und der aufgewühlte Schlamm raubt dir die Sicht. Das ist, als würdest du die ganze Zeit ohne Ausrüstung unter Wasser tauchen und dich abstrampeln, ohne etwas zu sehen. Irgendwann verlierst du die Orientierung und es geht dir die Luft aus.«

»Ja, weil ich verdammt noch mal nicht mehr atmen kann bei all dem, was passiert ist!«

»Hast du dir denn überhaupt schon einmal erlaubt, dich schlecht zu fühlen und in dich hineinzuspüren, wie sich das anfühlt?«

Adrian sah Paul an, als hätte er die Frage nicht verstanden.

»Ich weiß, es war bisher immer deine Strategie, der Starke zu sein, der alles aushält und trotzdem immer weitermacht. Aber irgendwann geht auch dir die Kraft aus. Gar nichts zu tun, kann sich für viele Menschen deshalb wie eine Bedrohung anfühlen. Es macht ihnen Angst, weil sie dann die Kontrolle verlieren. Stattdessen lenken sie sich lieber ab.«

»Aha, und wovon lenke ich mich ab?«

»Davon, dich schlecht zu fühlen. Denn das müsstest du, wenn du anfangen würdest, deinen Verlust zu betrauern. Und damit meine ich nicht deinen Job. Sondern, dass dich damals alle im Stich gelassen haben und du es heute immer noch für deine Wahrheit hältst.«

Alles, was wir *vermeiden* wollen,
übt noch eine stärkere
Macht auf uns aus.

Wenn wir
akzeptieren,
dass wir
manchmal auch
verlieren,
werden wir
unbesiegbar.

GEFÜHLSEINSCHNITT

Ich muss sagen, Nichtstun fällt mir auch sehr schwer«, sagte Tom und wirkte nachdenklich.

»Das glaube ich dir«, antwortete Paul. »Vielleicht, weil dir dann bewusst werden könnte, dass du die schlechten Dinge im Leben nicht einfach durch schöne ersetzen kannst, sondern dass sie weiterhin existieren. Dein Wunsch nach einem glänzenden Leben, das du mit jeder Menge glänzender Aktivitäten und glänzender Dinge füllst, verrät, dass du jegliche Form von Schatten ablehnst.« Er sah zu uns allen. »Und versteht mich nicht falsch, niemand mag das Dunkle oder Hässliche oder setzt sich *gern* mit seinen Schatten auseinander. Aber sie komplett zu ignorieren, wird auf Dauer keine sinnvolle Lösung sein.« Er hielt kurz inne. »Es lässt außerdem auch keinen Raum für Reibung und Konflikte, die aber Teil einer echten Verbindung sind.« Paul sah Tom und Adrian nacheinander tief in die Augen. »Vielleicht gab es einen Zeitpunkt in eurem Leben, bei dem ihr euch von euch selbst entfernen musstet, um euch sicher zu fühlen, und seither haltet ihr diese Distanz sowohl zu euch selbst als auch zu anderen. Wahrscheinlich fühlen sich heute Konflikte gefährlich an, weil ihr sie damals immer verloren habt. Ihr musstet eure Gefühle gut verstecken, um euch zu schützen, und tut es heute immer noch. Womöglich dachtet ihr, dass ihr einfach noch *stärker* und *männlicher* sein müsstet.« Paul zeichnete dabei Gänsefüßchen in die Luft. »Vielleicht wolltet ihr damit auch unbewusst einem weit verbreiteten Rollenbild entsprechen, das euch bereits so vorgelebt wurde, und habt euch erhofft, dass so niemand eure Gefühle sehen oder mitbekommen würde. Deshalb habt ihr sie verbannt – aber damit auch einen Teil von euch selbst. «

Pauls Worte erinnerten mich an ein Gespräch, das ich erst kürzlich mit meinem besten Freund geführt hatte. Lukas konnte an diesem Wochenende zum ersten Mal nicht dabei sein. Einerseits, weil er und Cleo sich zu wenig kannten und sie ihn deshalb nicht auf die Hochzeit eingeladen hatte, und andererseits, weil er zu dem Zeitpunkt bereits Urlaub mit seinem Mann auf Mykonos machte. »Weißt du«, hatte er erst vor wenigen Wochen zu mir gesagt, als ich ihn gefragt hatte, ob er denn nie wütend sei. »Ich finde wütend sein anstrengend. Ich bin doch schon erschöpft, wenn ich *dir* dabei zusehe, wenn du wütend bist.«

Er hatte mich damit zum Lachen gebracht. Aber schon im nächsten Moment hatte mich seine Aussage nachdenklich gemacht, denn sie sagte eine Menge darüber, was die Gefühle anderer in uns anstellen und wie sehr wir sie manchmal von uns wegschieben, um sie selbst nicht fühlen zu müssen. Er hatte gleich bemerkt, dass ich still geworden war. »Was ich damit sagen möchte«, hatte er weiter gesagt: »Es ist eigentlich schrecklich, ein Mann zu sein.« Ich hatte ihn mit großen Augen angesehen. »Na, es stimmt doch! Männer unserer Generation – aber auch in all den Generationen davor – haben solche Schwierigkeiten, in die Tiefe zu gehen, die aber notwendig wäre, um nicht als völliger Gefühls-Nackedei in der Gegend herumzulaufen.« Ich hatte wieder lachen müssen. Auch wenn es eigentlich traurig war. »Im Grunde sind wir doch überhaupt nicht mit unseren Gefühlen verbunden. Wir bemerken sie nicht. Wir fühlen sie nicht. Nichts! Wie soll man sich da selbst geschweige denn andere verstehen?« Er hatte mich daraufhin ganz geheimnisvoll angesehen. »Es ist, als hätte man uns Männer gleich nach unserer Geburt einem Eingriff unterzogen – so etwas wie eine Blinddarmoperation –, nur dass man uns stattdessen einfach von unseren Emotionen abgeschnitten hat.«

Er hatte mich wieder zum Lachen gebracht. »Schnipp, schnapp – Gefühle ab«, hatte ich erwidert und fand seine Aussage nicht nur bildlich, sondern leider auch in vielen Fällen zutreffend.

»Wenn du jetzt traurig, wütend oder sonst was bist«, hatte Lukas weiter ausgeführt, »fühle ich mich völlig hilflos, weil ich das weder fühlen kann noch ein Werkzeug dafür habe, wie ich damit umgehen soll oder dir sonst dabei helfen kann.«

»Du könntest einfach zuhören und da sein«, hatte ich geantwortet. »Und es aushalten ... Wir brauchen weder gute Ratschläge noch dass ihr dann die Flucht ergreift.«

Lukas hatte genickt. Mehrmals. Aber ich hatte in seinen Augen gesehen, dass das alles wie eine Fremdsprache für ihn klang, die er erst lernen musste.

»Wenn ihr wieder Kontakt zu euren Emotionen aufnehmt und keine Angst mehr vor ihnen habt«, hörte ich Paul sagen, »dann nehmt ihr nicht nur ein riesiges Gewicht von eurer Brust, sondern ihr könnt dann auch mehr in die Verbindung gehen. Mit anderen nicht mitfühlen zu können, ist meist ein sicheres Zeichen dafür, dass ihr zu wenig Mitgefühl mit euch selbst habt. Wer immer stark sein möchte, zeigt auch kein Mitgefühl für sich.« Er hielt kurz inne. »Es ist so viel leichter, andere für ihr Verhalten zu verurteilen, als sich zu fragen: Was hat sie dazu veranlasst, so wütend zu sein, in den Kampfmodus zu schalten, sich angegriffen zu fühlen, sich zurückzuziehen oder klein beizugeben? Gerade in Partnerschaften neigen Menschen dazu, das Verhalten anderer als völlig absurd oder viel zu dramatisch zu bemängeln, statt sich zu fragen: Was an meinem Verhalten hat dazu geführt, dass sich mein Gegenüber nicht sicher fühlt? Und war es vielleicht diese mangelnde Sicherheit, die diese Reaktion nach sich gezogen hat? Es würde uns viel Leid ersparen, wenn wir statt in den Krieg zu ziehen, Mitgefühl füreinander empfinden und uns auf die Suche nach Lösungen machen würden. Und je mehr wir dieses Mitgefühl für uns selbst entwickeln, umso mehr gelingt es uns, es auch für andere zu empfinden.« Er machte eine kurze eindrucksvolle Pause. »Wann haben wir eigentlich vergessen, dass wir alle nur Menschen sind? Mit kleineren und manchmal auch größeren Problemen und Sorgen, die jede Menge Schmerz und Trauer mit sich bringen? Statt sie anderen um die Ohren zu werfen, sollten wir versuchen, wieder mehr aufeinander zuzugehen und zu fragen: Was kann ich tun, damit du dich besser fühlst? Wie kann ich für dich da sein? Statt uns gegenseitig für furchtbar dramatische oder gar schlechte Menschen zu halten, wäre es dabei hilfreich, mehr ins Verständnis zu gehen. Niemand von uns war, ist oder wird jemals perfekt sein. Es von uns selbst oder anderen zu erwarten, wird uns nur direkt ins Leid bringen. Das heißt nicht, dass wir ein Verhalten nicht schlecht oder unangebracht finden und das auch so zu kommunizieren können. Aber eine entsprechende Konversation und Kommunikation der Bedürfnisse zeigt rasch, ob jemand gewillt ist, eine produktive Lösung zu finden und sein Verhalten in Zukunft zu korrigieren. Sollte das nicht möglich sein und weder Einsicht noch Verständnis aufgebracht werden oder vielleicht sogar eine völlige Verleugnung der Situation in Form von Gaslighting stattfinden, ist das eine mindestens genauso wichtige Information. Denn sie zeigt, dass ihr hier dann allein an einer Verbesserung arbeitet, die aber nur gemeinsam möglich ist.«

Emma hob ihren Zeigefinger und senkte ihn dann wieder. Es war wohl ein Zeichen dafür, dass sie sich weder verstanden noch gehört und völlig alleine in ihrer Beziehung fühlte.

»Was es allerdings auch nicht heißt«, fuhr Paul fort, »ist, sich alles gefallen zu lassen, was andere vollkommen unreflektiert und ausschließlich zum eigenen Nutzen veranstalten, wenn sie nicht gewillt sind, ihr Verhalten zu hinterfragen oder zu ändern, weil es ihnen nur um ihren eigenen Vorteil geht. Auch das ist ein Schatten. Aber solange ihnen dieser Schatten nicht bewusst ist, werdet ihr euch mit diesen Menschen in sehr dunklen Gewässern befinden. Es braucht also immer zwei oder eben genau so viele Menschen, die von der jeweiligen Situation betroffen sind, die sich ihrem eigenen Anteil stellen müssen.« Paul blickte durch die Runde. »Es kann daher gut sein, den ersten Schritt auf andere zuzumachen. Macht es allerdings nur dann, wenn dieser Schritt auch aus der richtigen Intention heraus geschieht. Es sollte kein Manipulationsversuch sein oder aus der Absicht heraus geschehen, jemanden ändern zu wollen, sondern tatsächlich aus einem Gefühl der Menschlichkeit und des Mitgefühls. Für sich selbst und auch für andere. Beides bringt eine gute Basis für eine produktive Konversation und Kommunikation der jeweiligen Bedürfnisse.« Er sah zu den Männern. »Ist so eine Konversation anstrengend, unbequem und vielleicht auch unangenehm?« Paul nickte und beantwortete sich die Frage damit selbst. »Natürlich ist sie das! Aber genau dann geschehen ehrliche echte Nähe und Verbindung und ein Gefühl von Sicherheit, sich dem anderen ganz zeigen zu können. Sich den eigenen dunklen Gefühlen zu stellen, ist dabei genauso notwendig, wie den nötigen Raum dafür in euren Beziehungen zu schaffen.« Ich sah, wie sich die Klarheit in Pauls Augen auch auf die beiden Männer vor ihm übertrug. Es war ihnen anzusehen, dass seine Worte ihre Wirkung taten. »Ihr könnt dann aufhören, der perfekten Frau, dem perfekten Auto, dem perfekten Job oder dem perfekten Was-auch-immer hinterherzujagen, weil euch die Jagd nur weiter von euch selbst entfernt.« Paul sah weiter zu Cleo, Emma und Luise. »Ihr habt auch nicht mehr den Drang, euch in unzähligen Nachrichten oder Gesprächen bis ins kleinste Detail zu erklären, nur weil euch in der Vergangenheit niemand beachtet oder zugehört hat. Denn genau das ist der Hintergrund: Ihr hofft, dass euch dann endlich jemand zuhört und versteht. Doch statt jemanden zu wollen, der euch nicht will, weil er sich vielleicht selbst gar nicht leiden kann, fangt ihr dann an, euch selbst zu wollen, und erkennt, dass ihr euch Liebe nicht erst verdienen müsst. Denn Menschen, die sich vor ihren Gefühlen verschließen, werden sich auch vor euren Gefühlen verschließen. Wenn sie keinen Zugang zu ihren Gefühlen haben, werden sie auch keinen zu euren finden. Ihr begreift dann, dass ihr euch in dem Kampf um andere nur selbst verliert. Ihr liebt nicht mehr ohne Rücksicht auf Verluste. Denn der Verlust seid ihr selbst. Ihr wartet nicht länger darauf, dass jemand sich die Zeit für euch nimmt, sondern fangt an, selbst für euch da zu sein. Ihr kämpft nicht mehr um Verbindung, sondern verbindet euch mit euch. Und ihr benutzt eure Geschichte nicht länger als Ausrede und Vermeidungsstrategie, damit ihr nichts ändern müsst.« Er stockte. »Was denkt ihr denn, was sich hinter der Wut verbirgt, die ihr anderen immer wieder entgegenschleudert, wenn ihr merkt, dass ihr sie nicht erreichen könnt?« Paul sah dabei Emma und Cleo an und schwenkte dann weiter zu Luise. »Oder wenn ihr die Wut so tief in euch unterdrückt, dass ihr euch selbst dafür hasst?« Danach blickte er zu Adrian.

»Ich?«, fragte Adrian ungläubig und deutete skeptisch auf sich, als hätte das alles gar nichts mit ihm zu tun.

»Ja«, antwortete Paul knapp. »Was meinst du, was versteckt sich hinter der Wut – traut sich aber nicht hervor, weil die Wut viel stärker ist?«

»Keine Ahnung«, schnauzte Adrian genervt.

»Könnte es vielleicht sein, dass sich die Wut leichter ertragen lässt als die Kränkung, die sich dahinter verbirgt?«

Adrian starrte ins Leere.

»Ich sag dir, was ich denke: Würdest du die Kränkung darüber zulassen, dass dich deine Eltern damals beide im Stich gelassen haben, würde sich dann vermutlich eine tiefe Verlassenheit zeigen, und die zu betrauern, würde dir den Boden unter den Füßen wegziehen.«

Adrian starrte immer noch. Diesmal auf die Wellen hinaus.

»Wut war dein Überlebensmechanismus. Hättest du sie dir nicht angeeignet, wärst du damals, als du noch nicht schwimmen konntest, diesem Meer der Gefühle völlig ausgeliefert gewesen. Du wärst ertrunken. So hast du dich mit Händen und Füßen mit deiner Wut gewehrt, damit du die Verzweiflung, Einsamkeit und tiefe Traurigkeit nicht fühlen musst, weil du Angst hattest, mit ihnen gemeinsam unterzugehen.« Er hielt kurz inne. »Ständig dagegen anzukämpfen und so furchtbar wütend zu sein, muss allerdings sehr anstrengend sein.«

Adrians Mundwickel zuckten, als wehrten sie sich gegen die Wahrheit. Es wirkte beinahe so, als kämpfte die Wut mit aller Anstrengung von innen gegen alle anderen Gefühle an.

»Traurigkeit, auch wenn sie uns nicht gefällt, ist aber auch eine Erinnerung daran, echt und tief zu fühlen«, ergänzte Paul.

Danach schossen Adrian die Tränen ein. Aber auch wir anderen waren tief berührt. Der Wind blies Salztropfen vom Meer in unsere Gesichter, und so war nicht ersichtlich, ob das Meer in Tropfen oder unsere Traurigkeit in Tränen in unseren Gesichtern hing. Aber vielleicht war das auch für den Moment gar nicht wichtig. Wir wussten von Paul, dass es vor allem darum ging, was sich in unserem Innersten abspielte und was wir von da aus in die Welt brachten. Und eines war gewiss: Es tropften Tränen von unserer Seele. Tränen, die schon lange dort hingen, aber nun endlich voller Erleichterung fallen durften.

Nur Charly wirkte abwesend. Als wäre sie schon zu lange traurig gewesen und als wäre es Zeit für etwas Neues.

»Andrea, du hast gar nicht viel gesagt bisher«, sagte Paul plötzlich. »Hast du wieder die Beobachterinnenposition eingenommen, bevor du später alles zu Papier bringst?«, scherzte er in meine Richtung und ich sah ihn entgeistert an.

»Stimmt. Ich habe mich aber in vielen Dingen wiedererkannt«, antwortete ich schließlich. »Ich habe allerdings manchmal das Gefühl, nicht zu wenig, sondern alles und die ganze Welt – also insgesamt viel zu viel – zu fühlen. Gibt es das denn? Kann man zu viel fühlen?«

»Beschreib es doch mal«, forderte mich Paul auf.

»Mhm ... Es ist gar nicht so leicht, das zu beschreiben«, erwiderte ich nachdenklich und versuchte es trotzdem. »Aber ich glaube, manchmal fühle ich nicht nur meine eigenen Gefühle, sondern auch die der anderen und der ganzen Welt. Das ist auf der einen Seite sehr schön, aber auf der anderen Seite auch furchtbar und vor allem furchtbar anstrengend ... Und manchmal überwältigt es mich regelrecht. Also ja, ich würde sagen, manchmal fühle ich zu viel«, spürte ich die Worte aus meinem Mund sprudeln. »Es passiert so viel auf der Welt, aber auch in meinem Leben und dem der anderen, und ich fühle dann alles auf einmal ...«

»Und dann überfordert es dich?«

Ich nickte.

»Weil du zu viel von dir forderst«, sagte Paul. »Was möchtest du in diesen Momenten sein?«

Ich überlegte. »Stärker. Ich glaube, ich möchte manchmal einfach stärker sein«, antwortete ich. »Im Grunde höre ich das schon mein ganzes Leben lang: ›Sei nicht so sensibel. Andrea, du musst härter werden! Du darfst dir die Dinge nicht so zu Herzen nehmen ...‹ Aber was, wenn mein Herz gar nicht anders kann, weil es eben all das fühlt?« Ich blickte Paul direkt in seine türkisgrünen Augen, in denen sich wie gewohnt reinstes Verständnis ausbreitete und es sich schon deshalb für den Moment erleichternd anfühlte. »Ich bin bei Weitem nicht so stark, wie alle glauben«, fügte ich noch hinzu und lüftete damit auch mein Geheimnis.

»Und denkst du nicht, dass genau das deine Stärke ist?«

»Jein. Wie gesagt, ich liebe einen Teil davon, den anderen finde ich anstrengend.«

»Ich verstehe. Das meiste im Leben hat Vor- und Nachteile, und meist wollen wir nur eines davon. Es ist naheliegend und auch verständlich, dass uns die Vorteile natürlich besser gefallen. Aber manchmal ist ein Nachteil auch keiner mehr, wenn wir uns nicht dagegen wehren, sondern ihn annehmen und entsprechend handeln. Was wäre so ein Nachteil für dich?«

»Immer und ständig jede kleinste Kleinigkeit im Raum zu spüren.«

»Du könntest das für dich in einen anderen Kontext bringen. Denn es macht dich zu einer guten Beobachterin und kommt dir bei deinen Büchern sehr entgegen. Dadurch fallen dir Dinge auf, die anderen vielleicht nicht auffallen. Was noch?«

»Dass ich alles gefühlt tausendmal stärker als andere empfinde. Meist auch gleich für andere mit. Ich fühle dann meinen eigenen Schmerz, aber auch den der anderen oder gefühlt der ganzen Welt. Und alles ungefähr so, als wäre mein innerer Lautsprecher auf volle Lautstärke eingestellt. Dieser Gefühlslärm, aber auch echter Lärm bereiten mir dann regelrecht körperliche Schmerzen.«

»Und wie fühlt sich das an?«

»Es fühlt sich nach zu viel an.«

»Dann liegt es in deiner Verantwortung gegenzusteuern. Wenn du Kopfhörer trägst und Musik in voller Lautstärker in deine Ohren dröhnt und es zu laut für dich ist – tut das weh?«

»Ja, das kann man sagen.«

»Kannst du dich dann noch auf etwas anderes konzentrieren?«

»Nein.«

»Hörst du dich dann selbst noch?«

»Auch nicht.«

»Siehst du. Genauso ist es mit dem Lärm um dich ... Oder dem Lärm der Welt. Es ist dann Zeit, die Kopfhörer abzunehmen und weder der Welt noch anderen zuzuhören, sondern dich ganz dir selbst zu widmen. Wir brauchen alle solche Auszeiten der Ruhe, Stille und der inneren Einkehr. Menschen, die besonders viel fühlen, ganz besonders.« Paul wandte sich wieder uns allen zu. »Wir neigen manchmal dazu, gewisse Teile von uns abzulehnen, zu verstecken, zu verändern oder dagegen anzukämpfen, statt sie alle anzuerkennen und liebevoll für uns zu sorgen. Statt euch dafür zu verurteilen oder sie schlechtzumachen, könnt ihr mit ihnen arbeiten und sie für euch nutzen. Gebt diesen ungewollten Teilen eine andere Bedeutung und findet das Gute darin. Denn es verbirgt sich auch immer ein Geschenk in ihnen – und in euch.« Paul machte eine kurze Pause. »Und um wieder auf den inneren Frieden zurückzukommen: Wenn ihr ihn in die Hände anderer legt, gebt ihr ihn ab und seid ihnen hilflos ausgeliefert. Jeder Tag hängt dann davon ab, wie andere sich fühlen, wie sie gelaunt sind, wie viel Zeit sie für euch haben oder wie viel Wertschätzung sie euch entgegenbringen. Löst euch aus dieser Abhängigkeit und konzentriert euch stattdessen auf den Frieden in euch.«

Vielleicht brauchst du gar keine dickere Haut. Vielleicht brauchst du nur ein Umfeld, in dem du dich in deiner Haut wohlfühlst.

Menschen,
die sich
vor ihren
Gefühlen
verschließen,
werden sich
auch vor *deinen*
Gefühlen
verschließen.

FINDE DEN FEHLER

Weil du von abgelehnten Teilen gesprochen hast«, sagte Emma. »Ich glaube, ich habe schon die längste Zeit alles in mir abgelehnt.« Sie schluckte. »Wahrscheinlich habe ich auch deshalb in der Schulzeit andere gemobbt. Ich war so unzufrieden mit mir und meinem Körper – einfach mit allem –, dass ich Erleichterung darin gesucht habe, andere schlechtzumachen, um mich nicht mit mir selbst beschäftigen zu müssen.«

»Hat es dir denn Erleichterung gebracht?«, fragte Paul.

»Nein. Kurzfristig vielleicht – da habe ich mich stark gefühlt und es hat mich abgelenkt. Aber danach habe ich mich geschämt. Überhaupt habe ich mich zeit meines Lebens geschämt. Für mich. Wie ich bin. Wie ich aussehe ... Für meinen Körper ... meine Brüste, als ich sie zu klein fand ... und heute, weil sie nach zwei Kindern völlig ausgesaugt sind, ich dafür aber meinen Hintern viel zu groß finde ... Es hört nie auf!«

»Kennen wir denn überhaupt eine Frau, die selbstbewusst vor dem Spiegel steht und sich zulächelt?«, fragte Charly. »Das ist doch schade!«, murmelte sie hinterher. Ich nickte. Warum fiel es so vielen von uns so schwer, unseren Körper zu lieben, oder uns zumindest so zu akzeptieren, wie wir waren, und die Schönheit in der Einzigartigkeit zu entdecken – egal, wie sie aussah?

»Ich sag ja, ich hasse meinen Körper«, murmelte Luise. »Ich schäme mich jeden Tag dafür.«

»Was haben Frauen nur immer mit ihrem Aussehen?!«, maulte Adrian. »Kein Mann dieser Welt würde je so einen kritischen Blick auf euch werfen wie ihr selbst.«

Es war wohl seine Art, uns zu ermutigen, und vermutlich hatte er auch recht damit.

»Erinnert ihr euch noch an die Muschel?«, meldete Paul sich wieder zu Wort. »In ihrer Schale sind tiefe Rillen eingekerbt, die etwas über ihr Wachstum, die Reife und ihr Alter verraten. Vielleicht ist das auch ein schöner Gedanke, um eine neue Perspektive auf euren Körper und all seine Narben, Dellen und Einkerbungen zu werfen – oder auch ganz generell auf den natürlichen Alterungsprozess. Je mehr Rillen ihr vorfindet, desto erfahrener und weiser ist die Muschel. Das ist etwas Schönes. Warum also nicht stolz auf alle Einkerbungen sein, die sich an eurem Körper und auch in eurer Seele über die Jahre zeigen. Sie sind ein Ausdruck dafür, dass ihr gewachsen seid und an Weisheit gewonnen habt.« Er sah uns Frauen nacheinander an. »Mir ist bewusst, dass die jahrzehntelange Darstellung eines gewissen Frauenbildes, das uns über die Medien und die Werbeindustrie vermittelt wurde, Spuren hinterlassen und uns fragwürdige Ideale vorgegaukelt hat. Aber vielleicht ist es trotzdem ein schöner Gedanke, euch in solchen Momenten der harten Selbstkritik an die Muschel zu erinnern.«

Ich musste lächeln. Es war tatsächlich ein schönes Bild.

»Die Überzeugung ›Wenn ich nur schlanker, straffer oder schöner wäre, könnte ich endlich glücklich sein‹ oder ›Wenn ich anders aussehen würde, wäre alles gut‹ bringt euch außer einem sehr schlechten Gefühl vor allem in die eigene Abwertung, Ablehnung und in manchen Fällen sogar in den Selbsthass. Bei Männern lautet das dann vielleicht: ›Wenn ich sportlicher oder muskulöser wäre oder mehr Haare hätte, hätte ich mehr Erfolg‹ – ihr seht, die eigene Unsicherheit ist weit verbreitet. Das alles sind aber nur Stereotype und gefährliche Ideale, die nichts mit eurem Wert zu tun haben. Ihr entfernt euch damit nur noch mehr von euch selbst und dahinter verbirgt sich oft ein weiterer Versuch, Kontrolle zu erlangen. Wer denkt, zu wenig Kontrolle im Außen zu haben und sie auch im Inneren nicht finden zu können, versucht sie manchmal über den Körper zu bekommen. Wenn schon alles im Leben unsicher ist, versuchen wir manchmal, zumindest körperlich ein Gefühl der Kontrolle zu erreichen. Dieser Kontrollmechanismus ist aber sehr ungesund und auch riskant. Er ist rigide und kann sich regelrecht zu einer Sucht entwickeln.« Paul sah uns eindringlich an. »Es gibt aber auch noch andere Ausdrucksformen wie exzessiven Sport, Essen oder Sex, bei denen der Körper als Mittel zum Zweck verwendet wird, um sich wenigstens in diesen Momenten spüren zu können. Wieder andere leben vielleicht schon länger in einer Art Überlebensmodus und haben längst vergessen, auf ihren Körper zu achten. All das sind Hinweise, dass ihr zu wenig mit euch und euren echten Bedürfnissen verbunden seid, und hat nichts mit Selbstliebe zu tun.«

»Dieses ganze Selbstliebe-Ding finde ich total anstrengend«, stöhnte Charly. »Und auch so schwer umsetzbar! *Liebe dich selbst* … Jo, schon klar, super, danke, ich weiß! Aber verrät uns auch mal jemand *WIE*?«

»Genau!«, seufzte Luise. »Wie soll das gehen, wenn ich in den Spiegel sehe und mich nicht leiden kann?«

»Habt ihr schon mal ein Geschenk bekommen?«, fragte Paul und wir sahen ihn alle stutzig an. *Was war das für eine Frage?*

»Ich gehe also davon aus, dass ihr alle schon einmal ein Geschenk bekommen habt«, sprach er weiter. »Habt ihr euch darüber beschwert?«

»Manchmal?«, scherzte Charly. »Ihr wisst schon; Socken, Mixer, Vignetten … alles schon mal dagewesen!«

»Ich spreche von einem wirklich, wirklich wertvollen Geschenk«, sagte Paul geheimnisvoll und ließ uns einen Moment lang überlegen.

»Guter Sex?«, witzelte Adrian.

»Ich meine etwas, das bleibt.«

Wir überlegten.

»Denkt doch einmal an eine Mutter oder einen Vater, die zum ersten Mal ihr Kind in den Armen halten. Was glaubt ihr, empfinden sie?«, half uns Paul auf die Sprünge.

»Na, kommt darauf an«, konnte es Adrian nicht lassen.

»Wenn wir den Zweckpessimismus hier mal kurz über Bord werfen«, meinte Paul weiter. »Eltern, die ihr Kind zum ersten Mal im Arm halten, werden in den meisten Fällen überwältigt sein – und zwar vor Liebe.«

»Oder sie haben Scheißangst, dass sie alles falsch machen werden«, sagte Charly und ihre Brauen sprangen dabei nach oben.

»Genau«, antwortete Paul.

»Genau? Was meinst du damit?« Charly schien sich nicht auszukennen.

»Natürlich werden sie Angst haben, etwas falsch zu machen. Und das werden sie vermutlich auch, weil wir alle nun mal Menschen sind. Aber im Normalfall werden sie wahrscheinlich ihr Bestes geben, für ihr Kind sorgen, es von Gefahren fernhalten, sich Zeit nehmen, da sein und ihrem Kind Zuneigung und Liebe schenken.« Er sah uns alle an. »Und werden sie es hässlich finden?«

»Vielleicht! Gibt ja auch hässliche Kinder.«

Selbstverständlich kam das von Adrian.

»Und werden sie es trotzdem lieben?«

»Ja«, sagte Emma, als hätte sie verstanden. »Sie werden es immer lieben, egal, wie es aussieht, wie es sich verhält, ob es schiefe Zähne hat, Fehler macht, trotzig, traurig, wütend oder auch unglaublich nervig ist und sie es am liebsten für ein paar Stunden zum Mond schießen würden. Es ist ihr Kind. Natürlich werden sie es lieben!«

Paul nickte. »Und genau darauf wollte ich hinaus. Jetzt stellt euch bitte Folgendes vor: Als ihr auf die Welt gekommen seid, ist ein kleines Wunder passiert. Es war einer dieser Momente, in denen sich etwas ganz Besonderes ereignet hat. Ihr habt *euch* bekommen. Ihr wart dieses Geschenk, das ihr zu eurer Geburt erhalten habt. Zuerst haben sich eure Eltern um euch gekümmert. Es war ihr Job, euch zu lieben, für euch da zu sein und ihr Bestes zu geben. Ob sie diesen Job nun gut oder schlecht gemacht haben, darauf habt ihr heute keinen Einfluss mehr. Worauf ihr aber Einfluss habt, ist, dass ihr heute erwachsen seid und immer noch das Wertvollste seid, das euch in diesem Leben gegeben wurde. Es ist daher eure Aufgabe, euch selbst dieser liebevolle Elternteil zu sein und gut für euch zu sorgen, euch die Zeit, Liebe und Aufmerksamkeit zu geben, die euch vielleicht nie entgegengebracht wurde, aber ihr jetzt die Chance habt, sie endlich zu bekommen. Und das Beste daran ist, ihr müsst gar nicht mehr darauf warten, dass es jemand anderer tut. Nur ihr könnt dafür sorgen. Und ihr seid auch dafür verantwortlich. Ihr seid euer größtes Geschenk, also ist es an der Zeit, es auch endlich anzunehmen.« Er sah bedeutungsvoll durch die Runde. »Welche Version auch immer ihr gerade von euch seid, ihr habt sie erschaffen. Aber es ist kein statischer Zustand, und ihr seid nicht in Stein gemeißelt – ihr könnt euch weiterentwickeln, neue Dinge für euch entdecken, alte Muster ablegen, anders leben und euch anders entscheiden. Ihr braucht keine blinden Passagiere mehr in eurem eigenen Leben zu sein. Vielleicht habt ihr bisher darum gekämpft, ihr selbst zu sein, und wisst noch gar nicht, wer das sein soll. Ihr könnt aber jetzt die Verantwortung für euch und euer Leben übernehmen und auch dafür, dass ihr eure Realität, die ihr gerade erlebt, selbst mitbestimmt habt, auch wenn ihr das nicht wahrhaben wollt und sie euch möglicherweise nicht gefällt. Heilung bedeutet auch, die Verantwortung zu übernehmen, welche Rolle ihr euch in eurem Leid zugeschrieben habt.« Er sah uns der Reihe nach an. »Ihr könnt daher beginnen, euren Körper anders zu betrachten. Für die meisten Menschen ist ihr Körper etwas, das sie einfach *haben.* Sie nutzen ihn als Instrument. Er soll gefälligst von allein funktionieren, keine Faxen machen, sich möglichst unauffällig verhalten und – ganz egal, wie wir uns ihm gegenüber benehmen – auch ohne große Aufmerksamkeit und Zuwendung auskommen. Wo kämen wir denn hin, wenn wir uns auch noch um ihn kümmern müssten?«

Wir mussten alle lachen.

»Tja«, sprach Paul weiter. »Das ist aber leider ein wenig zu kurz gedacht – und zwar im wahrsten Sinne des Wortes. Unser Körper ist kein externes Objekt, das wir einfach zur Reparatur, zur Apotheke oder zur Notaufnahme bringen, wenn es mal den Geist aufgibt, und wir dann genau so weitermachen wie vorher. Er ist kein beliebig nachfüllbarer oder austauschbarer Gegenstand, kein Werkzeug, und auch kein Besitz. Wir *sind* dieser Körper. Er hängt mit unserem Geist, der Psyche und unserer Seele zusammen und ist damit ein *Teil von uns.* Wenn wir ihn unabhängig von uns betrachten, verleugnen wir daher auch einen Teil von uns selbst. Oder anders formuliert: Wenn wir die Verbindung zu ihm verloren haben, haben wir auch die Verbindung zu uns verloren. Den wenigsten ist das aber bewusst. Unser Körper ist nicht etwas, das wir *haben,* er ist etwas, das wir *sind.*«

»Okay, wow«, brach es aus mir heraus. »Das bedeutet, wenn wir nicht gut zu ihm sind, sind wir auch nicht gut zu uns.«

»So ist es«, erwiderte Paul. »Und wenn ihr ihn ablehnt, lehnt ihr euch selbst ab. Ihr erinnert euch: Ihr habt dann das Geschenk vergessen! Euer Körper ist kein modisches Teil oder die x-te Auflage eines Trends – wenn ihr ihn so betrachtet, wäre das sowohl ihm als auch euch selbst gegenüber respektlos.« Er wandte sich Tom zu.

»Das wäre, als würdest du dir sagen: Mir gefallen meine Hände nicht, sie entsprechen nicht dem gängigen Ideal – obwohl doch genau das Gegenteil der Fall ist. Du hast ganz wunderbare Hände, mit denen du als Chirurg so vielen Menschen hilfst!«

Ich merkte, wie sich plötzlich ein schönes, warmes Gefühl in mir ausbreitete. Ich hatte Pauls Worte in dem Moment nicht nur verstanden, ich hatte sie auch mit meinem ganzen Körper gefühlt. Und das war wohl eines der vielen Geschenke, die unser Körper für uns bereithielt.

»Also fangt an zu beobachten, was in eurem Körper geschieht, wenn ihr gewisse Dinge sagt oder tut – und ihr euch selbst übergeht, indem ihr beispielsweise jemanden überzeugen wollt, der euch gar nicht will, oder euch anders gegen euren Wert entscheidet und in dem Moment nicht für euch da seid – oder vielleicht schon die längste Zeit ein Leben lebt, das euch gar nicht gefällt. Wir alle leben schon viel zu lange in unseren Köpfen und haben vergessen, auf die körperlichen Zeichen zu achten. Ihr könnt noch so sehr mental und psychisch an euch arbeiten: Wenn ihr euren Körper dabei vergesst, habt ihr einen sehr, sehr großen Teil von euch außer Acht gelassen. Er wurde euch mitgegeben, um auf dieser Welt sein zu können ... um sie zu erfahren, euch zu erfahren, um all das Schöne zu erleben und das Schwere zu überstehen.«

Ich merkte, wie mir die Tränen kamen. Wie wenig Beachtung wir unserem Körper doch oft schenkten und manchmal auch gar nicht gut und liebevoll zu ihm waren.

»Das heißt also, ich bin eigentlich gar nicht zu hässlich für meinen Mann?«, fragte Emma. Sie meinte es als Scherz, aber es hörte sich trotzdem schockierend an.

»Emma!!!«, schrie Cleo ihre beste Freundin entsetzt an.

»Ja, schon gut. Ich weiß ja, wie bescheuert sich das anhört. Rational ist mir das schon klar«, antwortete Emma. »Aber wenn ich ganz ehrlich zu mir bin ... also ganz, ganz ehrlich ..., weil das sollen wir doch sein – dann glaubt ein Teil von mir, dass das vielleicht der Grund sein könnte, warum er nie da ist.« Sie schluckte. »Oder warum er mich nicht mehr anfasst ... und warum er mich einfach nicht lieben kann.« Sie bekam glasige Augen, die sich zu einem Schleier verdichteten. Kurz darauf brach sie in Tränen aus und Cleo rückte ganz nah an Emma heran, nahm sie in den Arm und drückte sie fest an sich. »Siehst du«, schluchzte Emma bitterlich. »Das! Genau das macht er nie! Er schafft es nicht einmal, mich in den Arm zu nehmen! Es muss doch an mir liegen! Vielleicht bin ich ein einziger Fehler.«

»Ein Fehler?«, fragte Paul. »Würdest du deinem Kind sagen: ›Sorry, Schatz, aber du bist mir zu hässlich, oder einfach nicht gut genug – du bist ein Fehler. Ich kann dich leider nicht lieben.‹« Er sah Emma dabei tief in die Augen und entlockte ihr ein gequältes Lächeln. »Siehst du«, sprach Paul weiter. »Natürlich liebst du dein Kind genau so, wie es ist. Mit allem, was es ausmacht. Aber gehen wir nur einmal, rein hypothetisch, davon aus, du könntest es nicht: Wessen Fehler wäre das?«

Paul machte eine kurze Pause, bevor er die Frage selbst beantwortete. »Also ganz bestimmt nicht der des Kindes.«

»Stimmt!«, entfuhr es Adrian.

»Es gibt fünf Wunden, die euer inneres Kind möglicherweise erfahren hat«, erläuterte Paul: »Ablehnung, Abwertung, Verlassenwerden, Vertrauensbruch und Ungerechtigkeit. Manchmal erlebt es auch mehrere davon. Diese Erfahrungen nehmen so lange Einfluss auf eure Wahrnehmung der Realität und eure Entscheidungen, die eure Realität mitbestimmen, bis ihr euch eurem inneren Kind zuwendet, diese Wunden betrauert und einen Raum schafft, in dem es sich wieder sicher fühlen kann. So erschafft ihr eine neue innere Welt, mit der sich auch eure äußere verändert.«

Etwas, dem du
dich *widersetzt,*
bleibt bestehen.
Das, was
du dir
anschaust,
verschwindet.

ES PASST NICHT MEHR

Um dieses innere Kind kommen wir anscheinend nicht herum. Vielleicht wird es wirklich Zeit, es mal in den Arm zu nehmen.« Rebecca zuckte die Achseln. »Jetzt haben wir aber immer noch nicht aufgeschrieben, was wir wollen«, fügte sie noch hinzu und grinste.

»Ja, weil euch eure Schatten bisher daran gehindert haben. So ist das auch im Leben. Ihr dachtet bisher vielleicht immer, es gäbe gar nichts anderes für euch als das, was ihr schon kennt, und habt es für die Wahrheit gehalten. Aber es gibt noch eine andere. Daher war es wichtig, euch bewusst zu machen, welche Schatten euch bisher daran gehindert haben, Klarheit zu gewinnen und das zu leben, was ihr tatsächlich wollt, ohne weiterhin von eurem Unbewussten ungewollt in eine andere Richtung gesteuert zu werden. Sonst denkt ihr vielleicht noch, etwas zu wollen, das euch im Endeffekt wieder nicht guttut, und beschränkt euch damit selbst.« Paul lächelte und blickte auf die Uhr. »Nun habt ihr einiges darüber erfahren, was euch bisher abgehalten hat, und jetzt können wir uns den schönen Dingen zuwenden. Wir werden in etwa zehn Minuten bei der Grotta Azzurra ankommen. Das gibt euch noch genügend Zeit, herauszufinden, was ihr wirklich wollt, und es auf eure Zettel zu schreiben.«

Paul stand auf und ging zurück zum Steuer. Er warf einen Blick auf den Bordcomputer, nickte und sah dann weiter zum Bug des Schiffes Richtung Meer. »Ich gebe euch noch zwei Hinweise für die Frage, was ihr wollt – weil sie euch möglicherweise momentan noch zu groß vorkommt«, rief er uns vom Steuer zu. »Fragt euch zuerst: Was habt ihr in der Vergangenheit nicht bekommen, obwohl ihr es am meisten gebraucht hättet? Und was benötigt ihr heute, damit ihr ab jetzt all das leben könnt, was ihr euch wirklich wünscht?« Paul drehte ein wenig am Steuer. »Sobald ihr herausgefunden habt, was ihr wollt und was es dazu braucht, schreibt ihr beides auf.«

Wir sahen immer noch ratlos drein. »Ihr schafft das! Und es wird euch weiterbringen, versprochen!«, hörte ich Paul noch motivierend aus der Ferne rufen, als ich bereits innerlich in meine Fragen versank. *Was willst du?* Und: *Was braucht es dafür*? Zwei so verdammt kurze Fragen, die mit einer unfassbaren Bedeutungsschwere im Hinterhalt lauerten, obwohl sie doch so einfach klangen. Ich sah zu den anderen und es schien ihnen gleich zu ergehen. Dann atmete ich vier Sekunden ein, hielt meinen Atem für sieben Sekunden an und atmete für acht Sekunden aus, so wie Paul es uns aufgetragen hatte, wenn wir das Gefühl hatten, innerlich unruhig zu sein. Ich wiederholte den Vorgang zwei weitere Male und es half tatsächlich. Wenig später ließ ich mich vom Rauschen der Wellen und einem Gefühl in mir tragen, das mir zuerst nur leise zurief, dann aber meinen ganzen Körper erfasste und sich schlussendlich mit einer gewaltigen Gänsehaut am ganzen Körper ausbreitete. Plötzlich wusste ich es und schrieb los. Ich schrieb so schnell auf mein kleines Blatt Papier, als hätte ich Angst, es gleich wieder zu vergessen, und bekam nichts mehr um mich mit. Wer hätte gedacht, dass Pauls Fragen so eine Wirkung auf mich haben würden? Andererseits – wusste ich das nicht bereits von den letzten Malen? Es überraschte mich dennoch immer wieder.

Auf einmal fühlte es sich an, als wäre das, was ich aufgeschrieben hatte, gar kein Wunsch mehr, sondern ein Teil von mir.

Ich kann nicht mehr sagen, was in den nächsten zehn Minuten geschah, ich wusste noch nicht einmal, was alle anderen in dieser Zeit machten oder ob sie immer noch überlegten und schrieben. Ich kehrte erst wieder von meiner inneren Reise zurück, als Paul plötzlich vom Steuer vor zum Bug ging und einen schweren Anker an einer ebenso schweren Kette aus einem versteckten Fach zog und über die Reling ins Meer warf. Das hieß wohl, dass wir angekommen waren. Ich blickte zu unserer Linken und sah hohe Felswände, die neben uns vom Meeresgrund bis weit in die Lüfte ragten. An und für sich war das noch nichts Ungewöhnliches, da wir auf Capri bisher jede Menge davon gesehen hatten. Aber als ich genauer hinsah, entdeckte ich ein kleines Felsloch, das anscheinend Zugang zu einer dahinterliegenden Höhle bot. Bestimmt war das die Grotta Azzurra, von der Paul uns erzählt hatte. Da es sich um eine berühmte Attraktion Capris handelte, wunderte ich mich, warum weit und breit keine anderen Boote zu sehen waren und wir ganz allein am Meer vor Anker gingen.

»Normalerweise lägen hier jetzt unzählige Schiffe neben uns«, klärte uns Paul bereits im nächsten Moment auf, als er wieder zu uns nach hinten kam. »Aber die Grotta Azzurra ist an manchen Tagen für die Öffentlichkeit gesperrt. Heute liegt das allerdings nicht an schlechten Wetterbedingungen oder zu hohem Wellengang, sondern am Feiertag. Der Eintritt in die Höhle ist demnach ungefährlich und da Francesca mit dem Bürgermeister befreundet ist, haben wir ausnahmsweise die Erlaubnis bekommen, später mit dem kleinen Beiboot ins Innere der Grotte fahren zu dürfen. Wir werden ganz allein da drinnen sein, was wirklich eine Besonderheit ist und bestimmt ein sehr eindrucksvolles Erlebnis sein wird. Das hoffe ich zumindest.«

»Ich dachte schon, wir müssten da hineinschwimmen«, stammelte Emma erleichtert.

»Nein, das ist verboten. Die Höhe im Inneren beträgt nur etwa sieben Meter und manche Menschen bekommen Panik oder Platzangst in der Höhle. Die Gefahr des Ertrinkens wäre beim Schwimmen einfach zu hoch.«

»Als hätte ich dadurch jetzt weniger Angst!«, murmelte Emma.

»So ging es einigen anderen Menschen vor dir auch«, beschwichtigte Paul. »Die Blaue Grotte war bereits zur Römerzeit bekannt und man erzählt sich, dass sogar eine Statue Poseidons darin gefunden wurde. Allerdings war die Grotte auch für ihre furchteinflößenden Legenden schrecklicher Dämonen berühmt und als Ort des Grauens berüchtigt. Daher wollte sie für lange Zeit niemand besichtigen.« Emma legte den Kopf zur Seite, als könnte sie nicht verstehen, was wir hier machten. »Als aber 1862 der Schriftsteller August Kopisch mit einigen anderen Männern die Grotte aufsuchte«, fuhr Paul fort, »wollten sie sich den Gefahren stellen, aber es geschah nichts Schlimmes, im Gegenteil: Sie waren so begeistert von der Schönheit dieses Ortes, dass die Grotta Azzura wieder an Bekanntheit gewann und ein gut besuchter Ort wurde.« Paul sah Emma eindringlich an. »Es lohnt sich also, sich seinen dunkelsten Ängsten zu stellen. Manchmal gaukeln sie einem auch nur etwas vor.« Etwas Ermutigendes machte sich in Pauls Augen breit. »Bevor wir den Weg mit dem kleinen Boot in die Grotte nehmen, werden wir aber noch alle ins Meer eintauchen«, sagte er noch und lächelte. Emmas Lächeln hingegen fror auf der Stelle ein. »Nicht dein Ernst?«, sagte sie panisch, obwohl wir noch alle sicher an Deck saßen.

»Wovor wir am meisten Angst haben, dort finden wir unsere Aufgabe«, antwortete Paul. »Das sagte bereits Carl Gustav Jung. Also sollten wir dem klugen Herrn diesbezüglich doch vertrauen und alte Ängste loslassen und längst ausgediente Verhaltensmuster durchbrechen, was meint ihr?« Er hatte einen ganz besonderen Schwung in seiner Stimme, und auch wenn Paul sich das wahrscheinlich erhoffte, steckte er Emma ganz und gar nicht damit an.

»Wie ist es euch denn mit euren Wünschen ergangen? Habt ihr herausgefunden, was ihr wollt und was es dafür braucht?«, fragte er gleich darauf in die Runde und wir nickten nacheinander. »Wie ihr wisst, bringt uns Klarheit näher an eine neue Wirklichkeit. Sie kann aber erst dann dazu werden, wenn ihr auch tatsächlich in sie eintaucht und vorher entsprechend handelt und neue Entscheidungen trefft. Daher ist es wichtig herauszufinden, was es eurer Meinung nach dafür braucht.« Wir nickten nochmals, es war uns aber anzusehen, dass wir noch nicht so recht wussten, was Paul mit uns vorhatte. »Ich bin jedenfalls schon sehr gespannt darauf, was ihr aufgeschrieben habt«, sagte er noch und verschwand kurz über die Treppen unten in der Kajüte und kam mit einer riesigen schwarzen Plastiktasche in der einen Hand und einer Spraydose und einer Rolle Tape-Band in der anderen zurück. Nun war ich tatsächlich neugierig.

»Hier sind jede Menge Flossen und Taucherbrillen … es sollte also etwas in allen Größen dabei sein«, sagte er außer Atem, stellte die Tasche am Boden ab und legte die Spraydose und das durchsichtige Tape-Band auf den Tisch. Durch die schwarze Tasche und die anderen Utensilien wirkte er eher wie ein Serienkiller als ein Therapeut. Wenn es nicht Paul gewesen wäre, hätte ich Angst bekommen. »Wir hätten auch noch Taucherausrüstung, Sauerstoffflaschen und Neoprenanzüge an Bord, aber ich denke, wir wollen es mal nicht übertreiben«, grinste er.

»Was hast du bitte mit uns vor?«, sprach Rebecca meine Gedanken laut aus.

»Ach, das werdet ihr noch sehen. Sucht euch jetzt einmal eine Taucherbrille in der passenden Größe und wer möchte auch Flossen – die sind aber nicht notwendig. Also nur dann, wenn ihr Lust darauf habt.«

»Sind wir sicher, dass wir überhaupt Lust darauf haben?«, fragte Emma und das Boot begann durch eine Seitenwelle zu wackeln. »Und apropos sicher: Sind wir denn sicher, dass der Anker auch hält und das Boot nicht abtreibt, während wir im Wasser sind?«

»Hast du dich denn in deiner Ehe weiterbewegt, als du den Anker vor langer Zeit gesetzt hast?«, fragte Paul und Emma lächelte schief und schwieg.

»Wir sind hier, um nicht nur über Veränderung zu sprechen, sondern sie auch in Taten umzusetzen und zu verinnerlichen. Dazu werdet ihr ins Wasser springen und euch auf eine Tauchreise begeben, damit ihr die Veränderung auch tatsächlich *fühlt*. Wir alle wissen, wie leicht es ist, Vorsätze zu fassen, und wie schwer es ist, sie umzusetzen, weil wir an Altem festhalten und Angst vor der Veränderung haben. Wir denken, Veränderung wäre schlecht und würde uns Kraft kosten. Dabei vergessen wir aber bei all der Angst vor dem Schlechten, das *eventuell* eintreten könnte, all das Gute, das die Veränderung mit sich bringt. Manchmal müssen wir also erst verlernen, was wir bisher für wahr und richtig gehalten haben, um aus unserem Schatten zu treten.« Er blickte in die Runde. »Und dazu müssen wir auch verlernen, wer wir bisher dachten, zu *sein*: die Brave, die alles tut, um geliebt zu werden, die Ungewollte, die den Fokus lieber auf andere richtet als auf sich selbst, die Verständnisvolle, die ihre eigenen Bedürfnisse unterdrückt, die Kämpferin mit Schuldgefühlen, die um keinen Preis so werden möchte wie ihre Mutter, die Kreative, die zu viel fühlt und stärker sein möchte, der einsame Starke, der sich im Stich gelassen fühlt, der unnahbare Erfolgreiche, der alles im Griff haben will, oder die Frau, der aufgrund ihres Erfolges alle zujubelten, die nun vor einem neuen Leben steht und Angst davor hat.«

»Also, erfolgreich war ich auch«, regte sich Adrian auf, obwohl Paul gar keine Namen genannt hatte.

»Wer sagt denn, dass du es nicht immer noch bist? Vielleicht sieht ein erfolgreiches Leben nur ganz anders aus, als du bisher dachtest?«

»Ja, passt schon«, maulte Adrian.

»Oder es passt nicht mehr«, erwiderte Paul. »Ihr habt vielleicht schon zu lange an alten Mustern und Identitäten festgehalten, weil ihr dachtet, Sicherheit dadurch zu erlangen. Aber ihr habt euch dadurch auch begrenzt. Aus Angst vor der Veränderung habt ihr gewartet, euch vor Konflikten versperrt, an den falschen Orten nach Liebe gesucht, das Schlechteste erwartet und euch nicht getraut, für euch einzustehen. Aber das Warten hat etwas Trügerisches. Denn ihr bezahlt dafür mit eurem Leben. Manchmal leidet ihr lieber, als etwas zu verändern. Aber jetzt, da ihr wisst, was ihr wollt, gibt es neben den Schatten, die euch mit euren Ängsten, Zweifeln, Geheimnissen und Abgründen in die Tiefe gezogen haben, auch eine zweite Kraft, die euch antreibt. Vielleicht dachtet ihr bisher, ihr müsstet eure Schatten loswerden. Aber erst wenn ihr sie annehmt, akzeptiert und vollkommen in euch integriert, werden sie ein Teil von euch und lösen sich auf. Ihr müsst etwas anders machen, damit es anders wird.«

Wir zogen uns rasch um und suchten uns die passenden Taucherbrillen aus. Emma schnappte sich auch Flossen, weil sie dachte, dass sie ihr im Wasser helfen könnten. Nun kniete sie am Boden und versuchte hineinzuschlüpfen, kämpfte aber noch. Paul sah Emma eine ganze Weile dabei zu. Sie blickte kurz zu ihm hoch, ohne ein Wort zu verlieren, und nahm dann wieder gewissenhaft den Kampf mit den Flossen auf, bis sie sich in ein Paar hineingequetscht hatte. Sie waren ihr ganz offensichtlich zu eng.

»Passen sie nicht?«, fragte Paul.

Am oberen Rist quoll ihr die Haut krebsrot mit einem Hauch von zartem Veilchenlila über den Rand hervor, aber Emma tat so, als gehörte das so. »Ich weiß nicht«, sagte sie noch und blieb darin stecken.

MANCHMAL
MÜSSEN WIR
alles
VERLERNEN,
WAS WIR
BISHER
DACHTEN
ZU WISSEN,
UM *frei*
ZU SEIN.

HOUDINI

»So viele Menschen haben Angst vor Veränderung, weil sie die Schmerzen fürchten, die dann möglicherweise auf sie zukommen könnten«, sagte Paul. »Dabei vergessen sie aber, dass da, wo sie bisher feststeckten, die eigentliche Hölle war.« Paul ließ Emma in ihren viel zu engen Flossen stehen und wandte sich uns anderen zu. »Es ist, als würdet ihr in zu engen Flossen stecken und hättet Angst, sie auszuziehen, obwohl sie euch schon die ganze Zeit Schmerzen bereiten. Dass ihr sie aber womöglich nur zwei, drei Nummern größer bräuchtet, kommt euch dabei gar nicht in den Sinn. Ihr denkt, es muss an euch liegen.« Er ließ den Blick durch die Runde wandern. »Habt ihr schon mal versucht, einen trockenen Fuß in eine Flosse zu stecken?« Dann sah er zu Emma. »Du hast gemerkt, wie schwierig das ist. Wenn du deinen Fuß vorher ins Wasser tauchst, dann ist es leichter. Aber so viel ist sicher: Wenn die Flosse zu klein ist, wird sie dich schmerzen. Es ist dann nicht die richtige Flosse für dich, auch wenn man dir bereits ein Leben lang eingeredet hat, drei Nummern kleiner würden auch für dich reichen. Genauso verhält es sich auch mit Partnerschaften. Sie können eine Belastung oder ein schönes Gefühl sein. Belastungen schmälern eure Lebensqualität, schöne Gefühle bereichern sie.« Paul griff sich daraufhin einen Eimer, der an einem Seil hing, warf ihn ins Meer und zog ihn gleich wieder an Deck. Danach stellte er ihn Emma vor die Flossen. Sie riss sie sich von ihren Füßen und tauchte ihre Zehen rasch ins kühle Wasser. Die Erleichterung in ihrem Gesicht war deutlich zu sehen. Gleich darauf suchte sie sich größere Flossen aus und – siehe da – ihre feuchten Füße flutschten ohne Anstrengung in die richtige Größe und Emma strahlte über das ganze Gesicht.

»Seht ihr«, sagte Paul. »Es wird dann richtig, wenn ihr aufhört, die falsche Wahl zu treffen.« Er lächelte. »Aber kommen wir nun zu euren Kärtchen. Taucht doch bitte eure Taucherbrillen kurz in den Eimer, damit die Gläser nicht beschlagen, und stellt euch danach hierher.« Er zeigte auf die Trittfläche vor der Reling und blieb selbst im Inneren des Bootes neben uns stehen. »Ach ja, und die Kärtchen nehmt ihr bitte mit.«

Ich klemmte mir meines sogleich in den Zug meiner Bikinihose, zog meine Taucherbrille einmal durch den Eimer, klopfte sie ab und setzte sie dann auf meine Stirn. Es tropfte immer noch ein wenig Salzwasser auf mich herab, aber da die Sonne mit voller Kraft auf uns herabstrahlte, genoss ich die kleine Erfrischung. Die anderen taten mehr oder weniger das Gleiche, nur Cleo setzte sich die Taucherbrille sofort ganz auf und stand nun mit vergrößerten Augen und einer vom Gummi geschwollenen Lippe neben uns.

»Kann man machen, muss man aber nicht«, zog sie Adrian auf, der direkt neben Cleo stand. »Atmen nicht vergessen!«, sagte er noch.

»Da redet der Richtige«, antwortete Cleo nasal. »Wer von uns hatte denn die Panikattacke?«

»Aufgepasst«, funkte Paul dazwischen und wir standen wie eine Reihe Hühner eng nebeneinander aufgefädelt vor der Reling. »Wir werden jetzt der Reihe nach ins Meer springen. Und wenn ich von *wir* spreche, meine ich eigentlich *euch,* denn ich werde euch später mit dem Beiboot einsammeln und danach machen wir uns auf den Weg in die Grotte.«

Wir starrten alle nach links, wo Paul stand und uns Anweisungen gab. Emmas Lippen waren schon blau, bevor sie überhaupt ins Meer gesprungen war. »Ich möchte aber nicht die Erste sein«, stieß sie gleich hervor.

»Musst du auch nicht«, antwortete Paul. »Du kannst es dir zuerst bei den anderen ansehen«, beruhigte er sie und Emma nickte. »Jeder Sprung wird auch etwas in euch bewirken. Wer möchte beginnen?«

Rebecca hob die Hand und wischte sich voller Tatendrang ihre dunkelbraunen Locken aus dem Gesicht.

»Wie mutig«, sagte Paul und lächelte ihr anerkennend zu. »Wir erinnern uns: Dein Schatten ist die Schuld, die du seit dem Tod deiner Mutter als großes Gewicht mit dir herumgetragen hast. Da du nicht werden wolltest wie sie, hast du dich in den direkten Widerstand begeben. Das Gefühl, Schuld an dem Tod deiner Mutter zu haben, hat dich zurückgehalten, in deine eigene Kraft zu kommen. Nimm diesen Schatten als einen Teil deiner Vergangenheit für dich an, aber lass ihn dich nicht daran hindern, dich neuen Möglichkeiten zu öffnen. Kommen wir daher zu dem, was du willst und was es dafür braucht. Was hast du auf deinen Zettel geschrieben?«

»Ich will wieder vertrauen«, sagte Rebecca entschlossen. »Auch mir.« Sie blickte zu Paul und dann hinaus aufs Meer.

»Und was braucht es deiner Meinung nach dafür?«

»Den Glauben *an mich.*« Rebecca sah zu mir. »Ich wirke auch immer so stark. Aber in Wahrheit habe ich schon die längste Zeit nicht mehr an mich geglaubt. Ich habe vielleicht so getan, aber ich habe es nicht gespürt. Die Enttäuschung in der Vergangenheit und der Tod meiner Mutter haben mich an allem zweifeln lassen. Am meisten an mir.«

»Nun, dafür sind wir hier«, sagte Paul. »Ich möchte, dass du deinen Zettel jetzt fest in deine linke Hand nimmst. Es ist die Hand, die zu deinem Herzen führt. Und dann möchte ich, dass du, wenn du gleich ins Meer springst, mit dem Gedanken springst, die Rebecca zu sein, die bereits vertraut. Versuch genau zu spüren, wie sich dieses Vertrauen anfühlt, während du ins Wasser tauchst. Erlebe es und tauche ein in die Erfahrung, während du im Meer versinkst und neue Dinge entdeckst. Öffne dein Herz und sieh, was es dir für Bilder zuspielt. Du weißt jetzt, dass es dafür den Glauben an dich braucht. Also, wie ist die Version, die diesen Glauben bereits besitzt? Fühl sie. Und als diese Version von dir springst du gleich, gut?«

»Gut«, wiederholte Rebecca und lächelte.

»Ich möchte, dass du jetzt deine Taucherbrille aufsetzt«, erklärte Paul weiter und Rebecca folgte seinen Anweisungen. »Jetzt schließ deinen Mund und halte kurz den Atem an.« Er nahm seine Spraydose in die Hand, schüttelte sie und sprühte ein S über beide Gläser der Taucherbrille. Ein Teil davon zog durch die Luft. »Das S steht für Schuld. Sie war bisher dein Schatten, der dich begleitet hat. Erst wenn du ihn annimmst, wird er zu einem Teil von dir und steht dir nicht mehr im Weg.«

»Aber so sehe ich ja kaum noch etwas«, sagte Rebecca und blinzelte irritiert durch die Gläser ihrer Taucherbrille.

»Genau«, antwortete Paul. »So war es bisher auch. Sieh im Wasser zu, dass du dich auf all das konzentrierst, was hinter den Gläsern und dem S liegt, und achte darauf, was passiert. Vertrau mir. Du kannst jetzt springen.«

Das schien Rebeccas Stichwort zu sein. Sie kletterte gleich im nächsten Moment über die Reling und sprang mit den Füßen voran, die langen braunen Locken wehend im Wind, bis sie eine kleine Fontäne an der Wasseroberfläche hinterließ, dann abtauchte und für einige Zeit verschwand. Sie verschwand so lange, dass ich mir schon fast Sorgen machte und Emma mich ganz panisch von der

Seite ansah. *Was sie wohl da unten im Meer empfand? War es kalt, dunkel oder glitzernd und welche Bilder würden die Wellen ihr zuspielen?* Ich versank kurz in meinen eigenen Gedanken, bis Rebecca wenig später mit einem kräftigen Stoß aus dem Meer hochfuhr. Sie strahlte, wie ich sie noch nie zuvor strahlen gesehen hatte. »Das müsst ihr erleben!«, rief sie euphorisch. »Kommt schon, springt alle! Es ist einfach unglaublich, was da unten passiert!«

»Falls du nicht im Wasser bleiben möchtest, bis alle gesprungen sind, kannst du dich hinten auf die Plattform setzen. Ich habe die Leiter ausgefahren«, rief ihr Paul zu.

»Nein, ich liebe es!«, rief Rebecca zurück und ich bekam richtig Lust zu springen.

»Na dann! Wer möchte als Nächstes?«, fragte Paul uns Hühner an der Reling.

»Ich«, sagte Adrian entschlossen und ich hätte wetten können, dass es ihm gar nicht gefiel, nicht der Erste gewesen zu sein.

Paul nickte. »Die letzte Zeit war nicht leicht für dich, Adrian. Und wahrscheinlich war sie es schon ganz lange nicht. Du hast dich schon vor langer Zeit im Stich gelassen gefühlt und seither dachtest du, die Welt wäre gefährlich und ungerecht. Genau das hat sie dir auch gespiegelt. Durch deinen Zweckpessimismus, die ständige Gefahrensuche und deine Leistung wolltest du dir Sicherheit geben. Setz nun bitte auch deine Taucherbrille auf.« Paul zückte wieder seine Spraydose und sprühte ein K über die Gläser. »Das K steht für deine Kränkung und für all die Dinge, die dir angetan wurden. Es ist der Schatten, der dich bisher am meisten zurückgehalten hat, den du aber am wenigsten sehen wolltest. Wenn du dich ihm stellst, wird er seine Kraft verlieren.« Er hielt kurz inne. »Aber verrate uns doch: Was steht auf deinem Zettel?«

»Zur Ruhe kommen«, antwortete Adrian. »Zuerst wollte ich schreiben, dass ich nicht so getrieben sein möchte, aber dann habe ich mich erinnert, dass wir ja *kein* und *nicht* gar nicht verwenden sollen. Und dann dachte ich, was ist das Gegenteil davon, getrieben zu sein? Und das ist vermutlich: zur Ruhe kommen. Ich bin bisher aber durch mein ganzes Leben gehetzt und wollte immer mehr von allem, immer noch schneller sein und noch mehr leisten. Vielleicht war die Kündigung und was danach kam jetzt wirklich meine Bremse.«

»Und was denkst du, was es für die Ruhe braucht?«

»Na ja, es ist mir fast ein wenig peinlich, wenn ich das jetzt so sage, weil es so schwülstig klingt. Aber ich denke, es ist innerer Frieden. Schließlich sage ich das ja auch oft: ›Lasst mich doch bitte alle in Frieden!‹ Ich schätze mal, ich habe meinen noch nicht gefunden.«

Paul nickte wieder. »Ich finde gar nicht, dass das schwülstig klingt, und wenn es sich ein wenig unangenehm anfühlt, ist es ein sicheres Zeichen dafür, dass du richtigliegst. Alles, was außerhalb unserer Komfortzone liegt, fühlt sich erst einmal gar nicht gut an. Aber genau dann ist es meistens genau das Richtige.« Er machte eine kurze Pause. »Ich habe da noch etwas für dich. Leg bitte deine Hände hinter deinem Rücken über Kreuz.« Adrian tat, was ihm aufgetragen wurde. Danach nahm Paul die Rolle mit dem Tape und zog daran. Es war durchsichtig und einige Millimeter breit und er begann es in mehreren Wiederholungen um Adrians Handgelenke zu kleben. Er wirkte dabei schon wieder wie ein Serienkiller, der sein Opfer gerade gekidnappt und anschließend gefesselt hatte.

»Aaaber so kann ich ja nicht schwimmen! Zumindest nicht mit den Armen! Wie soll ich denn dann wieder auftauchen?«, fragte Adrian und ich sah Besorgnis in seinen Augen aufblitzen.

»Die Fessel steht für deine Angst«, erklärte Paul. »Und auch für die Gefahr, die du überall in der Welt lauern siehst, weil du Angst hast, wieder verletzt zu werden.«

»Und du willst mich umbringen, um mir zu beweisen, dass du recht hattest und ich als Houdini gescheitert bin?«, scherzte Adrian.

»Eher umgekehrt. Ich will dich davon befreien. Den Rest wirst du erkennen, wenn du ins Wasser springst.«

»Also ich weiß nicht, das ist doch gefährlich«, stammelte Emma.

»Oder ihr haltet es nur für gefährlich«, entgegnete Paul.

»Gut, gut«, sagte Adrian, der sich wohl nicht die Blöße geben wollte, stockte kurz, sprang aber dann im nächsten Moment.

Wir starrten Adrian alle mit offenem Mund hinterher. Es war schon ein eindrucksvolles Bild, wie er mit gefesselten Händen am Rücken im Wasser verschwand. Ich weiß nicht, wer länger den Atem anhielt, er oder wir, aber wir waren alle erleichtert, als er nach einer Weile mit winkenden Armen aus dem Meer auftauchte und ebenfalls von einem Mundwinkel bis zum anderen strahlte. *Was passierte nur da unten im Meer? Und wie hatte er sich befreit?*

»Tom, möchtest du jetzt vielleicht?«

Tom nickte pflichtbewusst.

»Dein Schatten hat sich bis jetzt immer in der Verneinung aller hässlichen Dinge des Lebens gezeigt, die du mit schönen kompensieren wolltest und darüber hinaus auch jeglichen Konflikt vermieden hast. Es war dir bisher immer wichtig, alles im Griff zu haben, weil du auf gar keinen Fall die Kontrolle abgeben und die Hilflosigkeit fühlen wolltest, die du vielleicht schon einmal in der Vergangenheit erleben musstest. Du meintest, es war dir zu *wenig*. Es könnte sein, dass du damals auch deine eigenen Gefühle reduziert und dich später von deiner Frau, aber auch von dir selbst entfernt hast, als es schwierig wurde, um dich zu schützen. Du denkst vielleicht, sie will dich verändern, obwohl sie sich wahrscheinlich nur deine Nähe wünscht. Vermutlich lautet deine Überzeugung aus deinem Schatten *Ich darf nicht ich sein* und du denkst, du müsstest stattdessen stark sein und distanzierst dich, um dich nicht schwach fühlen zu müssen.«

Emma nickte und Tom sah sie verdutzt an.

»Manchmal ist es aber genau die Verletzlichkeit, die uns echte Verbindung bringt. Sowohl mit uns selbst als auch mit anderen. Was steht denn auf deinem Zettel?«, wollte Paul schließlich wissen.

»Bei mir war es auch Ruhe. Aber ich meine damit mehr die innere Ruhe und … Zufriedenheit. Ich war schon lange nicht mehr zufrieden und auch nicht richtig glücklich. Egal, ob ich zu Hause oder auf Reisen bin, gefühlt bin ich nirgends wirklich glücklich. Und auch nicht zufrieden. Vielleicht kann es mir gar niemand recht machen. Nicht einmal ich mir selbst.« Er schluckte. »Und da du jetzt bestimmt wissen möchtest, was es dafür braucht: Ich denke, es ist Gelassenheit. Dass alle sein dürfen, wie sie sind, und ich nicht so schnell verurteile und die Verbindung kappe, vielleicht generell mehr Vertrauen ins Leben habe.«

»Ich sprühe dir jetzt ein K für deinen Schatten der Konfliktvermeidung auf deine Taucherbrille«, sagte Paul. »Dann ist es Zeit, in diese gelassene, zufriedene Version, deine innere Ruhe und in dein Vertrauen einzutauchen. Weg von der vermeintlichen Gleichgültigkeit hin zur Annahme von anderen und allem, was im Leben ist. Mach dich auf die Suche nach dem Gefühl. Wie fühlt sich jemand, der vollkommen gelassen ist, wie denkt und handelt so jemand? Wie würde die zufriedene Version auf deine Frau oder die Welt da draußen reagieren und mit Konflikten und Problemen umgehen? Als diese Version tauchst du mit deinem Zettel in der Hand ins Meer.«

Tom nickte, zog sich entschlossen die Taucherbrille über die Augen, machte einen großen Ausfallschritt über die Reling und sprang. Nach einiger Zeit tauchte auch er wieder auf und ich hätte schwören können, ich erkannte Zufriedenheit in seinem Gesicht, die ich vorher noch nicht an ihm gesehen hatte.

»Cleo und Luise«, sagte Paul gleich darauf zu den Schwestern. »Ihr musstet beide in der Vergangenheit sehr viel Schmerz erleben. Der Wunsch, endlich gerettet zu werden, möglicherweise von einem edlen Retter auf einem weißen Schiff, ist bei euch beiden sehr stark verankert und auch verständlich. So richtig funktioniert hat er aber bisher noch nicht. Eure Eltern haben euch durch ihr toxisches Verhalten geprägt und waren nie wirklich für euch verfügbar – deshalb habt ihr später wieder nicht verfügbare Menschen in euer Leben gezogen. Euer Schatten hat euch bisher vorgegaukelt, ihr müsstet euch Liebe verdienen. Aber geliebt gefühlt habt ihr euch dadurch nicht. Es hat euch zu schnellen Entscheidungen geführt, mit denen ihr die innere Leere füllen wolltet, aber damit seid ihr der Liebe eher hinterhergejagt, als sie tatsächlich zu finden. Und zwar in euch. Ihr seid Haien hinterhergeschwommen, und wenn sie euch den Arm abgebissen haben, seid ihr ihnen trotzdem weiter gefolgt und habt gefragt: ›Warum hast du das getan? Was habe ich falsch gemacht?‹ Statt euch zu distanzieren, habt ihr den Fehler bei euch gesucht. Euer Schatten hat euch dadurch nur immer wieder bestätigt, dass ihr nicht liebenswert seid. Denn das glaubt ihr im tiefsten Inneren. Auch wenn das gar nicht wahr ist.« Er hielt kurz inne. »Es ist Zeit für eine neue Wahrheit. Wie lautet sie?«

Cleo antwortete als Erste und schob sich dafür die Brille tiefer in die Stirn. »Ich will wieder mehr Leichtigkeit im Leben und das Leben genießen können, ohne dass ich denke, dafür einen Mann zu brauchen. Mir ist bewusst, dass Leo und ich Probleme haben. Beide. Aber auch als Paar … Ich korrigiere: Ehepaar. Und vielleicht schaffen wir es. Vielleicht machen wir eine Paartherapie und gehen es an. Vielleicht aber auch nicht. Es darf nicht mehr so wichtig sein und er nicht immer an erster Stelle kommen. Er! Er! Er! Niemals ich.« Sie schluckte. »Ich jage der Liebe so sehr hinterher, dass ich mich manchmal frage, ob ich überhaupt je wirklich geliebt habe – oder immer nur die Vorstellung davon, jemand könnte *mich* endlich lieben. Jedenfalls bin ich dabei immer einsam geblieben.« Sie stockte. »Das war mein Geheimnis«, sagte sie. »Und ich glaube, ich weiß jetzt auch warum. Ich dachte, genau wie Emma, ich wäre der Fehler. Ich fühle mich immer, als wäre ich ein Fehler.«

»Niemand ist ein Fehler. Und es kann auch nicht alles dein Fehler gewesen sein«, erwiderte Paul. »Aber es kann ein Fehler sein, sich immer wieder auf Menschen einzulassen, die nicht bereit sind. Vielleicht ist es an der Zeit, dir einzugestehen, dass du es bisher auch nicht warst. Vielleicht warst du nicht bereit. Aber du kannst dich entscheiden, bereit zu sein und in deine eigene Leichtigkeit einzutauchen.« Er machte eine kurze Pause. »Und was, denkst du, braucht es dafür?«

»Dass ich endlich mit meiner Vergangenheit abschließe und mich auf mich und *mein* Glück konzentriere. Dass ich wieder glücklich sein kann, ohne ein schlechtes Gewissen zu haben! Auch weil ich denke, dass es Luise nicht gut geht. Oder meinen Eltern. Oder Leo. Ich finde immer Gründe. Aber es ist Zeit, das loszulassen und mich ganz auf mich zu konzentrieren. Also komm schon, Paul, sprüh mir den schwarzen Buchstaben auf meine Brille und lass mich als diese neue Version springen. Ich kann es kaum erwarten!«

»Was denkst du, was es für ein Buchstabe sein wird?«

»L für Leere und dass ich sie endlich in mir selbst auffülle?«

»Ein schöner Gedanke. Je größer diese Leere in der Vergangenheit war, desto weiter haben sich der Schmerz und die Einsamkeit auch in deinem Körper ausgebreitet. Manchmal war der Schmerz sogar so groß, dass du dich ganz davon trennen wolltest und aufgehört hast, dich zu spüren.« Paul blickte kurz zu Luise. »Das sind die Momente, in den wir anfangen, auch unseren Körper zu hassen, uns nicht mehr verbunden mit ihm fühlen und verlernt haben, was sich gut und richtig für ihn anfühlt.«

Paul wandte sich wieder Cleo zu. Die zog sich ihre Brille auf und Paul sprühte ein L, das über beide Gläser reichte. Es war Cleo anzusehen, wie sehr sie in sich hineinfühlte. Danach sprang sie ins Meer und Luise sah ihr gebannt hinterher.

»Na, Luise?«, sagte Paul gleich mit ruhiger Stimme. »Verrate uns nun doch, was auf deinem Zettel steht.«

Luise öffnete ihre Hand, als müsste sie nochmals nachlesen. »Da steht Liebe und ich möchte ins Ausland gehen und dort studieren«, sagte sie knapp.

Paul sah sie interessiert an.

»Also eigentlich wollte ich anfangs *eine Beziehung* aufschreiben«, erläuterte Luise. »Aber es fällt mir so schwer, mich zu öffnen. Ich will einfach nicht wieder von vorne anfangen. Das ist so unglaublich anstrengend!«

»Aber vielleicht ist es gar nicht anstrengend, wenn du es bei dem richtigen Menschen tust. Wenn du es bei jemandem tust, bei dem du dich erst gar nicht anstrengen musst. Wo du ganz du selbst sein, dich sicher fühlen kannst und deinen Frieden findest, ohne ihn ständig im Kampf zu verlieren.«

»Ja«, sagte Luise. »Aber eigentlich ist mir an dem Wochenende klar geworden, dass ich wahrscheinlich ohnehin noch gar nicht bereit dafür bin. Ich muss erst beginnen, mich selbst zu wollen. Und nach Kanada zu gehen, ist wahrscheinlich der erste Schritt. Ich wollte das immer schon. Und ich bin noch jung und jetzt ist die Zeit dafür, mich um mich zu kümmern und nicht ständig dem Wunsch hinterherzulaufen, jemand könnte sich endlich auch einmal in mich verlieben. Es hält mich in Wahrheit nur ab von dem, was mich glücklich macht.«

Paul sah ihr tief in die Augen. »Genau. Und wenn du denkst, *niemand liebt mich,* oder *niemand ist für mich da* – dann sagst du dir auch: *Ich bin jemand, den man nicht lieben kann und für den niemand da ist.* Was du aber eigentlich fühlst ist: *Ich liebe mich nicht. Ich bin nicht da für mich.*«

Luise nickte. »Ja«, sagte sie noch. »Ich glaube, das habe ich jetzt endlich verstanden.«

»Und wer weiß, vielleicht verliebst du dich in Kanada ja in dich selbst. Und eines kann ich dir sagen, das wirkt sehr anziehend auf andere. Ich spreche hier nicht von übertriebener Selbstüberhöhung, da sehe ich aber auch keine Gefahr bei dir, sondern davon, dich in all die Teile, die du bisher an dir abgelehnt hast, zu verlieben. In jeden einzelnen Teil davon. Dann wirst du dich auch bei jemand anderem nicht mehr selbst verlieren. Was hast du denn aufgeschrieben, was es dafür braucht?«

»Mich. Selbstvertrauen. Und dass ich gut zu mir bin.«

»Sehr schön«, antwortete Paul. »Ich werde dir jetzt ein W für die Wertlosigkeit schwarz auf deine Taucherbrille verpassen, die du als Schatten zu lange mit dir mitgetragen hast, und du wirst sehen, was passiert, wenn du ins Wasser springst, einverstanden?«

»Ja«, sagte Luise und ich kannte sie gar nicht so entschlossen. Mittlerweile war auch Cleo aufgetaucht und winkte ihrer Schwester freudestrahlend zu. Luise sprang nur einen Moment später.

Wenn du willst, dass sich das Meer für dich öffnet, musst du dich zuerst selbst für das Meer öffnen. Es ist der Moment, in dem deine Entscheidung Wellen schlägt und dich dorthin trägt, wo du immer schon hinwolltest.

Es wird
dann *richtig*,
wenn du
aufhörst,
die *falsche*
Wahl
zu treffen.

UNTER WASSER

Charly, du hast dich bei dieser Reise ein wenig im Hintergrund gehalten. Dein neues Ich?«, fragte Paul und lächelte in ihre Richtung.

»Kann man so sagen. Es hat sich viel getan. Und dann auch wieder nicht«, erklärte sie kryptisch.

»Du meinst, deine berufliche Veränderung, mit der du nun weniger im Mittelpunkt stehst als früher? Sie scheint dir innere Ruhe zu verleihen. Findest du nicht auch?«

»Ja, schon«, sagte sie nachdenklich. »Dafür kommen dann neue Probleme dazu.«

»Probleme?«

»Na ja, vielleicht nicht Probleme. Sagen wir so: Herausforderungen ... Zweifel ... Ängste. Aber das hat sich jetzt ohnehin erledigt.«

Emma, Paul und ich sahen Charly fragend an. »Die anderen wissen es auch noch nicht«, flüsterte sie plötzlich. »Nicht einmal Adrian.«

Eines musste man Charly lassen: Die Spannung hochhalten konnte sie.

»Aber wie gesagt, es ist jetzt ohnehin hinfällig. Ich mag jetzt auch gar nicht mehr darüber sprechen. Vielleicht später in der Grotte. Lasst mich erst meinen Sprung hinter mich bringen. Ich könnte es nämlich ganz gut gebrauchen, in etwas Neues einzutauchen.«

»Gut«, sagte Paul und ich war nicht sicher, ob ich stolz auf Charly war, dass sie plötzlich Dinge für sich behalten konnte, oder ob ich mir Sorgen machte, weil sie ein Geheimnis belastete, das sie endlich freilassen sollte.

»Aber denk dran, Geheimnisse sind nicht gut für dich«, sagte dann auch Paul.« Es ist, als würdest du die ganze Zeit die Luft unter Wasser anhalten. Das ist nicht nur für andere spürbar, es ist vor allem auch für dich belastend und raubt dir auf Dauer die Kraft. Niemand kann für immer unter Wasser die Luft anhalten.«

»Ich weiß«, sagte Charly und zog ihren Zettel hervor. »Ich möchte selbstbewusster sein«, las sie rasch vor. Sie wollte sichtlich das Thema wechseln. »Wir haben so viel über das Unbewusste von dir gehört«, sagte sie und sah Paul direkt in die Augen. »Und ich denke, auch mich hält immer noch etwas zurück, obwohl ich schon so viel losgelassen habe. Die toxische Verbindung mit Konstantin, meinen Wunsch, mit der Schauspielerei im Rampenlicht zu stehen. Ich habe mich außerdem ganz auf Philipp eingelassen, obwohl mir am Anfang alles zu langweilig vorkam ... Aber ich wusste, dass mich mein Unbewusstes nur austricksen wollte und ich seine Art der sicheren Liebe nicht gewohnt war. Und dann, wenn doch endlich alles gut sein sollte, biegt ein neuer Zweifel um die Ecke. Ich dachte, ich wäre schon so viel weiter! Ich dachte, ich hätte das alles hinter mir gelassen, aber dann erwischt es mich wieder eiskalt. Und ich zweifle wieder!«

»Und woran zweifelst du?«

»An mir! Immer an mir! Ob ich das schaffe und es hinbekomme, ob ich dem Neuen gewachsen bin? Ob ich dieselben Fehler wie meine Eltern mache?!«

»Dieselben Fehler wie deine Eltern?«, wiederholte Paul.

»Ja, dass sich das alles wiederholt! Ich habe es satt, immer an mir zu zweifeln!«

»Eine gute Voraussetzung, um das zu ändern und alte Muster zu durchbrechen«, antwortete Paul. »Ich nehme an, du hattest Angst vor etwas, daher auch die Zweifel. Angst ist ein Gefühl, mit dem auch Emma zu kämpfen hat. Es gilt also für euch beide.« Er blickte zu Emma und sah dann wieder zu Charly. »Du musst für den Moment auch nicht sagen, worum es genau ging. Angst ist Angst. Und der Selbstzweifel ist nur ein Muster, das sich mit der Angst bei euch meldet. Aber ihr müsst nicht immer dasselbe Muster weiterleben. Ein Muster ist nur eine Annahme, die ihr wiederholt und daraus eine Überzeugung formt. Bewusstsein bedeutet, den automatischen Ablauf zu unterbrechen und einen neuen Raum zu schaffen. Erst wenn ihr euch bewusst macht, was ihr tut und warum ihr es tut, könnt ihr von echten Entscheidungen sprechen. Dann läuft im Hintergrund nicht die Angst oder der Selbstzweifel wie ein riesiger Schatten mit, der euch anschiebt, verunsichert oder zu fragwürdigen Entscheidungen treibt und damit über euer Leben bestimmt.«

»Wovor hast du Angst, Emma?«

»Ich habe Angst vor dem Meer.«

»Gut«, antwortete Paul und Emma wirkte irritiert. Sie starrte auf die Wasseroberfläche und versank förmlich darin. Ein Meer aus Angst schien vor ihr zu liegen. »Aber im Grunde habe ich wie gesagt Angst vor allem«, fuhr sie fort. »Ich glaube, ich bestehe zum größten Teil aus Angst.«

»Wisst ihr, der Grund, warum die meisten Menschen nicht ins Handeln kommen, ist, weil sie darauf warten, dass sie sicher sind und jemand kommt und ihnen die Angst nimmt. Doch diese Sicherheit, die ihr dann vorübergehend empfindet, ist nur ein Schein. Nur ihr selbst könnt eure Schatten beleuchten und nur ihr könnt euch diese Sicherheit geben. Und sicher seid ihr erst, wenn ihr all das akzeptiert, was ihr in euch tragt, und trotzdem handelt.«

»Das heißt, ich soll trotz der Angst springen?«, fragte Emma und starrte immer noch in die Tiefe, die gar nicht so tief war. Es waren nur etwa eineinhalb Meter vom Boot bis zur Wasseroberfläche. Wie tief es darunter war, konnte ich allerdings nicht sagen. Und genau diese Tiefe schien Emma Angst zu machen.

»Ja, oder du springst nicht *trotz,* sondern *mit* deiner Angst. Wenn du lernst, dieses unangenehme Gefühl auszuhalten und auch die Ungewissheit, die danach folgt und dir in dem Moment zu schaffen macht, dann meldet sich auch der Mut. Denn die Angst vor dem Sprung ist größer als jedes schlechte Gefühl, das du beim Sprung später haben könntest. Und das, obwohl du noch nicht einmal weißt, ob es sich schlecht anfühlen wird. Es ist nur eine Annahme.«

»Das kann sein. Und das ist witzig, denn Mut habe ich auch auf meinen Zettel geschrieben.«

»Was steht da noch?«, wollte Paul wissen.

»Ich will einen Neuanfang wagen, meine Angst überwinden und mich endlich trauen loszulassen.«

»Das klingt nach Klarheit.«

»Ja, ich will das ja eigentlich schon ganz lange. Aber wie sehr, ist mir erst durch deine Frage klargeworden«, antwortete Emma.

»Und dafür braucht es dann ...?«, fragte Paul.

»Mut. Und Umsetzungskraft.«

Paul nickte. »Das hört sich an, als würdest du dir gestatten, wieder glücklich sein zu dürfen. Und es hört sich vor allem auch nach einem *Plan* an, den es immer braucht, um eure Ziele umzusetzen.« Er machte eine eindrucksvolle Pause. »Also starte genau da, wo du bist. Hier und jetzt. Hand in Hand mit deiner Angst. Freunde dich mit ihr an. Die meisten Menschen laufen vor ihrer Angst davon, aber glaube mir, wenn du das tust, wird sie dich einholen. Bisher dachtest du vielleicht, du müsstest für immer hier stehen bleiben und *warten.* Du hast anderen das Steuer überlassen, dich immer wieder in die Kajüte geflüchtet, aber du hast es da unten gehasst, weil es nicht offen, nicht weit und auch nicht frei war. Deine Angst hat dich als Schatten beherrscht.« Er hielt kurz inne. »Wenn die Angst Kontrolle über dich hat, dann wird sie zum Problem. Aber wenn du Kontrolle über die Angst gewinnst, wird sie ein Teil von dir.«

»Aber ist das denn etwas Gutes?«, fragte Emma skeptisch.

»Es ist nichts Schlechtes. Du wirst die Angst nicht los, indem du sie ablehnst. Dann versinkst du in ihr und du hast das Gefühl in ihr zu ertrinken. Bevor du wusstest, was du wolltest, hat es sich wahrscheinlich angefühlt, als würdest du irgendwo unter Wasser im Meer untergehen. Du konntest die Oberfläche nicht sehen. Du bist geschwommen und geschwommen, aber du wusstest nicht, in welche Richtung du dich bewegst, und tief drinnen war dir klar: Wenn du in die falsche Richtung schwimmst, dann wirst du sterben. Vielleicht war auch das der Grund, warum du bisher solche Angst vor dem Meer oder ganz generell vor dem Leben hattest. Nicht zu wissen, ob du in die falsche Richtung strampelst und dir irgendwann die Kraft ausgeht, kann angsteinflößend sein. Aber jetzt, da du Klarheit hast und weißt, was du willst, brauchst du dir keine Sorgen mehr zu machen, dass dir die Luft ausgeht. Du weißt, wo du hinwillst, und musst viel weniger Anstrengung dafür aufwenden. Du brauchst keine Angst mehr zu haben, und das spürst du. Genau dann taucht der Mut in dir auf.«

Paul blickte zu Charly. »Mit den Selbstzweifeln ist es nicht anders. Wir alle zweifeln immer wieder an uns. Und das ist okay. Was wir aber nicht tun sollten, ist, uns diesen Zweifeln völlig auszuliefern und zu erstarren. Mach sie – genau wie die Angst – zu einem Teil von dir und arbeite nicht gegen sie, sondern mit ihnen.« Er sah wieder zu Emma. »Das Meer spiegelt all eure Schatten, aber auch eure Möglichkeiten wider, die vor euch liegen. Erst wenn ihr euch ganz darauf einlasst, werden sie ein Teil von euch. Jeder Neubeginn startet mit der vollkommenen Akzeptanz von allem, was gerade ist.

Und genau dann, wenn ihr am meisten Angst vor dem Sprung habt, ist es Zeit, zu springen – sonst bleibt ihr ein Leben lang an demselben Punkt eures Lebens stehen und seid niemals in die Möglichkeiten eingetaucht, die auf euch warten.« Er sah Emma noch einmal tief in die Augen. »Wenn wir Angst haben, klammern wir uns an Altes. Es fällt uns schwer, loszulassen. Aber wenn du nicht loslassen kannst, dann frag dich: Vor welchem Gefühl habe ich am meisten Angst, dass ich es fühlen werde, wenn ich loslasse? Und dann musst du Frieden mit diesem Gefühl schließen und dich ganz darauf einlassen.«

»Ich denke, ich habe Angst, nicht zu genügen. Weder als alleinerziehende Mutter, die ich dann sein werde, noch als gescheiterte Ehefrau und auch nicht als Frau, die dann jede Entscheidung alleine treffen und überhaupt das ganze Leben alleine schaffen muss.«

»Eine Trennung bedeutet nicht zu scheitern. Eine Trennung kann auch ein Happy End sein. Denn wenn ich mich recht erinnere, hat sich das nicht gerade glücklich angehört, was du erzählt hast. Und musstest du Entscheidungen bisher nicht ohnehin bereits alleine treffen?«

»Kommt schon! Jetzt springt doch endlich!«, rief uns Cleo vom Meer zu. »Springt zu uns ins Wasser, es ist herrlich hier!«

Emma setzte sich die Taucherbrille auf und streckte Paul ihr Gesicht entgegen. »Ich nehme an, es wird ein A wie Angst«, sagte sie. Aber sie schien gar keine Angst mehr zu haben. Sie wirkte plötzlich entschlossen. Sogar richtig mutig.

Paul nickte und sprühte. »Denk an den Mut und die Umsetzungskraft, lass sie während deines Sprungs deinen ganzen Körper erfassen und durchfluten. Und später wiederholst du dieses Gefühl, bis es irgendwann zur Gewohnheit wird. Mach es dir zur Gewohnheit, mutig zu sein und all das zu tun, was du bisher vermeiden wolltest. Wenn du Angst hast, tu es erst recht! Denn am anderen

Ende der Angst sitzt der Mut und wartet bereits auf dich.« Er drehte sich zu uns. »Ihr seid nicht eure Muster. Ihr habt euch schlicht und einfach an eure Muster gewöhnt und habt sie bisher für eure Realität gehalten. Ihr dürft euch aber für eine neue Realität entscheiden. Und die werdet ihr erleben, sobald ihr neu handelt. Das ist echte Freiheit.«

»Jaaaaaaaa!!!«, rief Emma richtig laut, hob ein Bein mit ihrer Flosse über die Reling, zog das zweite nach und sprang dann mit einem Satz ins Meer. Es machte schon Freude, ihr nur dabei zuzusehen.

»Charly, du bekommst noch ein Z für deine Zweifel auf deine Brille gesprüht und dann kannst du damit auch ins Wasser«, sagte Paul und lächelte. »Verrate mir doch vorher noch, was es für die neue selbstbewusste Charly-Version braucht. Was hast du aufgeschrieben?«

»Zuversicht«, sagte sie und atmete tief. »Ich will nicht immer alles schwarzmalen und wie Adrian das Schlimmste befürchten. Also, ich hoffe für ihn, dass er das auch mal ablegen kann. Aber ich möchte mich ab jetzt jedes Mal, wenn ich mich dabei erwische, dass ich wieder an mir zweifle, neu entscheiden. Ich will mich für die Zuversicht entscheiden und mir mehr zutrauen!«

»Liebe ich!«, rief ich ihr zu, während sie über die Reling kletterte.

»Ich auch«, rief Charly noch, zog das rechte Bein hoch und sprang weit in die Luft, bevor sie kurz darauf im Meer verschwand.

»Jetzt nur noch du«, sagte Paul und grinste mich von der Seite an. »Was willst du, Andrea?«

»Ich möchte über meinen Schatten springen und Dinge tun, die ich mich bisher nicht getraut habe.«

»Und was, denkst du, braucht es dafür?«

»Mich genau so anzunehmen, wie ich bin, und mehr für möglich halten, ohne mich zu begrenzen. So wie du gesagt hast – mit all unseren Schatten, die wir manchmal für unüberwindbare Schwächen halten – weil sich dahinter eben auch oft eine versteckte Stärke verbirgt. Und ich will geduldiger mit mir sein, nicht so viel von mir fordern, wieder mehr reisen und offen für Neues sein.«

»Das klingt wunderbar«, sagte Paul. »Und was darf ich dir auf deine Brille sprühen? Mit welchem Schatten wirst du springen?«

»Ich glaube, bei mir ist es auch die Angst. Die Angst, enttäuscht zu werden. Also vielleicht ein E für die Enttäuschung?« Ich sah Paul an und er nickte. »Durch dich habe ich gelernt, dass ich die Enttäuschung nicht verhindern kann, nur weil ich sie bereits vorher erwarte. Ganz im Gegenteil: Ich gebe ihr dadurch nur zu viel Aufmerksamkeit und auch all den Dingen, die vielleicht gar nie eintreten werden. Ich möchte den Fokus lieber auf die Dinge richten, die möglich sind.«

Paul sprühte mir ein E auf die Gläser meiner Taucherbrille. Ich holte meinen Zettel aus meinem Bikinibund und hielt ihn fest in meiner linken Hand. Dann tat ich, was Paul uns aufgetragen hatte. Ich stellte mir vor, die Version von mir zu sein, die sich mehr traute und offen war. Die voller Lebenslust und Vertrauen auf die Welt blickte und das Beste erwartete. Von mir. Von anderen. Vom Leben. Dann sprang ich, und daraufhin passierte etwas – mehr, als ich mir je hätte erträumen können. Noch während ich in der Luft war, spürte ich diese enorme Kraft in mir. Das war wohl, was Charly für Zuversicht erklärte. »Der Sprung der anderen wird auch etwas in euch bewirken«, hatte ich Pauls Stimme noch im Ohr. Und es stimmte. Sie hatte auch mich erfasst. Wenig später spürte ich, wie erst meine Zehenspitzen, meine Beine und dann mein ganzer Körper bis zum Scheitel ins Meer eintauchten und meine Haare an den Seiten im Meerwasser schwebten und ich sank. Instinktiv hatte ich die Augen beim Sprung geschlossen gehabt, doch dann erinnerte ich mich, dass ich eine Taucherbrille trug und auch mit dem schwarzen E meinen Blick in eine neue Welt öffnen konnte. Im nächsten Moment bemerkte ich, wie das E auf meiner Brille plötzlich vor meinen Augen im Meer verschwand. Es hatte sich wie von Zauberhand von meiner Brille gelöst und zog in einer hauchdünnen schwarzen Wolke vor mir vorüber, bis sie sich ganz auflöste und verschwand. Vor mir offenbarte sich eine einzigartige Weite aus azurblauem Meer, ein paar bunten Fischschwärmen, die an mir vorbeizogen, und einem hellen Licht, das von oben in einem leuchtenden Strahl auf mich herabfiel. Es fühlte sich hell an. Und klar. Wie eine völlig neue Welt.

In mir. Vor mir. Um mich herum.

»Aber wenn ich den Zettel halte, dann habe ich meine Hand doch zur Faust geballt und kann nicht schwimmen?«, hatte Emma gleich anfangs gefragt, als Paul uns aufgefordert hatte zu springen.

»So ist es«, hatte Paul geantwortet. »Ihr springt mit eurer linken Hand zur Faust geballt und den Füßen voran ins Meer. Wenn ihr dann ins Meer eingetaucht seid, macht ihr eure Faust weit auf und seht, was passiert. Es wartet eine Überraschung auf euch, die ich euch aber vorher nicht nehmen möchte. Ich möchte, dass ihr sie erlebt. Ich kann nur so viel sagen: Ihr werdet merken, wie alles, was auf eurem Zettel steht, ein Teil von euch wird. Wie ihr dieser Wunsch und all die Eigenschaften werdet, die euch zu dem, was ihr wollt, bringen werden. Werdet euer Wunsch. Und taucht damit tiefer. Ihr entscheidet, wie. Ob ihr nun mit dem Kopf voran weiter nach unten taucht oder euren Körper einfach sinken lasst – wichtig ist, euch dabei nicht anzustrengen. Achtet darauf, was in eurem Körper passiert, sobald ihr tiefer taucht und ihr euer Wunsch geworden seid und zu der Version, die ihn bereits lebt. Wie fühlt es sich an, wenn ihr tief nach unten Richtung Grund taucht – durch die Angst, die Leere, die Kränkung, die Einsamkeit, die Wertlosigkeit, die Schuld, den Zweifel und die mögliche Enttäuschung – hinein in die

Schwerelosigkeit der unzähligen Möglichkeiten, die euch von da an erfasst? Versucht, nichts zu kontrollieren, sondern euch ganz darauf einzulassen. Denn Angst nimmt euch den Atem und stiehlt euch die Kraft. Hört auf, alles kontrollieren zu wollen. Denn das könnt ihr nicht. Lasst euch auf das Meer ein, denn was danach geschieht und welches Ergebnis euch erwartet, wird alles in euch auffüllen.«

Als ich am übernächsten Tag am Schreibtisch saß und noch einmal Pauls Erinnerungen an das Wochenende durchlas, die er uns nach unserer Reise wieder per Mail geschickt hatte, erinnerte sich jede Faser meines Körpers noch an dieses Gefühl im Meer. Da unten am Grund war ich zu der Version geworden, die nicht trotz ihrer Schatten, sondern mit ihnen durchs Meer tanzte und plötzlich alles in sich trug, was es dafür brauchte. Ich musste gar nichts verändern. Ich war die Veränderung.

Und genau dann, wenn du am meisten Angst vor dem Sprung hast, ist es Zeit zu springen.

Wenn du
nicht findest,
wonach *du*
suchst,
suchst du
vielleicht am
falschen Ort.

33 Erinnerungen, wie du aus deinem Schatten trittst

1. Immer, wenn sich etwas für dich wiederholt, ist die Wahrscheinlichkeit hoch, dass ein unbewusster Schatten in dir daran beteiligt ist.
2. Wenn du dich deinen Schatten stellst, kannst du alte Muster überwinden und entscheidest bewusst. So entsteht echte Freiheit.
3. Heilung bedeutet auch, die Verantwortung zu übernehmen, welche Rolle du dir selbst in deinem Leid zugeschrieben hast.
4. Wenn die Dunkelheit sich meldet, dann, um dich daran zu hindern, ein Leben weiterzuführen, das dich schon lange nicht mehr erfüllt.
5. Nichts ist für immer auf dieser Welt. Auch nicht deine Probleme.
6. Eines Tages wirst du davon erzählen, wie du das überwunden hast, was dir gerade unüberwindbar vorkommt.
7. Vielleicht hast du dich schon viel zu lange selbst im Stich gelassen. Fang an, für dich da zu sein.
8. Wenn du deine Schatten integrierst, entdeckst du deine wahre Kraft und Authentizität.
9. Es geht nicht darum, immer positiv zu sein. Es geht darum, zu wissen, dass du es auch schaffen wirst, wenn etwas Negatives passiert.
10. Alles, worauf du später stolz sein wirst, beginnt mit Angst.
11. Warten hat etwas Trügerisches. Du bezahlst damit mit deinem Leben. Veränderung ist die Summe neuer Entscheidungen.
12. Hoffnung kann eine treibende Kraft sein, aber sie kann dich auch Kraft kosten, wenn sie schwerer wiegt als deine Handlungen.
13. Fordere keine Entscheidung von anderen, sondern entscheide selbst.
14. Vermeide Vermeidung. Sie entfernt dich nur von der Lösung.
15. Wenn du aufhörst, den falschen Dingen hinterherzujagen, gibst du erst den richtigen Dingen die Chance, sich zu zeigen.
16. Manche Menschen werden dich inspirieren, andere triggern. Beides wird dir helfen zu wachsen.
17. Wenn du der Wertschätzung anderer hinterherjagst, bist du dir selbst nicht sicher.

18. Wie jemand dich sieht, ändert nichts daran, wer du wirklich bist.
19. Du kannst mit Haien nicht in Delfinsprache kommunizieren.
20. Es ist ein Unterschied, wie du über einen Menschen *denkst* und wie du dich mit einem Menschen *fühlst*.
21. Dein Körper ist nichts, was du *hast*, sondern was du *bist*. Sei gut zu ihm, dann bist du auch gut zu dir.
22. Jeder Neubeginn startet mit der vollkommenen Akzeptanz von allem, was gerade ist.
23. Du bist nicht dein Muster, du hast dich nur daran gewöhnt und es für die Realität gehalten. Du darfst dich jetzt für eine neue Realität entscheiden.
24. Beobachte dich und erkenne, wenn ein Schatten dich gerade in einem alten Muster gefangen hält. Dann entscheide dich neu. Wiederhole es so lange, bis ein neues Muster entsteht.
25. Bewusstsein bedeutet, den automatischen Ablauf zu unterbrechen und einen neuen Raum zu schaffen.
26. Wenn du Angst hast, loszulassen, frag dich: Vor welchem Gefühl habe ich Angst, dass ich es fühlen werde, wenn ich loslasse? Dann schließe Frieden mit diesem Gefühl und lass dich ganz darauf ein.
27. Betrachte deine Ängste und Selbstzweifel als einen Teil von dir und arbeite nicht gegen sie, sondern mit ihnen.
28. Manchmal bedeutet, dich neu zu entscheiden, wer du sein möchtest, auch zu entscheiden, wer du nicht mehr sein willst.
29. Du bist das Wertvollste, was du in diesem Leben bekommen hast. Frag dich immer: Was würde jemand, der seinen Wert kennt, jetzt tun?
30. Vielleicht hast du in anderen Menschen nicht das gefunden, was du gesucht hast, weil es die ganze Zeit in dir war.
31. Etwas Neues macht dir nur Angst, weil du es nicht kennst. Nicht, weil es nicht möglich ist.
32. Stell dir vor, du schaffst das, und dann sieh dir dabei zu, wie du zu der Version wächst, die es bereits geschafft hat.
33. Wenn du dich aus vollem Herzen und mit deiner ganzen Seele für etwas entscheidest und danach handelst, spürst du, wie ein ganzes Meer in dir Wellen schlägt. Folge den Wellen.

ENTFESSELT

Wie hast du das gemacht, dass sich meine Fesseln im Wasser von selbst aufgelöst haben?«, fragte Adrian und lachte, als er als Letzter über die kleine Leiter zu uns ins Beiboot stieg, mit dem Paul gleich nach meinem Sprung losgefahren war, um uns wieder alle vom Meer einzusammeln und in die Grotte zu fahren.

»Ach, ich dachte, du wärst Houdini höchstpersönlich«, scherzte Paul. »Da seht ihr mal, dass die meisten Fesseln nur eine Täuschung sind und sich von selbst auflösen, wenn ihr euch ihnen stellt.« Er blickte zu uns nach vorne. »Ein PVA-Tape, das sich bei der Berührung mit Wasser auflöst«, flüsterte er und zwinkerte uns zu. Paul hatte wie immer nichts dem Zufall überlassen.

»Du hast die schwarze Farbe auf unserer Taucherbrille und den Zettel in unserer Hand vergessen, die sich beide auf einmal wie von Zauberhand im Meer aufgelöst haben«, sagte ich und war immer noch beeindruckt. Überhaupt schienen wir alle unser Lächeln nicht mehr aus unseren Gesichtern zu bekommen. So dunkel uns manches noch vor Kurzem erschienen war, so strahlend tapsten wir nun mit unseren pitschnassen Füßen und Emma mit ihren riesigen Flossen in das kleine Schlauchboot und setzten uns triefend, aber überglücklich an die Seiten des Bootes. Selbst Tom und Adrian hatten noch ihr zufriedenes Lächeln auf den Lippen.

»Wasserlösliche Sprühkreide und Papier aus spezieller Holzzellstofffaser – beide lösen sich im Wasser auf«, verriet uns Paul sein

Geheimnis und tat fast so, als wäre es kein Geniestreich gewesen. »Es ist wie im Leben auch«, sagte er. »Sobald ihr euch mit der Dunkelheit anfreundet, müsst ihr sie nicht mehr fürchten. Ihr lasst dann los, zieht den Fokus ab und beginnt all die Dinge zu sehen, die sich hinter der Dunkelheit verbergen. Es eröffnet sich dann eine völlig neue Welt für euch – eine, die immer schon da war, aber die ihr aufgrund der Dunkelheit bisher nicht sehen konntet.«

»Genau so hat es sich angefühlt«, schwärmte Emma, die ihre Hand seitlich ins Wasser hielt und plötzlich gar keine Angst mehr vor dem Meer zu haben schien. Ganz im Gegenteil: Sie sah aus, als wäre sie bereit für den nächsten Sprung.

Ich erinnerte mich gleich wieder daran, wie ich meine Füße vom Bootsrand gestemmt hatte und nach dem aufregenden Gefühl des freien Falls ins Meer eingetaucht war. Ich hatte die Augen erst nach einer Weile geöffnet. Und selbst dann hatte sich etwas in mir noch unwohl gefühlt, da ich durch das schwarze E auf meiner Taucherbrille nur die Enttäuschung, aber nicht das sehen konnte, was direkt vor mir lag. Es waren wohl dieselben beschlagenen Gläser gewesen, durch die ich auch bisher die Welt betrachtet hatte und die meinen Blick getrübt hatten. ›Spring als die Version von dir, die all das schon lebt, was du dir wünschst‹, hörte ich Pauls Stimme wieder in mir. ›Tauch durch die Angst tiefer ins Meer hinab und sieh, was passiert!‹ Ich merkte, wie ich mich fallen ließ, dabei immer tiefer sank und es gleichzeitig immer klarer in mir wurde. Mit einem Mal fühlte sich alles so leicht und schwerelos an. Kurz darauf verspürte ich ein leichtes Kribbeln in meiner linken Hand und ich konnte fühlen, dass gerade etwas geschah, das ich nicht erwartet hatte. Der Wunsch, den ich auf mein Stück Papier geschrieben und den ich bis dahin fest in meiner linken Hand gehalten hatte, bewegte plötzlich etwas in mir. Ich öffnete meine Faust und sah direkt vor meinen Augen, wie sich das Papier in meiner Hand mit dem Meer verband und vor mir auflöste. Nur wenige Momente zuvor hatte sich auch das schwarze E endgültig von meiner Brille gelöst und zog als schwarzer Nebel an mir vorbei. Das Kribbeln in meiner Hand erfasste daraufhin meinen ganzen Körper. Ich konnte es plötzlich nicht nur sehen und spüren, ich wusste es auch: Diese neue Version von mir war immer schon ein Teil von mir gewesen. Es war, als wäre ich mit dem Sprung in eine neue Version von mir eingetaucht, die so frei und offen war, dass ich nicht mehr auf Veränderung hoffte, sondern sie bereits in mir spürte.

Paul warf den Fünf-PS-Motor an und tuckerte mit uns Richtung Grotte. »Wenn wir beim Felsloch angelangt sind, solltet ihr auf eure Köpfe achten, denn die Grotte ist an dieser Stelle nur etwa einen Meter hoch«, warnte er uns. »Legt euch am besten flach auf die Seiten des Schlauchboots und genießt den beeindruckenden Anblick, wenn wir uns gleich ins Innere der Grotte bewegen.«

Genau das taten wir, legten uns schräg nebeneinander, damit alle Platz hatten, entspannten uns und gaben uns völlig dem Moment hin. Als wir, die Augen nach oben in den Himmel gerichtet, über das Felsloch in die Grotte einfuhren und Paul den Motor abstellte, kamen wir aus dem Staunen nicht mehr heraus.

»Wow«, stieß Emma aus. Direkt vor unseren Augen offenbarte sich ein faszinierendes Spektakel, das uns alle verstummen ließ. Die Grotte streckte sich im Inneren etwa sieben Meter in die Höhe und obwohl das Licht es nicht durch den kleinen Eingang ins Innere schaffte, strahlte es dennoch magisch hell und fluoreszierend vom Meeresgrund bis an die Decke und durchflutete den ganzen Raum. Es wirkte, als würde jemand tief unten am Grund sitzen und einen Scheinwerfer halten, der die Dunkelheit vom Grund auf überstrahlte. *Waren wir etwa bei der inneren Taschenlampe angelangt, von der Paul anfangs gesprochen hatte?*

»Ich dachte übrigens, ich bin schwanger«, sagte Charly plötzlich.

»Waaas?«, rief Adrian so laut, dass es an den Felswänden wieder zu uns zurückhallte und wir uns schlagartig aufsetzten.

»Ja«, sagte Charly bedrückt. »Ich hatte diese Scheißangst, dass ich eine schlechte Mutter werden könnte und ob ich so einem kleinen Wesen überhaupt gewachsen bin, wenn ich doch die meiste Zeit nicht einmal mir selbst gewachsen bin …« Sie schluckte. »Aber du kannst dich beruhigen, Adrian. Ich habe heute früh einen Test gemacht … es war falscher Alarm.« Sie sah wieder zu uns allen. »Und wisst ihr, was jetzt ganz eigenartig ist? Ich war davor richtig verzweifelt und hatte diese riesige Angst zu scheitern, und jetzt? Jetzt bin ich … ich weiß auch nicht … enttäuscht?« Sie starrte auf das azurblaue Wasser, das sich spiegelglatt neben uns ausstreckte. »Ach, was weiß ich. Was das anbelangt, fehlt mir die Klarheit … und zwar komplett.«

»Aber du wirst sie finden«, ertönte Adrians Stimme mit einer Sanftheit, die mich förmlich umhaute.

Wer war dieser Mensch und was hatte er mit Adrian gemacht?

»Mach dir nicht immer so viel Druck, Charly«, sprach er behutsam weiter. »Es kommt im Leben nicht immer so, wie wir es erwarten, und manchmal kommt es eben auch völlig anders. Ich spreche aus Erfahrung, du weißt.« Er schenkte ihr ein Lächeln. »Natürlich sind wir dann enttäuscht, aber im Grunde wissen wir doch gar nicht, ob es nicht richtig für uns war. Zumindest zu diesem Zeitpunkt … oder später, wenn wir erkannt haben, warum.« Adrians Blick war liebevoll. »Wichtig ist, dass du weißt, dass du alles schaffen kannst. Was auch immer geschieht und vielleicht auch nicht geschieht … und selbst wenn alles anders kommt, als du es dir erhofft hast.« Er sah zu dem hell erleuchteten Meer und dann wieder zu ihr. »Glaub mehr an dich! Deine neue Version braucht deine Selbstzweifel gar nicht mehr. Sieh dich doch an, Charly! Du hast schon so viel geschafft! Und was auch immer kommt, du wirst auch das schaffen.«

Charly schossen Tränen in die Augen und eine Mischung aus Erleichterung und Dankbarkeit für ihren besten Freund breitete sich in ihrem Gesicht aus.

»Das hast du wirklich schön gesagt, Adrian«, ergriff Paul das Wort. »Ich stimme dir da vollkommen zu. Wir denken so oft im Leben, wir würden an etwas zerbrechen, weil es anders kommt, als wir dachten, dass es in dem Moment richtig für uns wäre.«

Charly und Emma nickten, aber Pauls Worte berührten uns alle.

»Vergesst nicht: Jedes Ende, das euch gerade zu schaffen macht, ist immer auch ein Neubeginn und kann euch zu einem neuen Leben verhelfen. Eine Lektion fühlt sich manchmal wie ein Verlust an. Ein Neuanfang wie ein Rückschritt. Eine Neuentdeckung wie Unsicherheit. Wachstum wie Versagen und Verletzlichkeit wie Schwäche. Ihr werdet euer Leben immer so empfinden, wie ihr bereit seid, es zu betrachten. In vielem, was euch bedrohlich und dunkel erscheint, steckt auch eine leuchtende Kraft, die euch zu euren strahlenden Möglichkeiten führen kann. Und auch wenn ihr manchmal denkt, etwas in euch wäre zerbrochen oder ihr würdet daran zerbrechen – seht euch an, wie ihr hier sitzt: aufrecht. Den Blick von der Dunkelheit aufs Licht gerichtet. Vielleicht ist es gar nicht mehr Zeit zu kämpfen, sondern alles anzunehmen, wie es ist. Das Schöne. Das vermeintlich Schlechte. Alles, was zu euch gehört. Wenn ihr euer Herz ins Licht taucht, wird euer Schatten hinter euch zurückfallen und ihr erkennt, wie hell alles scheint und wie viel mehr für euch möglich ist. Statt euch an die Hoffnung zu klammern, entdeckt ihr das Wunder im Augenblick.

Pauls Worte brachten unsere Augen zum Leuchten.

»Was ihr hier in diesem blauen Wunder vor euch seht, ist das Sonnenlicht, das es durch den niedrigen Felseingang nicht ins Innere geschafft und sich deshalb seinen eigenen Weg durch das Meer in die Grotte gebahnt hat. Das Licht wurde dabei gefiltert und die Rotanteile absorbiert. So bleiben nur die blauen Lichtanteile übrig, die die gesamte Grotte in ein faszinierendes Licht tauchen. Alles, was sich unter Wasser befindet, ruft zusätzlich Reflexionen in den Wasserblasen hervor, die wie Silberperlen leuchten. Ist das nicht faszinierend und erinnert es euch nicht auch an etwas?«

»An das Strahlen in uns, das wir vergessen haben?«, fragte Charly.

»Ja. Und an all die kleinen und großen Wunder, die sich in und vor euch abspielen und die so hell leuchten, dass sie nicht nur das Meer, sondern auch alles um euch herum erstrahlen lassen. Sie existieren immer. Auch in der Dunkelheit und durch die Dunkelheit hindurch. »Blickt doch einmal kurz ins Wasser. Was seht ihr?«

»Wasser?«, fragte Adrian und grinste.

»Ja. Und was noch?«

»Ich sehe bis auf den Grund, weil es so hell ist«, meinte Charly.

Paul nickte und blickte durch die Runde. »Was seht ihr noch?«

»Uns selbst?«, fragte Luise. Sie legte den Kopf zur Seite und ihr Spiegelbild bewegte sich an der Wasseroberfläche mit ihr mit.

»Genau. Wir erwarten immer, dass sich alles um uns herum verändern soll. Wir wünschen uns, dass sich ein ganzes Meer für uns ändert. Aber das tut es nicht, solange wir uns nicht selbst verändern. Wenn ihr wütend auf die Wasseroberfläche starrt, wird sie wütend zurückstarren. Wenn ihr lächelt, werdet ihr eurem eigenen Lächeln begegnen. Wenn ihr mit der Faust aufs Wasser schlagt, wird es Wellen schlagen. Warum wundert ihr euch darüber?« Er machte eine kurze Pause. »Das Geheimnis ist, dass ihr die Veränderung werdet, die ihr euch wünscht, und nicht darauf wartet, dass sie geschieht. Bleibt so sehr mit euch verbunden, dass euch keine Welle mehr von euch wegtragen kann. Selbst dann nicht, wenn jemand anderer am Wasser aufschlägt. Vergesst nicht, ihr seid immer beides: die Frage und die Antwort. Die Suchenden und die Findenden. Der Anfang und das Ende. Es liegt ein Unterschied darin, aufzugeben oder zu wissen, wann es genug ist. Dann öffnet ihr euch für eine neue Welt. Denn eines der besten Gefühle überhaupt ist es, wenn ihr euch sagt: ›Ich habe Besseres verdient‹ und das Leben anfängt, euch Beweise zu liefern.«

»Unser Strahlen wurde also gar nicht gebrochen?«, fragte Charly zögerlich.

»Nein«, antwortete Paul. »Manchmal zerbricht etwas. Und dann zerbricht auch etwas in euch. Natürlich ist das schmerzhaft. Aber es heißt nicht, dass ihr daran zerbrecht. Das Leben bringt euch Turbulenzen, um euch wachzurütteln. Es fühlt sich dann nach hohem Wellengang in einer dunklen Grotte an. Doch Heilung kommt in Wellen. Und manchmal schlägt die Welle gegen Felsen, das heißt aber nicht, dass nicht trotzdem gerade etwas in euch heilt. Alles geht vorüber. Die Welle. Das Dunkle. Das Ungewisse. Egal, wie dunkel es sich auch gerade anfühlen mag, es wird vorübergehen. Ihr werdet auch diese Welle überstehen, bis sich alles in euch glättet, ihr wieder bis auf den Grund sehen könnt und sich das Licht seinen Weg in die Grotte bahnt. Dann fahrt ihr wieder aufs Meer hinaus und spürt, wie die Sonne euch ihre Wärme ins Gesicht strahlt und die Freude wie unzählige Tropfen in euch glitzert. Ihr tragt ein ganzes Meer in euch. Und seine Schönheit liegt in der Dunkelheit am Grund, aber auch im Funkeln an der Oberfläche, und erst, wenn ihr beides zu lieben beginnt, dann liebt ihr euch ganz.«

Ich spürte, wie Paul uns tief berührte. Es war, als verursachten seine Worte eine Welle, die sich aus der Tiefe des hell erleuchteten Meeres auf uns zubewegte und uns allen einzeln zuflüsterte: »Du bist es. Du bist das Wunder.«

ÜBER DIE AUTORIN

Andrea Weidlich ist in Wien geboren und arbeitet hauptberuflich als Autorin. Mit ihren zahlreichen erfolgreichen SPIEGEL-Bestsellern wie *Ich denke, also bin ich ... mir im Weg*, *Wo ein Fuck it, da ein Weg* oder *Wie du Menschen loswirst, die dir nicht guttun, ohne sie umzubringen* steht sie bisher regelmäßig auf der Bestsellerliste und begeistert zahlreiche Leserinnen und Leser.

Gemeinsam mit Anna Maria Rubas führt sie den Erfolgs-Podcast *gusch, baby*.

Auf ihrem Instagram-Account *guschbaby* teilt sie in Worten, Bildern und Geschichten, was sie und ihre Leser*innen und Hörer*innen bewegt und glücklich macht.

Ihr Podcast *gusch, baby* ist kostenlos zu hören auf Spotify, iTunes, Deezer und überall, wo es Podcasts gibt.

www.guschbaby.com

344 Seiten
17,00 € (D) | 17,50 € (A)
ISBN 978-3-7474-0603-8

Andrea Weidlich

Ich denke, also bin ich ... mir im Weg

Wie deine Gedanken dein Leben verändern und du anfängst, dir eine neue Geschichte zu erzählen

Immer wieder stehen wir uns mit unserem eigenen Denken selbst im Weg. Dann meldet sich diese kritische innere Stimme und beginnt, alles kurz und klein zu sabotieren. Aber welche Geschichte erzählt sie uns, die wir für die Wahrheit halten?

Neun Menschen machen sich auf den Weg in die Berge, um herauszufinden, wie sie sich von alten Denkmustern befreien können und was sie davon abhält, das Leben zu führen, das sie sich wirklich wünschen.

Ein Buch über die die Macht der Gedanken und wie wir damit unsere Realität verändern, wenn wir beginnen, uns eine neue Geschichte zu erzählen.

mvgverlag

Auch als **E-Book** erhältlich

256 Seiten
16,99 € (D) | 17,50 € (A)
ISBN 978-3-7474-0226-9

Andrea Weidlich

Liebesgedöns

Der geile Scheiß vom Suchen und Finden

»Es gibt Zeiten im Leben, da glaubt man an die Liebe. Und es gibt andere, da ist man sich sicher, Teil einer Verschwörungstheorie zu sein.«

Wir alle wünschen uns Glück in der Liebe und dass sie bleibt. Aber wie? Drei Singles, drei Paare und ein Therapeut verbringen zusammen ein Wochenende auf engstem Raum. Jede ihrer Geschichten berührt uns da, wo unsere eigene beginnt, und liefert Antworten auf die Frage: Was ist das Geheimnis der Liebe? Dieses Buch entführt uns auf eine innere Reise, auf der wir uns wie in einem Spiegel immer wieder selbst erkennen. Ein faszinierender Rundumblick auf die Liebe, der ins Herz trifft, laut auflachen lässt und Stück für Stück entschlüsselt, wie man die glückliche Wendung herbeiführt. Liebesgedöns ist emotional, echt und bewegend.
Als sitze man selbst in Freuds Wohnzimmer und erfahre das Geheimnis über die Liebe. Eine unglaubliche Reise zu uns selbst.

mvgverlag

Am Ende
ist es dein kleines
und doch
großartiges,
kostbares Leben,
um das es geht.
Erinnere dich, dass
jedes Ende dich auch
zu deinem *Neubeginn* führt.
Wenn du dem Ungewissen vertraust
und durch die Dunkelheit tauchst,
gelangst du *schon bald* zu einem Ort
der noch schöner ist als alles,
was du dir je *erträumt* hast.
Es ist der Moment,
in dem du das *Schöne*
in dir erkennst
und es auch
da draußen
in der *Welt*
findest.